Dharma Verde

Georg Feuerstein e Brenda Feuerstein

Dharma Verde

Budismo Ecológico para Transformar a Prática da sua Vida Diária

Tradução
Denise de C. Rocha Delela

Editora
Pensamento
SÃO PAULO

Título original: *Green Dharma*.

Copyright © 2008 Georg Feuerstein e Brenda Feuerstein

Copyright da edição brasileira © 2011 Editora Pensamento-Cultrix Ltda.

Publicado originalmente em 2008 por Traditional Yoga Studies, Canadá

Todos os direitos reservados. Nenhuma parte deste livro pode ser reproduzida ou usada de qualquer forma ou por qualquer meio, eletrônico ou mecânico, inclusive fotocópias, gravações ou sistema de armazenamento em banco de dados, sem permissão por escrito, exceto nos casos de trechos curtos citados em resenhas críticas ou artigos de revistas.

A Editora Pensamento não se responsabiliza por eventuais mudanças ocorridas nos endereços convencionais ou eletrônicos citados neste livro.

Coordenação editorial: Denise de C. Rocha Delela e Roseli de Sousa Ferraz
Revisão técnica: Oddone Marsia
Revisão: Iraci Miyuki Kishi
Diagramação: Join Bureau

Dados Internacionais de Catalogação na Publicação (CIP)
(Câmara Brasileira do Livro, SP, Brasil)

Feuerstein, Georg
   Dharma Verde : budismo ecológico para transformar a prática da sua vida diária / Georg Feuerstein e Brenda Feuerstein ; tradução Denise de C. Rocha Delela. – São Paulo : Pensamento, 2011.

   Título original: Green Dharma.
   Bibliografia.
   ISBN 978-85-315-1756-3

   1. Dharma 2. Ecologia – Aspectos religiosos – Hinduísmo 3. Meio ambiente – Degradação 4. Natureza – Aspectos religiosos – Hinduísmo 5. Yoga I. Feuerstein, Brenda. II. Título.

11-09707   CDD-294.5436

Índices para catálogo sistemático:

1. Dharma verde : Hinduísmo   294.5436

O primeiro número à esquerda indica a edição, ou reedição, desta obra. A primeira dezena à direita indica o ano em que esta edição, ou reedição, foi publicada.

Edição	Ano
1-2-3-4-5-6-7-8-9-10-11	11-12-13-14-15-16-17-18-19-20

Direitos de tradução para o Brasil
adquiridos com exclusividade pela
EDITORA PENSAMENTO-CULTRIX LTDA.
Rua Dr. Mário Vicente, 368 — 04270-000 — São Paulo, SP
Fone: 2066-9000 — Fax: 2066-9008
E-mail: atendimento@editorapensamento.com.br
http://www.editorapensamento.com.br
que se reserva a propriedade literária desta tradução.
Foi feito o depósito legal.

Sumário

Prefácio 7

Capítulo 1: Silêncio estrondoso 13
Capítulo 2: O cenário natural interior e exterior 27
Capítulo 3: Florestas permanentes, Dharma silencioso 51
Capítulo 4: Outro tipo de extinção 75
Capítulo 5: Águas revoltas 99
Capítulo 6: Pensando nos alimentos 121
Capítulo 7: Cavando fundo 149
Capítulo 8: Uma tempestade em formação 167
Capítulo 9: Além da grande negação 183
Capítulo 10: A jangada dármica 205
Capítulo 11: Torne sua vida mais ecológica 215

Posfácio 243
Bibliografia 247

Prefácio

Este livro é fruto das mesmas preocupações ambientais e sociais de que tratamos em nosso livro anterior, *Green Yoga* [Yoga Verde]*. Pelo fato de muitos praticantes do Dharma ainda não considerarem os ensinamentos do Buda como uma forma de Yoga, o que na verdade eles são, talvez também não se sintam inclinados a ler *Yoga Verde*. Por essa razão nos pareceu que se justificaria um livro escrito especificamente para budistas.

Nossa intenção, ao escrever este livro, é dupla: em primeiro lugar, apresentar um quadro panorâmico e realista do colapso ambiental que vivemos hoje, incluindo o problema avassalador do aquecimento global; em segundo lugar, destacar os importantes princípios dos ensinamentos budistas (o Dharma), visto que eles são especialmente relevantes para tratarmos com sabedoria a crise ambiental.

Surpreendentemente, muitas pessoas instruídas ainda estão mal informadas sobre a devastação ambiental que está ocorrendo em todo o

---

* *Yoga Verde*, publicado pela Editora Pensamento, São Paulo, 2010.

planeta como resultado de atividades humanas. Há pessoas que nos asseguram de que estão a par de "todos" os detalhes sobre o assunto, mas seu estilo de vida indica justamente o contrário. Acreditamos que qualquer um que realmente entenda o que está se passando diante dos nossos olhos vai modificar radicalmente o seu modo de encarar a vida. Estamos vivendo um momento da história que equivale aos tempos de guerra, a não ser pelo fato de que está em jogo o futuro da civilização humana e até mesmo o futuro da biosfera da Terra.

Embora este livro reitere algumas das provas já mencionadas em *Yoga Verde*, também incluímos evidências adicionais, muitas vezes mais recentes e também mais alarmantes. Desde que escrevemos *Yoga Verde*, a enormidade da crise ambiental de hoje tornou-se mais evidente. A situação é muito pior do que os cientistas pensavam poucos anos atrás. No livro *Climate "Code Red"*, publicado pelo Núcleo Amigos da Terra em 2008, David Spratt e Philip Sutton mostraram que deveríamos tratar do aquecimento global como um grave caso de emergência[1]. Acreditamos que isso logo ficará claro para todos.

Como o título *Dharma Verde* sugere, enfocamos essa situação, após analisá-la, num contexto exclusivamente budista. Em especial, baseamo-nos nos ensinamentos do Buda registrados no cânone em páli, especialmente na Cesta de Discursos, com suas cinco divisões, mas também citamos suas palavras como foram registradas na literatura Mahayana: Entre os mais notáveis epígonos do Buda, demos preferência às apresentações dármicas de antigos mestres, como (em ordem cronológica) Shantideva, Atisha, Milarepa, Je Tsongkhapa e Shabkar, e também a mestres contemporâneos, como Sua Santidade o Dalai-Lama, Chatral Rinpoche, e Thich Nhat Hanh.

Como queríamos que nosso livro fosse o mais acessível possível também aos budistas novatos, evitamos deliberadamente sobrecarregar nossas explicações com questões e termos técnicos, e cortamos as referências às notas de rodapé.

Pessoalmente, achamos muito útil justapor as evidências científicas mais alarmantes e até assustadoras sobre a poluição mundial, o aquecimento global e a Sexta Extinção em Massa à sabedoria elucidativa do Dharma do Buda. Qualquer pessoa que compreenda de fato a magnitude da devastação que está ocorrendo hoje em dia à nossa volta provavelmente se sentirá aturdida, preocupada e até deprimida, caso não tenha uma bússola espiritual confiável na qual se basear. O Dharma do Buda aponta para o norte verdadeiro e, para nós, ofereceu o tipo de perspectiva mais ampla e profunda sem o qual nos sentiríamos perdidos diante do estranho impulso suicida da nossa civilização moderna, que está nos levando cada vez mais perto do colapso da biosfera.

Com este livro, gostaríamos de oferecer aos nossos colegas praticantes do Dharma um panorama sério e necessário da evolução fatal da nossa era conturbada e incentivá-los, na verdade exortá-los, a adotar um estilo de vida verdadeiramente sustentável, como parte da sua prática atual do Dharma. Com demasiada frequência, as pessoas restringem sua prática do Dharma a uma meditação solitária, talvez até egocêntrica, fechando os olhos para aspectos éticos, socioculturais e políticos que as afetam e a todos nós. Neste livro, defendemos uma reestruturação urgente com base nos ensinamentos do próprio Buda e dos grandes mestres do Dharma que o sucederam.

O Buda foi um grande médico de corações e mentes humanas. Se ele vivesse nos dias de hoje, não há dúvida de que também se revelaria um agente de cura do nosso planeta. Ele sempre se referiu ao Dharma como a um remédio. E ele ainda exerce essa nobre função no que diz respeito ao nosso sofrimento individual. Também acreditamos que, mesmo depois de passados 2.500 anos do seu surgimento neste mundo, o Dharma pode ajudar a curar o nosso planeta propiciando orientações espirituais e morais.

A crise ambiental de hoje é tão grave que não podemos ignorá-la, se quisermos que a humanidade e outras espécies sobrevivam ou mesmo se quisermos simplesmente evitar grandes dificuldades para nós mesmos nos anos que virão. Responder adequadamente à crise ambiental é um imperativo moral, pois nossa indiferença ou resposta inadequada só iria aumentar o sofrimento dos nossos semelhantes, agora e no futuro. Como mostraremos, não existe contradição entre a contemplação e a ação social de base dármica. Na verdade, elas demonstram uma total interdependência.

Somos membros de uma civilização que se afastou dos bons valores, das boas atitudes e do bom comportamento. Não podemos deixar que nossas vidas sejam regidas por princípios que, verificados de perto, à luz do Dharma, revelam-se insalubres, ignóbeis, prejudiciais e incapazes de contribuir para a iluminação. Nossa sociedade é grosseiramente materialista, preocupada com prazeres e riquezas, e indiferente a valores morais. Esses dois objetivos convencionais dominam até mesmo grande parte do chamado setor espiritual, que se tornou uma indústria. Não é à toa que nossa civilização contemporânea está cheia de problemas sociais e, apesar de todos os confortos e luxos de que nos cercamos, a felicidade verdadeira ou a sua busca são coisas raras de se encontrar.

A opulência sem precedentes da nossa civilização é mantida por uma exploração igualmente sem precedentes e implacável do meio ambiente, que está agora à beira do colapso. Nosso extravagante estilo de vida moderno, que num período de apenas 150 anos exerceu um impacto devastador sobre o planeta Terra, está condenado ao fracasso. Alguns poderiam afirmar que ele é patológico. É essencial que haja uma mudança radical rumo à regeneração, na verdade à sobrevivência, do mundo natural e, portanto, à continuidade da espécie humana.

Se nós, praticantes do Dharma, não conseguirmos viver de forma saudável, quem mais conseguirá? E, mais do que nunca, uma vida sadia é uma vida consciente e ecologicamente sustentável, que tenha grande cuidado com a Terra e com todos os seres sencientes que partilham conosco este planeta. Como praticantes do Dharma, simplesmente precisamos encontrar vontade, coragem e compaixão para dar voz à dor de bilhões de seres sencientes deste planeta, que são constantemente privados do seu espaço essencial para viver e estão fadados a cair no esquecimento.

Este livro, portanto, trata da catástrofe ambiental do ponto de vista sábio do Dharma. Ao mesmo tempo, a consideração das condições ambientais pode ampliar a nossa visão do Dharma e estimular nossa prática.

Podemos apenas esperar que nossos leitores analisem todas as evidências que apresentamos e tomem as medidas adequadas sem mais delongas. Nós, particularmente, consideramos que o estado alarmante em que se encontra o nosso planeta nos dias atuais é uma grande oportunidade para renovarmos e aprofundarmos nosso compromisso com a prática correta do Dharma, que inclui uma atitude compassiva em benefício de todos os seres. Temos esperança de que muitas pessoas passem a compartilhar conosco essa visão.

Georg e Brenda Feuerstein

Notas do Prefácio

1. Ver David Spratt e Philip Sutton, *Climate "Code Red": The Case for a Sustainability Emergency* (Fitzroy, Austrália: Friends of the Earth, 2008). http://www.carbonequity.info/climatecodered/summary.html.

UM

Silêncio estrondoso

Um dia, como em muitos outros dias, Gautama o Buda sentou-se com 1.250 discípulos sob a sombra de um pomar de mangueiras, perto da cidade de Rajagaha, a capital da antiga Magadha, na região do moderno estado indiano de Bihar[1]. Ele e os discípulos adoravam se sentar em meio ao que hoje chamaríamos de florestas virgens. Ali eles meditavam em silêncio. Era possível ouvir até um alfinete caindo. Para o Buda, essa era simplesmente uma expressão natural da sua suprema iluminação. Para seus discípulos, era uma oportunidade de se deixarem levar espontaneamente ao extraordinário estado de consciência do mestre.

O dono do pomar era um dos discípulos laicos mais abastados do Buda, Jivaka Komarabhacca, que era ministro do rei Ajatasattu Videhiputta. O rei sentia-se inquieto e pediu aos ministros que recomendassem um asceta que pudesse lhe oferecer conforto e sabedoria. Vários nomes lhe foram sugeridos, mas ele descartou um após outro. Voltando-se para Jivaka, o rei quis saber por que ele se mantivera em silêncio.

Jivaka, então, naturalmente recomendou seu próprio mestre, o Buda, a quem o rei consentiu visitar.

Jivaka levou o rei Ajatasattu para encontrar o Buda, mas, à medida que entravam no bosque, o rei começou a ficar cada vez mais apreensivo. Ele interpretou o silêncio incomum nas proximidades do Buda à sua própria maneira mundana, encarando-o como um sinal de que planejavam uma emboscada contra ele. Ele não tinha trazido armas nem soldados para protegê-lo. Cada vez mais perturbado, tomado de terror e "com os cabelos em pé", o rei desconfiado perguntou ao seu bem-intencionado guia a razão do profundo silêncio no bosque. Jivaka garantiu ao rei que não havia agressores mal-intencionados escondidos atrás das árvores ou nos arbustos.

Podemos facilmente compreender e avaliar as preocupações do rei como a suspeita razoável de um ego poderoso, do ponto de vista mundano, e que, em circunstâncias normais, tinha boas razões para se preocupar com a sua segurança. Mas essas não eram circunstâncias normais. A presença do Buda era uma garantia de que havia outra coisa acontecendo, um princípio diferente em ação. Poderíamos dizer que o Buda e os anciões monásticos que meditavam com ele tinham transcendido a síndrome mundana e corriqueira do "lutar ou fugir". Para eles, não existia nem amigo nem inimigo, e a aura palpável que emanava deles era de tranquilidade e paz absolutas.

As preocupações egoístas do rei Ajatasattu diminuíram por um momento, e ele corajosamente entrou na clareira onde o Buda Sakyamuni, o sábio do clã Sakya, e seus discípulos monásticos estavam imersos numa meditação pacífica. Ele se aproximou do Buda, fez-lhe uma reverência e depois se sentou o mais silenciosamente possível ao seu lado. Quando foi apropriado falar, ele fez as perguntas que tinha formulado ao sábio.

O rei começou perguntando se a vida de um monge sem residência fixa dava um resultado imediato e visível, assim como as outras profissões. O Buda sabia que o rei tinha feito a mesma pergunta a outros sábios antes dele e, por isso, convidou-o a lhe contar quais tinham sido as suas respostas. Um asceta recomendou a não ação como a melhor maneira de evitar resultados negativos. Outro asceta disse ao rei que o karma era como um novelo de lã que foi lançado ladeira abaixo e por isso não havia nada que se pudesse fazer a respeito. O rei ouviu outros ascetas e suas respostas, mas admitiu que nenhuma delas lhe parecera convincente.

À moda socrática, como era seu costume, o Buda continuou questionando Ajatasattu, enquanto preparava o terreno para a sua própria resposta. O Buda pacientemente explicou ao cansado rei por que algumas pessoas deixavam o conforto dos seus lares para colher os frutos maravilhosos de uma vida contemplativa, marcada pela atenção plena, pela consciência clara, pela alegria interior e pela conduta virtuosa espontânea.

Por fim, o rei Ajatasattu alegrou-se e formalmente tomou refúgio no Buda, no Dharma e no Sangha para o resto da vida, como seguidor laico. O Buda aceitou o governante no seu Sangha, embora este confessasse ter assassinado seu bondoso pai, um homem de coração generoso, para lhe usurpar o trono, como seu próprio filho também faria no momento oportuno. Depois da partida do rei, o Buda disse à sua congregação que, por causa desse crime hediondo, o rei "está derrotado e sua sorte está selada"[2]. Não tivesse ele assassinado o pai, sublinhou o Buda profeticamente, o olho imaculado do Dharma teria se aberto enquanto o rei estava sentado à sua frente.

Aqueles que estão aprisionados no torvelinho da vida convencional dificilmente podem imaginar o silêncio palpável dos grandes mestres, cuja presença tende a manter o ego pelo menos em suspensão temporária, ou em um espaço aberto no qual ele parece ter se extinguido. Normalmente, como os psicólogos nos asseguram, vivemos enredados na síndrome de "lutar ou fugir". Ou investimos de modo temerário e agressivo contra aqueles por quem nos sentimos ameaçados ou, sentindo-nos subjugados por eles, levantamos voo. Fugimos o mais rápido possível do perigo imaginário ou real. Enquanto estivermos aptos a reagir de uma dessas duas maneiras, não teremos condições de apreciar o Buda, o Dharma e o Sangha. Eles incorporam uma mentalidade diferente: um modo não reativo de existência.

A paz dos grandes realizadores, na verdade, "supera todo o entendimento". Transcende nosso jeito costumeiro de reagir impulsivamente e de modo automático às coisas e situações. Precisamos primeiro cultivar certo grau de silêncio interior, certa medida de consciência e entendimento espiritual, para que então possamos apreciar de maneira mais plena o silêncio em torno dos grandes mestres, os pioneiros do caminho do Dharma, e fazer bom uso dele. Os grandes mestres, que já atingiram profunda realização, são transmissores espirituais espontâneos o tempo todo, independentemente da nossa capacidade ou aptidão. Mas, semelhantes ao rádio, a menos que estejamos devidamente sintonizados, não conseguimos captar sua transmissão, compreendê-la e retê-la, e também aplicá-la de maneira consciente e eficaz.

Por isso a sabedoria tradicional aconselha a nos prepararmos por meio de um estudo cuidadoso. No caso do Budismo tibetano, no qual este livro em grande parte se baseia, temos maravilhosas obras preparatórias, que podem servir bem até mesmo àqueles que já fizeram progresso no caminho espiritual. Estamos nos referindo aos tratamentos sistemáticos do caminho do Dharma, como os oferecidos nas chamadas "etapas do caminho", ou *lam-rim*, ensinamentos originalmente compilados pelo ilustre mestre indiano Atisha, no século XI.

A maioria de nós vive num ambiente ruidoso. Por causa disso, a maior parte das pessoas está acostumada com o barulho, tanto interior quanto exterior. Muitas vezes sua mente é tão barulhenta quanto o ambiente externo. Não raro, elas nem sequer sabem que se habituaram ao barulho até que se exponham ao silêncio. Muitos anos atrás, um amigo de Georg que morava em San Francisco veio visitá-lo em sua tranquila propriedade rural. Georg observou-o por várias horas, andando de um lado para o outro, inquieto. Então, a certa altura, o amigo exclamou. "É quieto demais aqui!" Logo estava pronto para dirigir de volta a San Francisco, embora tivesse a intenção de ficar todo o fim de semana. Georg não trocaria sua casinha simples por uma mansão em qualquer cidade do mundo. Ele gostava do silêncio e, enquanto ainda morava nos Estados Unidos, detestava ter de ir de carro a San Francisco. Nós dois achávamos as cidades muito barulhentas e caóticas, até mesmo a nossa própria cidadezinha, na província canadense de Saskatchewan, e adorávamos os meses de inverno, quando as estradas ficavam vazias de pessoas e carros.

O barulho artificial causa um impacto negativo sobre o sistema nervoso e, segundo cremos, também perturba a mente. Ocasionalmente um carro passa pela nossa casa com o som ligado tão alto que provoca uma sensação física desagradável e faz até as vidraças vibrarem. Essa é sempre uma experiência ruim para nós e achamos que dificilmente é benéfica para o motorista.

Os povos chamados civilizados estão deixando a natureza cada vez mais repleta de barulho. Os ruídos "naturais" das florestas, dos campos, das montanhas, dos rios ou do oceano são sons que o nosso sistema nervoso pode suportar, integrar e até usar para se revitalizar. Mas esse não é o caso da maioria dos sons produzidos pelo homem, com exceção talvez de certos tipos de música. Não podemos compreender, no entanto, como algumas pessoas conseguem ouvir música o dia todo, especialmente quando ela é do gênero *pop*. Mas até os grandes compositores podem deixar nossos nervos à flor da pele e perturbar nossa mente quando ouvimos suas músicas por muito tempo.

Os sons da civilização são de modo geral desarmônicos e altos demais. O barulho do trânsito da cidade atinge de 70 a 80 decibéis, e o tráfego de caminhões e motocicletas chega a 90 decibéis[3]. Motosserras e britadeiras atingem 120 decibéis. Concertos de *rock* alcançam cerca de

120 decibéis, mas podem chegar ao doloroso limiar de 150 decibéis, que também é o nível de ruído das trovejantes turbinas de um jato a uma altitude de 100 pés. O vidro se estilhaça a 163 decibéis e os tímpanos estouram a 190 decibéis. Muito antes disso, porém, pode ocorrer a surdez ante uma única exposição ao nível de barulho de um concerto de *rock*. Ninguém sabe com precisão os efeitos desse massacre sonoro sobre a saúde mental, mas já se sabe que os ruídos altos podem causar irritabilidade e fadiga. Um pouco acima dos 200 decibéis, as ondas sonoras podem matar.

O oceano é extremamente afetado pela geração de barulho da nossa civilização. Navios, barcos e dispositivos militares testados pela marinha dos Estados Unidos e de outros países estão causando um verdadeiro caos no oceano. Os sons das hélices da frota de 90 mil navios que atravessam o oceano geram um ambiente sonoro desagradável e até mesmo prejudicial para a vida aquática, sem mencionar que todas essas embarcações também são grandes fontes de poluição dos mares e do ar.

Muito piores e mais cruéis são as ondas dos sonares militares de alta intensidade e baixa frequência (o LFA, de Low Frequency Active), que até mesmo a uma distância de 160 quilômetros atingem quase 160 decibéis. Esse som terrivelmente invasivo está diretamente ligado às mortes "inexplicáveis" e aos encalhes voluntários de baleias nos últimos anos. No entanto, esses jogos de batalha naval, que incluem ondas sonoras letais, ainda não foram descartados.

Lembremos aqui que as baleias-cinzentas, por exemplo, povoam os oceanos há 30 milhões de anos e, desde 1949, são uma espécie protegida. Vamos lembrar também que a baleia-jubarte é capaz de emitir complexos cantos sazonais que incluem mais de sete temas diferentes e podem durar em torno de dez minutos. Só recentemente os anatomistas descobriram que a baleia-jubarte tem neurônios fusiformes como os seres humanos e os grandes primatas. Embora a função dos neurônios fusiformes no cérebro ainda não esteja plenamente compreendida, eles parecem participar dos processos cognitivos. Será que queremos de fato julgar o gigantesco cérebro da baleia, que pesa cerca de 7,5 quilogramas, mera matéria cinzenta inútil? Ou não deveríamos supor que uma espécie que pode se comunicar por meio de longos cantos, que variam periodicamente e provavelmente de maneira intencional, de acordo com as experiências acumuladas, e que exibe um comportamento social complexo, tem uma inteligência toda própria?

E o que dizer dos golfinhos-nariz-de-garrafa? Experimentos mostraram que eles podem se reconhecer num espelho, o que é geralmente interpretado como um sinal de autoconsciência. Também aprendem rápido, são extremamente adaptáveis e já surpreenderam muitos treinadores e espectadores com suas brincadeiras criativas. Justamente por causa da sua inteligência e espírito de colaboração, os golfinhos têm sido explorados pela marinha com fins militares. Eles podem manobrar torpedos e fixar minas magnéticas no casco de navios e submarinos. Ao longo da história humana, os golfinhos foram reconhecidos pela sua inteligência intencional e existem muitos relatos sobre seres humanos que não morreram afogados graças a um golfinho.

Como podemos usar o poder do nosso cérebro humano para destruir seres tão inteligentes ou distorcer sua percepção a ponto de fazê-los servir aos nossos propósitos doentios? Evidentemente, os nefastos jogos de guerra dos líderes militares sedentos de poder e os experimentos irresponsáveis de cientistas sedentos de conhecimento não são razões suficientes. Como mostraremos no Capítulo 5, todo o oceano, volumoso como é, encontra-se em estado calamitoso devido à poluição química, à poluição sonora, à pesca predatória e ao aquecimento global.

Mesmo quando não há ruídos audíveis, a nossa civilização ainda produz padrões desagradáveis de interferência eletromagnética, que viajam ao redor do globo e para o espaço sideral, bombardeando-nos com eles. Ondas de rádio existem em todos os lugares, e toda máquina ou equipamento elétrico irradia campos eletromagnéticos. Nossa biosfera está repleta de ondas invisíveis produzidas pelo homem, que causam múltiplos padrões de interferência para os quais nem milênios de evolução biológica prepararam os seres vivos. Como eles são invisíveis, costumamos ignorar sua existência ou preferimos não levá-los em conta.

A medicina ocidental parece não ter pressa em reconhecer que essas ondas prejudicam nossa saúde física e mental. Num esforço para reduzir os gastos cada vez mais elevados com tratamentos de saúde, mais recentemente a medicina começou a se interessar por esse lado oculto da vida contemporânea[4]. Os computadores e telefones celulares, nos quais muitos de nós somos viciados, são especialmente prejudiciais, por causa dos seus fortes campos eletromagnéticos. De acordo com o *8º Relatório Anual do VoIP* [Voice over Internet Protocol] *Industry*, publicado pela iLocus, uma empresa de pesquisa de mercado em telecomunicação sediada em Londres, durante o primeiro semestre de 2006 não menos do que um trilhão de minutos de ligações de telefones celulares ocuparam o éter eletrônico do planeta. Podemos supor que boa parte dessas chamadas de telefones celulares foi feita por crianças, e que provavelmente muitas delas não passaram de conversas irrelevantes. Algumas autoridades afirmam que até mesmo dez minutos ao telefone celular podem desencadear a produção de células cancerígenas! Não conhecemos nenhuma pesquisa a respeito dos efeitos negativos das ondas eletromagnéticas sobre o ambiente natural, embora não seja preciso muita imaginação para supor que elas não devem ser benignas.

Com relação ao som, os dados disponíveis não deixam a menor dúvida. Embora alguns sons sejam calmantes e possam até mesmo curar, outros são claramente destrutivos. Entre os sons benignos estão o canto dos pássaros, as batidas do coração de alguém, coiotes uivando, o som das folhas ao vento, as ondas do mar quebrando na praia, gotas de chuva caindo e batendo no chão, o crepitar do fogo. Até o estalido do gelo se quebrando no fim do inverno ou o estrondo de um trovão podem ser terapêuticos ou harmonizantes.

O maior efeito de cura, porém, não é produzido por nenhum tipo de som, mas pelo silêncio cultivado. Para ouvirmos nossos próprios pensamentos e também para captar o que a Natureza quer nos transmitir, precisamos cultivar o verdadeiro silêncio. Sabemos, pelo cânone em páli, que Gautama o Buda valorizava extremamente o silêncio. Há uma passagem que afirma: "Aí vem o recluso Gotama. Este venerável ser gosta do silêncio e elogia a tranquilidade"[5]. Depois de se libertarem dos grilhões do ego na sua santa companhia, os discípulos mais velhos do Buda, os Sthaviras ou Arhats, também prefeririam o silêncio. Sempre que o Buda fazia um dos seus discursos doutrinais, fazia-se profundo silêncio entre os ouvintes, que ansiavam por ouvi-lo e absorver sua sabedoria. De acordo com o que sabemos, ninguém tossia, pigarreava ou arrastava os pés. A mente de todos estava focada ou, como também afirma o cânone em páli, "desenredada".

Uma vez, um grande grupo de monges visitou o Buda e saudou ruidosamente os membros residentes do Sangha. O Buda prontamente o dispensou. Ele só permitiu que os monges ficassem depois que os membros da família sakyana e a divindade Brahma Sahampati imploraram para que o Buda reconsiderasse sua decisão, pois os monges visitantes eram recém-ordenados e não sabiam ainda como se comportar[6].

De acordo com um discurso, o brâmane Jata Bharadvaja perguntou ao Buda em versos:

Um emaranhado interior, um emaranhado exterior,
esta população está enredada num emaranhado.
Eu lhe pergunto, ó Gautama,
quem é capaz de desenredar esse emaranhado?[7]

O Buda respondeu dizendo que alguém que tenha virtude e sabedoria e que tenha vencido a ignorância, a luxúria e a raiva pode facilmente desenredar esse emaranhado. Isso aconteceu 2.500 anos atrás.

Poderíamos muito bem fazer a mesma pergunta hoje, embora talvez com mais urgência e por uma causa maior. A resposta ainda seria a mesma, é claro.

Nós, os autores, temos muita sorte de poder sentir, em primeira mão, o silêncio palpável que circunda os adeptos. O campo que os rodeia é salutar e terapêutico. Quando Pabongka Rinpoche ensinava, era possível ouvir até um alfinete caindo; os seguidores laicos e monásticos da audiência ficavam em silêncio, totalmente concentrados em ouvir o Dharma.

Um buda ou um ancião do Dharma nunca andaria num barco a motor, num rio ou no mar, só por diversão, enquanto incontáveis criaturas aquáticas são feridas. Também nunca lhes ocorreria a ideia de cortar florestas inteiras ou mesmo cortar um único galho de árvore apenas para satisfazer sua fome ou curiosidade ou para obter lucro. Segundo uma história, um monge uma vez cortou o galho principal de uma árvore. O espírito associado a essa árvore queixou-se ao Buda de que um dos discípulos dele tinha amputado o braço de seu rebento[8]. Por isso, o Buda proibiu o corte de galhos e árvores.

Pela mesma razão, para proteger as formas de vida, ele proibiu que seus seguidores monásticos arassem a terra. Ele mesmo enfatizava que tomava muito cuidado para não danificar as sementes e culturas e esperava que os seus monges fizessem o mesmo. Ora, você poderia argumentar que a regra monástica contra o trabalho agrícola era e talvez ainda seja apropriada para um monge, mas seria impraticável para pessoas leigas, que precisam plantar para sobreviver. No entanto, não poderíamos pelos menos levar em conta o código inflexível do Buda de não causar mal? A agricultura, especialmente a agricultura industrial moderna, com suas enormes quantidades de herbicidas, pesticidas e inseticidas, é letal para muitas criaturas que vivem acima e abaixo do solo, incluindo as pessoas que aplicam esses agrotóxicos. A agricultura industrial, ou *agrobusiness*, usa em torno de 2,5 milhões de toneladas de pesticidas tóxicos todos os anos[9]. Isso é veneno suficiente para matar a todos nós! Os pesticidas e todos os outros "cidas" já provaram ser de fato prejudiciais para a nossa saúde, quando comemos alimentos infectados. Mas, no presente contexto, a nossa preocupação é principalmente com as vítimas animais do capricho humano. Do ponto de vista dármico, a resposta é clara: não devemos fazer mal a outras criaturas e, portanto, a agricultura industrial é eticamente inviável, pelo menos da perspectiva do Dharma.

O mesmo se aplica a outros setores, como as madeireiras, que prejudicam um número incontável de seres, além das próprias árvores. Nesse caso devemos considerar a possibilidade de que árvores e plantas sejam sencientes. Na primeira metade do século XX, o notável biólogo indiano Jagadish Chandra Bose demonstrou, por meio de um instrumento projetado especialmente para essa pesquisa – e que ele chamou de crescógrafo –, que as plantas são sencientes[10]. O Buda elogiava as plantas por oferecerem uma sombra agradável aos viajantes e ascetas, que deveriam sentir gratidão por elas. Ele até admitia que elas estavam associadas a espíritos da natureza e que, certamente, nunca deveriam ser danificadas. Mais recentemente, as árvores passaram a fazer parte da jurisprudência, quando Christopher D. Stone propôs que, visto que as corporações tinham direitos legais, as árvores, montanhas, rios e lagos também deveriam ser protegidos por lei[11]. Há muito ainda que pensar sobre esse tema.

Não estamos defendendo aqui que paremos de cultivar alimentos e esperemos a morte de braços cruzados, o que seria um absurdo e estaria definitivamente em desacordo com os ensinamentos do Buda. Contudo, acreditamos que devemos estender nossa reverência à vida a toda a Natureza, não meramente aos mamíferos que achamos fofinhos e adoráveis. Também achamos que devemos examinar com muito cuidado as implicações éticas da agroindústria, das madeireiras e de outras atividades ditas "civilizadas". Precisamos ter a coragem de examinar tanto nosso estilo de vida urbano quanto o rural, e ver se ele está de acordo com a moral ou, como acreditamos, precisa passar por uma reforma urgente.

Esse tipo de análise transcorre melhor numa atmosfera de silêncio cultivado. Mesmo antes da época do Buda, os sábios da Índia já usufruíam do silêncio e buscavam cultivá-lo. Vários *Suttas* páli registram o ensinamento do Buda de que devemos abandonar palavras falsas e rudes e, em vez disso, cultivar palavras que sejam oportunas, verdadeiramente gentis e bondosas, investidas de amor e benevolência[12]. Em outras palavras, um verdadeiro discípulo do Buda sabe medir suas palavras. Como, mesmo nas situações mais propícias, são poucas as ocasiões em que se deve falar, o Buda e seus discípulos permaneciam, na maior parte do tempo, em silêncio. Por isso ele passou a ser conhecido como Sakyamuni, ou Shakyamuni, o sábio da tribo Sakya. A palavra sânscrita *muni* está relacionada com a palavra *mauna*, ou "silêncio". Por isso um *muni* é tradicionalmente alguém que é um "sábio silencioso", um sábio que tem consciência plena de cada palavra que profere.

O silêncio atento de um sábio é, de fato, de ouro. Apenas o silêncio de um tolo é como latão ou, em termos mais contemporâneos, como plástico. Reiterando a sabedoria dos mestres anteriores, o Sétimo Dalai-Lama escreveu em seu *Gems of Wisdom* [Palavras de Sabedoria] (verso 19):

> Que vento invisível traz fraqueza
> e delírios sem fim?
> A indulgência em conversas tolas e tagarelices
> É destituída de qualquer sentido[13].

Comentando essa estrofe, Glenn Mullin cita Je Tsongkhapa, que escreveu:

> A pessoa que busca ser superior e a iluminação resolve falar com autenticidade, gentileza, obsequiosidade e pleno significado.

E poderíamos acrescentar: "Do contrário, não fala nada". Mais uma vez Mullin cita o grande Sakya Pandita, fundador do ramo Sakya do Budismo Vajrayana:

Se você não tem nada significativo para dizer, simplesmente fique em silêncio. Se não consegue segurar a língua, amarre um barbante em torno dela. Para alguns, esse é o único remédio[14].

Não é preciso muita imaginação ou inteligência para constatar as vantagens do silêncio. Mesmo em nossa tradição ocidental, temos o ditado de que o "silêncio é de ouro". Logicamente, devemos começar qualquer estudo dármico com o silêncio, para que possamos de fato ouvir o Dharma e começar a desenredar nossos emaranhados interiores e exteriores. Do mesmo modo, ao ponderar sobre as condições lastimáveis da Natureza, o silêncio é a nossa melhor estratégia.

Se pudermos fazer, periodicamente, um retiro de silêncio, seremos imensamente recompensados pelo nosso esforço de buscar o poder do silêncio dentro de nós. Por conseguinte, nosso cultivo do silêncio pode levar a uma harmonia e sanidades maiores, que combatem a insanidade associada à vida moderna da civilização. Quando nos tornamos mais silenciosos externa e internamente, não só vamos ouvir o Dharma mas também a voz da Natureza e dos seus trilhões de seres sencientes. O cenário natural exterior, que o Buda preferia às cidades e grandes centros urbanos barulhentos, corresponde ao cenário natural interior, a mente transconceitual como um todo, que, como o cenário externo, é natural, imaculado e intocado pela humanidade, livre e sem pontos de referência.

Notas do Capítulo 1

1. Esta história está relacionada ao *Sutta Samannaphala* do *Digha-Nikaya* (2. 1ff.). Maurice Walshe, trad., *The Long Discourses of the Buddha: A Translation of the Dīgha Nikāya* (Boston, Mass.: Wisdom Publications, nova ed. 1995), pp. 91-109.
2. Verso 2.102. Maurice Walshe, *op. cit.*, p. 109.
3. Cada decibel é duas vezes mais alto do que o anterior.

4. Ver, por exemplo, Health Publica Icon Health Publications, *Sounds Waves: Three-in-one Medical Reference* (San Diego, Calif.: Icon Health Publications, 2003).

5. O *Mahasakuludayi-Sutta* de *Majjhima-Nikaya* (77.4). Bhikkhu Nānamoli e Bhikkhu Bodhi, trad. The *Middle Length Discourses of the Buddha: A Translation of the Majjhima Nikāya* (Boston, Mass.: Wisdom Publications, 2ª ed., 2001), p. 629.

6. Esta história é contada no *Catuma-Sutta* de *Majjhima-Nikaya* (67.4ff.). Bhikkhu Nānamoli e Bhikkhu Bodhi, *op. cit.*, p. 560f.

7. Este intrigante diálogo entre o Buda e o Brahmin está no *Brahmana-Samyutta-Sutta* de *Samyutta-Nikaya* (7.625). Bhikkhu Bodhi, trad. *The Connected Discourses: A Translation of the Sawyutta Nikāya* (Boston, Mass.: Wisdom Publication, 2000), p. 259.

8. Esta história é contada nas *Pacittiya* de *Bhutagama-Vaggā*, um tratado do cânone em páli tailandês.

9. Ver G. Tyler Miller, *Living in the Environment* (Bellmont, Calif.: Wadsworth/Thomson Learning, 12ª ed., 2002).

10. Ver *Life Movements in Plants*, de J. C. Bose (Nova Délhi: Anmol Publications, reimpresso em 1993), 2 vols.

11. Ver Christopher D. Stone, *Should Trees Have Standing? Toward Legal Rights for Natural Objects* (Palo Alto, Calif.: Tioga Publications, reeimpressão em 1988). Achamos que as árvores também devem ser protegidas por lei, visto que são imbuídas de um certo tipo de senciência.

12. Ver, por exemplo, os *Kakacupama-Sutta* de *Majjhima-Nikaya* (21.11). Bhikkhu Nānamoli e Bhikkhu Bodhi, *op. cit.*, p. 217ff.

13. O Sétimo Dalai-Lama, *Gems of Wisdom*, trad. de Glenn H. Mullin (Ithaca, N.Y.: Snow Lion, 1990) p. 50.

14. Ibid.

DOIS

O cenário natural interior e exterior

Gautama o Buda preferia habitar e meditar em meio à natureza, principalmente nos bosques e florestas, em vez de nas cidades e grandes centros urbanos. Algumas pessoas, supostamente ascetas ou brâmanes descontentes, ao que parece, criticavam-no por isso. Num dos seus discursos, ele fez questão de explicar essa preferência compreensível, que certamente nada tinha a ver com uma inclinação egoica ou com um hábito inconsciente. Como ele mesmo disse, sem rodeios:

> Ora, brâmane, pode ser que você pense, "Talvez o contemplativo Gotama, ainda hoje, não esteja livre da luxúria, do ódio e da ilusão, e por isso ainda procure refúgios embrenhados no meio da floresta". Mas você não deveria pensar assim. Se ainda procuro refúgios embrenhados no meio da floresta, é porque percebo duas vantagens: vejo uma agradável permanência para mim aqui e agora e tenho compaixão pelas gerações futuras[1]

O Buda não estava fugindo deste mundo, como se este pudesse inibir a sublime realização da sua iluminação plena. Ele simplesmente optou por se manter a certa distância dos costumes vulgares da vida, típicos da pessoa mundana[2] que, presa ao comportamento kármico compulsivo, dá pouco espaço para um estilo de vida consciente e contemplativo, dedicado à libertação das atitudes e emoções negativas e ao cultivo positivo da totalidade. Por definição, uma pessoa mundana é aquela que é atraída para as valas kármicas do mundo e, portanto, está sujeita a "reciclá-las" repetidas vezes, tanto numa determinada vida quanto em várias subsequentes. A menos que essa pessoa aprenda a lição da vida, ou seja, que os caminhos mundanos só reforçam o sofrimento, ela não conseguirá ver as vantagens do Buda, do Dharma e do Sangha. Mesmo que seja capaz de intuir a grande vantagem de tomar refúgio na Joia Tríplice[3], a pessoa mundana ainda assim sucumbirá, repetidas vezes à ignorância, à luxúria, ao ódio e a todas as outras reações egoicas à vida, mantendo, indefinidamente, o ciclo funesto da produção kármica e a sua fruição.

Além disso, devemos salientar também que uma "agradável permanência" não é o mesmo que um "lugar" agradável ou "circunstâncias" agradáveis. Como também não é o mesmo que, em termos contemporâneos, "divertir-se". A diversão é algo que causa empolgação ou massageia a personalidade egoica, ao passo que uma permanência agradável ou, mais corretamente, alegre, é o que poderíamos chamar de um local apropriado para um ser desperto – ou para alguém que aspira ao despertar espiritual – e que natural e espontaneamente busca a quietude, em vez do rebuliço das cidades, de modo que possa pisar com leveza sobre a Terra e beneficiar outros seres.

O Buda pregava e também demonstrava pessoalmente o valor supremo de um modo de vida autodisciplinado e moralmente sadio, e que hoje chamamos de estilo de vida sustentável. Precisamente por isso, a preferência exemplar do Buda pela permanência nas florestas, com o máximo de simplicidade, é também um ato de compaixão que favorece as gerações futuras, e ele a entendeu como tal. Um estilo de vida autoindulgente, em comparação, nem favorece as futuras gerações nem é compassivo com relação ao presente.

O Buda não dispunha de um conceito como "sustentabilidade", que nos anos 1980 tornou-se corrente quando nós, modernos, começamos a perceber que a natureza estava extremamente ameaçada devido ao nosso estilo de vida superconsumista e indiscriminado, que ignora o bem-estar dos outros seres e especialmente das futuras gerações. O Buda reconhecia e admitia que a compaixão exige um modo de vida sustentável, que incorpora uma preocupação com todos os outros seres – não meramente consigo próprio, não meramente com a própria família, espécie ou comunidade, e não meramente com aqueles que estão vivos agora, mas com *todos* os seres sencientes de hoje e do futuro.

Pelo fato de as pessoas contemporâneas praticamente negarem sua própria mortalidade e se comportarem como se fossem viver para sempre, e pelo fato de se preocuparem em primeiro lugar com seu próprio bem-estar e com seus prazeres, elas ignoram os outros seres – aqueles que vivem hoje e aqueles que estão por vir. Mas qualquer compaixão que não seja completamente abrangente e que não se estenda para além do presente é necessariamente parcial e inadequada. Portanto, a menos que possamos compreender a sustentabilidade em termos mais abrangentes, não a entenderemos de fato. O Dharma transmite uma ideia muito clara sobre isso.

Costumamos usar a expressão "cenário natural", mas ele só é natural em contraposição à vida oferecida pela civilização, que é altamente estruturada, quando não asfixiante. Percebemos que, segundo a perspectiva dos bosques ou das florestas e dos seres que ali vivem – humanos ou animais –, o cenário natural consiste numa comunidade interativa e interdependente. O Buda e seus discípulos monásticos obviamente não pensavam nos bosques e nas florestas como lugares ermos, no meio do mato. Para eles, consistiam num ambiente orgânico de inter-relação natural, enquanto a vida karmicamente "emaranhada" das cidades e dos grandes centros urbanos estava mais afastada da natureza e da totalidade. O estilo de vida urbano era, e ainda é, deficiente pela artificialidade inerente à nossa civilização – o tipo de ambiente em que "o ato de dançar e cantar, a música e os espetáculos" são abundantes (como menciona um conhecido discurso)[4] –, isto é, onde as distrações ruidosas proliferam e indivíduos movidos pelo ego manipulam-se uns aos outros para obter vantagens passageiras, sem jamais viver numa verdadeira comunidade.

As preocupações e fixações peculiares da pessoa mundana não estão, evidentemente, restritas ao ambiente urbano. Em aldeias e vilarejos também existem as mesmas atitudes mentais e práticas que, talvez de um modo mais exagerado, definem as cidades e os centros urbanos. Em qualquer lugar em que haja um assentamento humano, encontramos o mundano. O cenário natural, em comparação, é a ausência da intervenção humana.

Como o Buda explicou, uma pessoa que abandona o ambiente turbulento da cidade e busca a vida mais salutar de um asceta, na verdade adota um código e estilo de vida completamente novos e extremamente éticos[5]. Ela para de matar e até prejudicar outras criaturas; não rouba nem mente, e abandona os excessos sexuais da pessoa mundana e adota as regras rigorosas da castidade. Em vez de enganar e dar falso testemunho, o asceta controla sua língua e não só fala a verdade como se esforça para que suas palavras sejam gentis, relevantes e propiciem a paz. Acima de tudo, ele opta por ter atenção plena em todas as situações.

Como devemos entender a atenção plena? Essa pergunta é respondida com mais precisão pelas palavras do próprio Buda:

Monges, este é o caminho direto para a purificação dos seres, para a superação do sofrimento e da lamentação, para o desaparecimento da dor e da

tristeza, para a aquisição do caminho reto, para a realização do Nibbâna:
– ou seja, os quatro fundamentos da atenção plena[6].

O Buda continuou explicando o que são os quatro fundamentos:

> E quais são os quatro? Aqui, monges, um monge permanece contemplando o corpo como corpo, ardente, plenamente consciente e com atenção plena, havendo deixado de lado a cobiça e o desprazer em relação ao mundo; ele permanece contemplando os sentimentos como sentimentos [*vedana*] [...]; ele permanece contemplando a mente como mente [*citta*] [...]; ele permanece contemplando os objetos mentais como objetos mentais [*dhamma*], ardente, plenamente consciente e com atenção plena, havendo deixado de lado a cobiça e o desprazer pelo mundo[7].

A contemplação do corpo como corpo, como elucidou o Buda, ocorre por meio da inspiração e expiração conscientes, enquanto o praticante permanece atento a todas as partes do corpo e ao corpo como um todo, sem se apegar a nada no mundo. Essa prática pode ser feita na postura sentada com as pernas cruzadas, caminhando ou na postura deitada. A chave é a atenção plena no momento presente, sem que o praticante se distraia, que é o que provavelmente ocorre quando somos atraídos para o mundo. Como o Buda sublinhou, aqueles que são apegados ao mundo poderiam se beneficiar se contemplassem um cadáver. Na Índia e no Tibete, essa prática é mais fácil por causa da existência de cemitérios onde corpos em diferentes fases de decomposição são jogados e ficam à vista de todos. Na nossa civilização ocidental, que sempre que possível nega e oculta a realidade inexorável da morte, precisamos recorrer à visualização criativa[8].

Da mesma maneira desapegada com que um praticante do Dharma testemunharia um monte de lixo, uma folha morta ou um cadáver, somos instados a testemunhar o nosso próprio corpo e os sentimentos, ou sensações, que nele despertam, sejam eles agradáveis, desagradáveis ou neutros. Simplesmente notamos o que surge no nosso corpo, nos nossos sentimentos e na nossa mente. No que diz respeito à observação da mente e das suas atividades, observamos especialmente se o desejo sensual, a má vontade, a indolência, a preocupação e a dúvida estão presentes. Do mesmo modo percebemos se os cinco "agregados do apego"[9] estão presentes. Atenção plena significa a aplicação disciplinada da percepção de tudo o que está vindo à tona na consciência do indivíduo. Nyanaponika Thera ajudou a esclarecer esse conceito:

> A atenção plena, embora seja tão elogiada e capaz de atingir grandes realizações, não é absolutamente um estado "místico", além da compreensão e do alcance da pessoa mediana. Ela é, pelo contrário, algo muito simples e comum, e muito conhecida de todos nós. Em sua manifestação elementar, conhecida pelo termo "atenção", ela é uma das funções principais da consciência, sem a qual não haveria percepção de nenhum objeto. Se um objeto percebido exercita um estímulo que é suficientemente forte, a atenção é despertada em sua forma básica como um "tomar nota" inicial do objeto, como o primeiro "voltar-se para". Por causa disso, a consciência interrompe o fluxo escuro do subconsciente (– uma função que, de acordo com o Abidhamma (psicologia budista), é realizada inumeráveis vezes a cada segundo da vida). Essa função de atenção plena germinal, ou de atenção inicial, ainda é um processo extremamente primitivo, mas de importância decisiva, e o primeiro surgimento da consciência do seu subsolo inconsciente[10].

Como sublinhou Andrew JiYu Weiss em seu livro muito útil *Beginning Mindfulness*, a atenção plena é uma "prática incorporada" que nos permite "vivenciar a atenção plena de modo direto e tangível" e que nos coloca em contato direto com qualquer coisa na qual foquemos nossa atenção disciplinada[11].

O Buda preferia grutas e florestas porque elas favoreciam o tipo de estilo de vida atento que ele julgava compatível com um praticante do Dharma. Em contraposição, ele via as cidades como lugares para as pessoas mundanas que, destituídas de atenção plena, enredavam-se numa série de condutas inconscientes e na imoralidade. A inconsciência não fomenta o comportamento correto. Antes, ela faz com que a pessoa se incline na direção da reatividade egoica, que muitas vezes é expressa por meio da imoralidade. A atenção plena, ao contrário, faz com que a pessoa penda mais para a retidão, e para o tipo de comportamento que conduz naturalmente a mais liberdade interior e integridade.

Ao mesmo tempo, o Buda foi muito claro ao explicar que o deleite sentido por um Buda ou Arhat não depende das circunstâncias externas e representa algo semelhante a um relicário portátil. Como nos lembra um texto em páli:

> Santuários em parques e bosques,
> Bem construídos tanques de lótus:
> Não valem nem um dezesseis avos
> De um ser humano deliciado.
>
> Seja numa aldeia ou numa floresta,
> Num vale ou numa planície –
> Onde quer que morem arahants
> É um lugar de autêntico deleite[12].

Um Buda ou Arhat encontra o seu cenário interior, que, como insiste o cânone em páli, não apenas não provoca medo como na verdade causa verdadeiro deleite[13]. Esse ensinamento por si só torna a vida dármica positiva e desmente a crença popular de que o Budismo é rígido e pessimista. Enquanto o mundano comum, cujos sentidos estão voltados para o mundo externo, associa a selva a certas características ambientais externas, esses versos nos dão uma ótima dica para compreendermos a selva de um modo diferente. Como afirma a segunda estrofe, um lugar delicioso é aquele em que o arhant infunde seu deleite interior. A pessoa desperta irradia alegria.

Certamente o Budismo tem um grande apreço pela natureza, considerada uma questão extremamente importante. Em particular, ele concorda com as preocupações atuais com relação à sustentabilidade e com a preservação e restauração da natureza, sobretudo das florestas virgens.

Como argumentam os editores e colaboradores da antologia *Wild Forestry*, as florestas virgens são muito mais do que uma questão política e econômica. Elas são forças psicológicas e espirituais, além de uma realidade revitalizante, da qual a humanidade contemporânea precisa para se encontrar e para encontrar sua trajetória dármica. Os ecossofistas Alan Drengson e Duncan Taylor, editores daquele livro, escrevem:

> O reflorestamento de matas virgens é um uso responsável das florestas, que valoriza as energias e a sabedoria da natureza, está em sintonia e aprende com elas. Esse reflorestamento conecta os sistemas de conhecimento indígena com o conhecimento ecológico contemporâneo, e reconcilia as necessidades da Terra com as humanas. Ele une uma grande variedade de práticas locais adequadas às características e valores de florestas únicas ao redor do globo. O reflorestamento de matas virgens sustenta e promove a saúde das florestas e sua diversidade biológica e cultural. Onde quer que existam florestas virgens ou onde quer que elas estejam sendo recuperadas, os praticantes descobrem que a saúde e a qualidade de vida estão interligadas com a integridade e a resistência de diversos processos ecossistêmicos. O reflorestamento de matas virgens respeita esses processos, na medida em que adapta as atividades humanas a valores que esses sistemas podem perpetuar[14].

É muito importante que, nós, pessoas modernas, tomemos conhecimento dos ensinamentos do Buda acerca das florestas, pois todos os dias a Terra é privada de 32 mil hectares de florestas e todos os dias é privada também de cerca de 135 espécies animais e vegetais, que estão se tornando extintas; isso corresponde a cerca de 50 mil espécies por ano. "Ah, então essa conta inclui plantas também?", diz o sujeito mais desavisado, como se as plantas não tivessem o direito de existir e como se o seu fim não fosse também uma desvantagem para nós. Das numerosas espécies quase perdidas, 240 espécies conhecidas de primatas estão correndo sério perigo (8%), correndo perigo relativo (19%) ou estão vulneráveis (21%).

A maioria das pessoas ainda não tomou conhecimento da Sexta Extinção em Massa que está em curso. O que é isso? Muito simplesmente, essa frase um tanto prosaica se refere a uma realidade chocante: a taxa atual das espécies em extinção ultrapassa a catástrofe da última grande extinção, que varreu os dinossauros da superfície da Terra, aparentemente em resultado do impacto de um meteoro cerca de 65 milhões de anos atrás.

A Sexta Extinção em Massa não é uma teoria absurda inventada por um bando de cientistas excêntricos. De acordo com um levantamento realizado em 1998 entre mais de 3 mil biólogos, na opinião de sete entre dez profissionais de ciências biológicas, estamos *de fato* enfrentando uma extinção em massa. Isso foi confirmado em 2005 por mais de 1.300 cientistas, recrutados de 95 países que contribuíram para o Relatório de Avaliação Ecossistêmica do Milênio. Esse relatório, que pode ser lido na Internet, concluiu que nas últimas centenas de anos "os seres humanos aumentaram a taxa de extinção das espécies em até mil vezes com relação a taxas históricas típicas ao longo da vida conhecida do planeta[15]. Outro relatório, intitulado *Living Beyond Our Means: Natural Assets and Human Well-Being*, inclui a inquietante afirmação a seguir:

No cerne dessa avaliação existe um alerta severo. A atividade humana está sobrecarregando de tal modo as funções naturais da Terra que a capacidade dos ecossistemas do planeta de sustentar as gerações futuras não é mais uma certeza[16].

Em fevereiro de 2006, o relatório *Global Outlook*, publicado pelas Nações Unidas, alertou que "a biodiversidade está em declínio em todos os níveis e escalas geográficas"[17]. O rápido declínio da biodiversidade – que é outra maneira de falar sobre a Sexta Extinção em Massa – é mais dolorosamente óbvio na destruição das florestas tropicais da bacia amazônica. Segundo estimativas, as florestas tropicais são o lar de 50% de todas as espécies do planeta, o que faz delas um lugar muito especial que deve ser protegido e cultivado, em vez de aniquilado indiscriminadamente.

Com o desaparecimento das florestas tropicais, perdemos também, entre outras coisas, um sortimento inestimável de remédios. Vinte e cinco por cento dos produtos farmacêuticos ocidentais contêm ingredientes derivados das plantas das florestas tropicais. Surpreendentemente, conhecemos talvez apenas 1% das espécies vegetais nativas das florestas tropicais e o corte-raso*, para não dizer mais, contribui para a supressão irresponsável de remédios preciosos. Falaremos mais sobre isso no Capítulo 4.

O desmatamento tem outra faceta importante: as árvores em crescimento são redutores significativos de carbono. Quando despimos nosso planeta das florestas, simultaneamente sobrecarregamos a atmosfera com a carga de CO_2 que produzimos e que normalmente é absorvida pelas árvores e plantas para o seu próprio crescimento.

---

* Em inglês, *clear-cutting*, processo pelo qual todas, ou quase todas, as árvores de uma determinada área são cortadas. (N. da T.)

Até agora, os terríveis alertas dos cientistas foram amplamente ignorados pelo público e minimizados pela mídia de massa. As pessoas parecem empurrar sem dificuldade para o subconsciente o crescente mal-estar da natureza, assim como em geral fazem com a inevitabilidade da morte. Apesar de todos os sinais de alarme soando em alto e bom som, poucos são aqueles que parecem querer contemplar o iminente colapso da biosfera da Terra e a extinção da nossa própria espécie.

Quando normalmente visualizamos a natureza como uma fonte de prazer, como um lugar que visitamos como turistas para extrair todo prazer e conforto que ele pode proporcionar, não pensamos em ir para uma ilha, uma floresta ou uma praia, mas para um hotel localizado numa ilha paradisíaca, numa floresta agradável ou num ambiente de praia. Portanto, para muitas pessoas, a natureza não é muito mais do que um destino turístico.

Cabe aqui mencionar algo sobre as viagens de turismo e de negócios, em geral, e sobre o ecoturismo, em particular. Todos os anos, 300 milhões de pessoas em todo o mundo viajam em férias ou a trabalho. Graças às conferências de áudio e vídeo, uma grande parte das viagens de negócios tornou-se desnecessária e até mesmo um desperdício. Só algumas poucas empresas começaram a minimizar suas viagens de negócios, o que é uma atitude louvável, mesmo sendo motivada mais por preocupações econômicas do que ecológicas.

Neste ponto precisamos apontar uma grande incongruência cometida por Al Gore, que foi um dos ganhadores do prêmio Nobel da Paz em 2007 pelos seus esforços em favor do meio ambiente. O que ele tinha em mente quando organizou o concerto de rock *Life Earth*, uma maratona de 29 horas que ocorreu no verão de 2007, supostamente na tentativa de ajudar o planeta, alertando sobre a ameaça do aquecimento global? A começar pela perspectiva da poluição sonora e do ar, esse concerto já foi um grande contrassenso. Como esperar que a sabedoria provenha de uma total cacofonia? O mais irônico é que um dos concertos foi realizado na Antártida, onde a camada de gelo está cada vez mais fina em decorrência do aquecimento global. Segundo estimativas, os artistas participantes e suas plateias produziram 74 mil toneladas de CO_2 com suas viagens e consumo de energia, além de mais de mil toneladas de lixo.

Outro disparate relacionado a isso é a afirmação de Al Gore de que toda essa poluição pode ser rapidamente compensada. No entanto, a noção de que é possível apagar uma pegada ecológica encerra, na verdade, um erro fatal, pois, depois que o gênio foi libertado da garrafa, ninguém pode convencê-lo a voltar. Não podemos fazer o CO_2 desaparecer num passe de mágica. Uma aeronave, por exemplo, deixa um rastro não só de vapor mas também de gases causadores do efeito estufa, e independentemente do que possamos fazer para "compensar" a nossa pegada ecológica, esses gases obviamente continuarão na atmosfera poluída. A única maneira de reduzir as emissões desses gases de efeito estufa é diminuir o consumo. Isso inclui uma redução drástica das viagens aéreas que, surpreendentemente, continuam a aumentar.

Os mestres do Dharma que viajam de avião ainda não refletiram sobre a conveniência de suas longas viagens aéreas: será justo pressupor que seu trabalho pelo Dharma seja mais importante do que a preservação do meio ambiente, em vista do nível de ameaça que hoje representa o aquecimento global? Ou será que eles não são um bom exemplo para os seus alunos? Será que o Buda lançaria mão desse meio de transporte, levando em conta principalmente os efeitos devastadores das viagens aéreas sobre o meio ambiente? As mesmas perguntas poderiam ser feitas àqueles que viajam de avião pelo mundo todo para dar palestras sobre o meio ambiente.

Ocorre, evidentemente, o mesmo tipo de problema ecológico com relação às viagens de turismo, e não só pela grande quantidade de gases de estufa que elas produzem. Muitos desses efeitos altamente indesejáveis, que contribuem significativamente para o aquecimento global, decorrem das viagens aéreas. Poucos passageiros têm consciência de que uma viagem aérea de 4.800 km (aproximadamente a distância entre Manaus e Porto Alegre) produz em torno de uma tonelada de CO_2 por passageiro.

Desnecessário dizer que, do ponto de vista do Dharma, o ecoturismo é uma atividade comercial mal orientada, para não dizer deliberadamente enganadora. Na prática, ele nem recupera nem preserva o ambiente natural. O turismo, um hábito do ego, é intrinsecamente prejudicial à natureza e até questionável, do ponto de vista espiritual. É feito por diversão ou prazer, ou seja, é algo que está a serviço do ego e, portanto, não pode fomentar sabedoria ou consciência nem foi idealizado para isso.

O turismo, seja qual for o seu rótulo, é um movimento de massa, e as massas, por definição, deixam uma gigantesca pegada ecológica. Seja o que for que digam os anúncios dos destinos ecoturísticos, eles não podem evitar o impacto prejudicial sobre o meio ambiente. Em nossa opinião está errado, por exemplo, um certo livro bem-intencionado mas tendencioso sobre o oceano, que tenta convencer os leitores de que as cerimônias de casamento na praia não causam mal nenhum se limparmos todo o lixo depois, e que não há nada de errado com os passeios de barco caso se usem fraldas ou absorventes (!) à prova de vazamentos[18]. O livro praticamente ignora o fato de que o oceano está morrendo e precisando de uma intervenção ecológica *radical*. Em termos convencionais, é tarde demais para o tipo de atitude cavalheiresca defendida pelo livro e outras publicações como essa, voltadas para o consumo. A natureza está seriamente machucada e não podemos nos dar ao luxo de encará-la apenas do ponto de vista de um turista, nem mesmo de um ecoturista. Do ponto de vista dármico, tais entretenimentos são simples distrações, que satisfazem o ego comum e não são um modelo de atenção plena.

Também nos recusamos a apoiar um recente evento beneficente nos Estados Unidos no qual as pessoas vão à praia *em massa*. Por mais louvável que possa ser a causa humana por trás de um evento, se ele causa dano à natureza e possivelmente a outras criaturas, não parece digno do nosso apoio. Num certo nível, essa causa bem-intencionada é moralmente questionável. Independentemente dessas considerações, nós pessoalmente resolvemos não fazer mais viagens aéreas e só marcamos presença em ocasiões que consideramos essenciais.

Para sermos mais precisos: apoiar causas moralmente questionáveis significa se comportar de maneira moralmente questionável – isto é, de uma maneira que não pode ser justificada da perspectiva do Dharma. Em *Yoga Morality* [*As Virtudes do Yoga*], Georg realça o fato de que a moralidade é uma parte integral do Yoga e que nenhuma espiritualidade digna desse nome pode se dar ao luxo de ignorar a dimensão moral[19]. Isso fica até mais evidente quando se trata do caminho yogue do Buda e de seus discípulos. Basta folhearmos qualquer um dos muitos textos em páli, sânscrito ou tibetano para percebermos seu tom altamente moralista.

Como praticantes do Dharma, precisamos tratar tudo o que fazemos de uma perspectiva fortemente moral. Isso inclui o meio ambiente e especialmente o turismo. O turismo comum é decididamente um turismo egoico. Como já mencionamos, até o chamado ecoturismo é um projeto do ego. A melhor forma de ecoturismo é ficar em casa e mergulhar dentro de si, para ali encontrar paz e alegria.

Visto que optamos por viver em família e não num mosteiro, devemos transformar nossas casas em refúgios naturais como as cavernas e florestas. Poucas pessoas têm condições de morar numa fazenda ou numa casa de campo, longe do barulho e das distrações das cidades e grandes centros urbanos. Por isso precisamos aprender a nos conformar com a situação em que vivemos e transformar nossa casa num lugar de paz e tranquilidade. Como podemos fazer isso?

Podemos começar fazendo uma arrumação na casa, isto é, desfazendo-nos do que não usamos mais no último ano ou nos últimos dois anos e que, portanto, não é mais necessário. Essa pode se revelar uma tarefa inesperadamente árdua, pois nem sempre é fácil nos desfazermos do que não precisamos ou queremos mais. Não por estarmos ainda apegados a esses objetos, mas porque os outros não estão interessados em mercadorias de segunda mão; talvez porque nos ambientes que frequentamos todo o mundo parece sentir o fardo que representa ter coisas demais ou talvez porque as pessoas prefiram adquirir coisas novas a usadas. É aí que os brechós e os bazares de roupas de segunda mão vêm a calhar.

A arrumação requer certa dose de renúncia. De acordo com o Budismo Tibetano Gelugpa, essa é, de fato, uma das três práticas básicas. As outras duas são o desenvolvimento da compaixão e da visão correta (que consiste em compreender o vazio). Falaremos brevemente sobre esses dois conceitos.

Atendo-nos à renúncia, diríamos que simplificar a vida pode ser uma tarefa e tanto. A arrumação da casa é um aspecto dela. Mas depois também é preciso que identifiquemos as áreas da nossa vida em que precisamos nos desenredar dos envolvimentos convencionais. Como podemos simplificar a nossa vida? Depois de nos livrarmos do que não precisamos ou não queremos mais, precisamos verificar se também não precisamos nos livrar de alguns comportamentos indesejáveis. A decisão de nos desfazermos de objetos é difícil, mas examinar nossos envolvimentos é mais difícil ainda. Podemos chamar essa etapa da simplificação pessoal de "arrumação social". Nesse ponto é preciso sublinhar que alguns dos nossos envolvimentos parecem obrigações necessárias, embora na verdade não sejam. Só repetimos para nós mesmos que precisamos fazer isto ou aquilo talvez porque fazemos essas coisas há muito tempo ou porque alguns dos nossos valores e práticas sociais ainda persistem por trás das nossas ideias dármicas. No fim, tudo é uma questão de analisar nossas prioridades, nosso sistema de valores. Em que vale a pena investirmos nosso tempo e nossa energia?

Para falar nos termos do teólogo cristão Paul Tillich, quais são as nossas preocupações supremas?[20] Realmente queremos nos manter informados todos os dias pelos noticiários da mídia, que muitas vezes são tendenciosos ou parciais demais para serem confiáveis e que, em sua maior parte, tratam de coisas irrelevantes? Realmente precisamos de notícias sobre os times de futebol da nossa cidade? O futebol é a nossa preocupação suprema? Realmente precisamos perder tanto tempo, energia e dinheiro para entreter as pessoas? Para quê? Quem de fato se beneficia com as distrações sociais? Se somos praticantes do Dharma, nossos valores deveriam ser claros para nós. Se não são claros e simples, então precisamos estudar mais o Dharma e absorver os ensinamentos de sabedoria do Buda e de outros mestres.

No caminho do Dharma, a análise e a compreensão adequada são consideradas de suma importância. A razão disso é o fato de que somos estimulados a não aceitar nada só pela fé. É muito fácil perder a fé mas, depois que algo é compreendido e valorizado pelas razões certas, não somos distraídos com tanta facilidade por alternativas que podem aparentar ser atraentes na superfície, mas não têm verdadeira substância.

Seria aconselhável travarmos nossas batalhas com a dúvida bem à vista e não no meio do caminho. E como sabemos que a certeza que alcançamos é firme e incontestável? Sabemos se tomarmos como base a nossa própria clareza, os muitos frutos positivos da nossa conduta e pela aplicação contínua do autoexame. Se estivermos no caminho correto, a cada dia nos sentiremos mais em paz e perceberemos com mais nitidez o que os grandes mestres perceberam antes de nós. Em outras palavras, procuraremos de modo crescente beneficiar os outros em vez de nós mesmos e nos sentiremos cada vez mais capazes disso. Como disse o mestre indiano Geshe Sonam Rinchen nos comentários que fez em *Lamp for the Path to Enlightenment*, de Atisha (verso 41):

A firme convicção vem do conhecimento e da experiência pessoal. Se você queimou a mão, sabe que o fogo queima e ninguém pode persuadi-lo do contrário[21].

Voltando às nossas considerações sobre a simplificação, depois que nos desfazemos criativamente dos nossos bens materiais desnecessários e fazemos o mesmo com os envolvimentos sociais indesejáveis, estamos livres para sintonizar cada vez mais nossa vida com a vida sagrada do Dharma. Visto que o estilo de vida recomendado pelo Dharma é extraordinariamente simples, fica muito fácil calcular a simplicidade do nosso estilo de vida. Se nos desviarmos demais do nosso valor supremo – que para o praticante do Dharma consiste na virtude da sabedoria e da compaixão, que leva à iluminação e à sua expressão –, será sinal de que ainda não atingimos a simplicidade necessária.

Muitos grandes realizadores nasceram em berço de ouro, em meio a todo tipo de luxo e segurança. Entre eles reis e príncipes. Gautama o Buda, Bhavaviveka, Aryadeva, Padmasambhava, Shantarakshita, Shantideva, Simhabhadra e Atisha eram alguns deles. Todos renunciaram aos privilégios que tinham para adotar a vida do Dharma, muito mais simples e descomplicada.

Ao contrário da arrumação material, que basicamente afeta apenas a nós mesmos, a nossa arrumação social pode causar certo desconforto nas outras pessoas. Precisaremos, portanto, ter muito jogo de cintura ao nos desenredarmos de envolvimentos sociais desnecessários, especialmente daqueles de longa data. Também não devemos nos importar caso as nossas atitudes façam com que os nossos antigos amigos e colegas nos considerem uns imbecis. Precisamos estar dispostos a pagar o preço pela integridade, por viver segundo nossas convicções mais profundas.

Um terceiro nível de simplificação consiste em arrumar nossa "mobília conceitual". Nossos pensamentos, como todos sabem por experiência própria, podem ter um impacto negativo sobre nosso ambiente interior e, portanto, também afetam negativamente nosso ambiente exterior. Como ocidentais que praticam o Dharma, que é originário da Índia, temos uma responsabilidade especial. Às vezes transferimos para a nossa prática do Dharma uma mentalidade tipicamente ocidental, contaminada pelo consumismo. Por um lado, fazemos do Dharma e da nossa prática algo desnecessariamente complicado. Por outro, tendemos a distorcer as verdades simples do Dharma. Um exemplo do primeiro caso é o hábito de muitos ocidentais de buscar todo tipo de iniciação, como se elas fossem divisas que pudéssemos ostentar na lapela; e um exemplo do segundo caso é a tendência inconsciente que temos de adaptar o Dharma ao nosso jeito de ser, para favorecer nossas inclinações pessoais. Aqui o consumo disseminado de álcool e de carne entre os budistas ocidentais é uma questão a se considerar.

Gostamos de dar preferência ao que nos parece mais conveniente e não àquilo que é mais útil para o nosso crescimento pessoal. Por exemplo, gostamos de adotar práticas vistosas que causem nos outros e em nós mesmos a impressão de que estamos muito adiantados no caminho. Às vezes chegamos a criticar os professores que, vendo nossas artimanhas mentais muito claramente e querendo ajudar no nosso desenvolvimento, preocupam-se em nos ensinar, repetidamente, os mesmos princípios morais e práticas simples, lembrando-nos do valor superlativo da compaixão e da bondade.

Ou passamos de curso em curso para "descobrir o pulo do gato" de cada professor, em vez de absorver o ensinamento de uma vez por todas, aplicando-o em nossa prática diária. Enquanto nos comportarmos como borboletas, não conseguimos efetuar a prática verdadeira e, portanto, também não crescemos de fato.

O Dharma é intrinsecamente simples. O processo de renúncia é simples. O mesmo se pode dizer do desenvolvimento da compaixão e da visão correta, que são o segundo e o terceiro princípios do caminho, segundo Je Tsongkhapa[22]. Sempre que o Dharma nos parece complicado, podemos ter certeza de que a nossa mente é a única responsável por isso.

Embora possamos não compreender imediatamente tudo sobre os estratagemas filosóficos criados em torno do Dharma ao longo de muitos séculos, nem os discursos do próprio Buda, como os conhecemos do cânone em páli ou das escrituras Mahayanas mais antigas, nem os ensinamentos básicos do Vajrayana exigem uma aptidão especial. Se estivermos dispostos a estudar a sabedoria dos grandes mestres budistas, no devido tempo compreenderemos os princípios subjacentes ao genuíno Dharma do Buda.

A arrumação material, social e mental, como explicamos anteriormente, tem um impacto positivo sobre a nossa mente e a nossa vida. Ela nos leva a entender melhor e a valorizar os aspectos fundamentais do Dharma e a eliminar muitos obstáculos que bloqueiam o nosso progresso suave no caminho da budidade. Acima de tudo, nós nos tornaremos capazes de estender nossa empatia a todos os outros seres e ao ambiente natural como um todo. Veremos muito claramente que não existem situações em nossa vida contemporânea, complicada como é, nas quais o Dharma do Buda não possa verter uma preciosa luz em forma de princípio, quando não de detalhes.

Nossa atual crise ambiental, que inevitavelmente logo manterá a nossa mente preocupada, é um bom exemplo. Os princípios morais do Dharma são completamente relevantes para nossa precária situação. Como já vimos anteriormente, desde a época do Buda sábios professores e sagazes ensinamentos nos mostram como nos relacionar de modo apropriado com nosso ambiente interior (mental) e com o ambiente exterior (natural), que compartilhamos.

Num discurso na Conferência Internacional sobre Responsabilidade Ecológica, realizado em Nova Délhi no dia 2 de outubro de 1993, Sakya Trinzin Rinpoche, o líder espiritual do ramo Sakya do Budismo Tibetano, deu ênfase à ligação entre os ambientes interior e exterior:

> Motivados pelas ilusões, os seres sencientes empreendem ações positivas e negativas. Essas ações, também conhecidas como karma, causam a formação do mundo animado e inanimado [...] Embora a natureza e a condição dos nascimentos e das vidas dos seres sencientes sejam consequência do karma individual, o mundo exterior é resultado do karma conjunto de todos os seres igualmente conectados a ele[23].

A passagem acima expressa um ditado antigo: "Como é dentro, assim é fora".

Compare isso com a atitude do mundano comum, que representa a atitude modal da nossa civilização contemporânea em geral: nós objetivamos tudo e depois nos mantemos alheios ao mundo objetivado que construímos com a nossa falta de entendimento, achando que não somos responsáveis pelo que criamos, que estamos imunes aos efeitos kármicos dos nossos pensamentos e ações. A ignorância, o egocentrismo e um sistema de valores distorcido fazem com que centenas de milhões de pessoas ignorem a situação deplorável em que vivem seus semelhantes ao redor do mundo, a grave ameaça que pesa sobre a natureza, o fato horrível da Sexta Extinção em Massa e as mudanças extremas desencadeadas pelo aquecimento global.

Esses fatores psicológicos estão nos impedindo de ter um cenário natural saudável – tanto interior quanto exteriormente. Os praticantes do Dharma, no nosso entender, têm a obrigação de interromper essa acomodação funesta à ignorância e à indiferença egocentrista. Aplicando a sabedoria e a compaixão, aqueles que forem suficientemente afortunados para encontrar o Dharma em sua vida precisam se desenredar das tendências suicidas da chamada civilização pós-moderna, que na realidade é uma civilização que está presa aos grilhões dos antigos venenos da ganância, da raiva e da ilusão. Descobrindo e valorizando o seu cenário natural interior, que traz paz e alegria, os praticantes do Dharma podem trazer conforto e alívio ao sofrimento para o nosso mundo doente.

Notas do Capítulo 2

1. O *Bhaya-Bherava-Sutta* de *Majjhima-Nikaya* (4.34), Bhikkhu Ñāṇamoli e Bhikkhu Bodhi, trad., The *Middle Length Discourses of the Buddha: A Translation of the Majjhima Nikāya* (Boston, Mass.: Wisdom Publications, 2ª ed., 2000), p. 107.
2. O termo "mundano" refere-se ao que, em sânscrito, é chamado de *samsarin*, alguém que vaga pelo universo mutável em qualquer nível, até no da divindade criadora Brahma.
3. Isto é, o Buda, o Dharma e o Sangha – o iluminado, seus ensinamentos e a comunidade de praticantes sinceros dos ensinamentos do Buda.
4. O *Brahma-Jala-Sutta* de *Digha-Nikaya* (1.10). Maurice Walshe, trad., *The Long Discourses of the Buddha: A Translation of the Dīgha Nikāya* (Boston, Mass.: Wisdom Publications, nova edição em 1995), p. 69.
5. O *Samanaphala-Sutta* de *Digha-Nikaya* (2.68ff.). Maurice Walshe, *op. cit.*, pp. 103ff.
6. O *Mahasatipatthana-Sutta* de *Digha-Nikaya* (22.1). Maurice Walshe, *op. cit.*, p. 335.
7. Ibid.
8. Para um bom debate sobre a "invisibilidade" da morte em nossa sociedade contemporânea, ver Ernest Becker, *The Denial of Death* (Nova York: Simon & Schuster, 1973).
9. Os cinco "agregados do apego" (*skandha*) compreendem o agregado da forma (inclusive o corpo); o agregado do sentimento ou da sensação (que pode ser agradável, desagradável ou neutro); o agregado da percepção (que revela o caráter distintivo de um dado objeto); o agregado das formações mentais e o agregado da consciência ou da percepção simples (que ocorre sempre em associação com o fenômeno em questão). Quando esses agregados estão ativos, o senso do eu ainda não foi eliminado.
10. Nyanaponika Thera, *The Heart of Meditation* (Nova York; Samuel Weiser, 1973), p. 24.

11. Ver Andrew JiYu Weiss, *Beginning Mindfulness: Learning the Way of Awareness* (Novato, Calif.: New World Library, 2004), p. 83.
12. O *Sakka-Samyutta-Sutta* de *Samyutta-Nikaya* (11.2.15). Bhikkhu Bodhi, trad., *The Connected Discourses of the Buddha: A Translation of the Sawyutta Nikaya* (Boston, Mass.: Wisdom Publications, 2000), p. 332.
13. Ver o *Brahmana-Samyutta-Sutta* de *Samyutta-Nikaya* (7.698). Bhikkhu Bodhi, trad., *op. cit.*, p. 276.
14. Alan Drengson e Duncan Taylor, orgs. *Wild Foresting: Place Based Practices for Diversity and Health* (Gabriola Island, British Columbia: New Society Publishers, 2008). Citados de acordo com a versão do manuscrito final, com a permissão dos organizadores.
15. Ver www.maweb.org.
16. Avaliação Ecossistêmica do Milênio [Millennium Ecosystem Assessment], *Living Beyond Our Means: Natural Assets and Human Well-Being* (http://www.millenniumassesment.org/documents/document.429.aspx.pdf), p. 5.
17. *Global Outlook,* 2. Resumo da Segunda Edição da Previsão da Biodiversidade, para. 15 (http://www.cbd.int.doc/meetings/cop/cop-08/official/cop-08-12-en.doc).
18. As fraldas descartáveis, embora sejam convenientes para pais ocupados, são especialmente prejudiciais ao meio ambiente, não só por causa da grande quantidade descartada mas também porque demoram muito tempo para se decompor. As fraldas de algodão também inspiram cuidados, por causa dos pesticidas usados nas plantações de algodão. O fato é: a espécie humana cresceu demais!
19. Ver Georg Feuerstein, *Yoga Morality* (Prescott, Ariz.: Hohm Press, 2007). [*As Virtudes do Yoga*, publicado pela Editora Pensamento, São Paulo, 2009.]
20. O conceito de "preocupação suprema", da autoria de Paul Tillich e cunhado no contexto cristão, descreve aquilo que mais nos preocupa. As chamadas "preocupações supremas" que se relacionam com coisas finitas, como

o bem-estar de um filho, o progresso profissional, o objetivo de se tornar bilionário, de se tornar famoso, a ideia de progresso econômico, são todos preocupações pseudosupremas. A maioria das pessoas vive em função de preocupações pseudosupremas, não da preocupação suprema de atingir o nirvana ou manifestar bondade-amor incondicional por todos os seres. Ver, por exemplo, Paul Tillich, *Systematic Theology* (Londres: SCM Press, 1978), vol. 1, pp. 10-12.

21. Geshe Sonam Rinchen, *Lamp for the Path to Enlightenment.* Traduzido e organizado de Ruth Sonam (Ithaca, N.Y.: Snow Lion, 1997), p. 103.

22. Ver o brilhante comentário sobre o livro de Je Tsongkhapa, *The Three Principal Paths*, feito por Geshe Sonam Rinchen em *The Three Principal Aspects of the Path.* Organizado por Ruth Sonam (Ithaca, N.Y.: Snow Lion, 1999).

23. T. Y. S. Lama Gangchen, *Making Peace with the Environment,* vol. 1 (Milão, Itália, e Nova Délhi, Lama Gangchen Peace Publications em associação com The Global Open University Press & Indian Institute of Ecology & Environment, 1996), p. 10.

TRÊS

Florestas permanentes, Dharma silencioso

Como demonstramos nos dois capítulos anteriores, o Buda não só venerava a Natureza como também considerava as grutas e florestas como um hábitat que favorecia uma vida de quietude e simplicidade. As qualidades que ele e o Sangha procuravam são explicadas em detalhes no influente *Ugra-Paripriccha* [Solicitado por Ugra], escrito provavelmente no século I a.C.[1] Nessa obra o praticante leigo Ugra é avisado das dez vantagens de um Bodhisattva deixar sua casa e família para ir morar em meio à natureza. Essas vantagens são: (1) conquista da felicidade mental e autocontrole; (2) libertação da ideia de "meu"; (3) libertação do apego; (4) espaço abundante para morar; (5) poucos objetivos e quase nada para fazer; (6) renúncia às obrigações familiares; (7) nenhuma atenção (neurótica, autocentrada) no corpo e na vida; (8) libertação da busca das qualidades produzidas pelas ações; (9) conquista da unidireção graças à prática da concentração (*samadhi*); (10) atenção livre. O Bodhisattva em renúncia é, além disso, estimulado a pensar que qualquer medo que ele pudesse ter antes, em meio a "ruidosas aglomerações", desaparecerá quando ele passar a viver em meio à natureza, o que contribui para uma vida virtuosa.

A vida de um mundano comum é totalmente diferente. Em seu famoso livro *A Conquista da Felicidade*, o conhecido filósofo e matemático britânico Bertrand Russell retratou, em termos nada invejáveis, essa vida cotidiana. Um homem comum, presumia Russell, é um homem tentando obter sucesso num mundo altamente competitivo:

> Ele tem, podemos supor, uma casa encantadora, uma mulher encantadora e filhos encantadores. Levanta-se de manhã cedo ainda dormindo e corre para o escritório. Ali é seu dever demonstrar as qualidades de um grande executivo; mantém o queixo firme, um jeito de falar decidido e um ar de sagaz reserva, calculado para impressionar a todos exceto o *office boy* [...] Ele chega em casa, cansado, bem na hora de se vestir para o jantar [...] Quantas horas pode demorar para o pobre sujeito escapar é impossível prever[2].

Russell resume essa vida maçante e miserável:

> A vida profissional desse homem tem a psicologia de uma corrida de cem metros, mas a corrida da qual ele participa só tem como objetivo a sepultura, a concentração [...] torna-se no fim um tanto excessiva[3].

O instantâneo de Russell, escrito originalmente em 1930, capta muito bem o perfil da pessoa presa na competição insana da nossa sociedade consumista moderna, intensificada pela ganância pessoal e corporativa e uma grande dose de ignorância sobre a vida e o que realmente importa.

Se as aldeias, cidades e centros urbanos tivessem oferecido ao Buda e à sua antiga congregação as mesmas qualidades benignas do chamado "cenário natural", ele e os discípulos sem dúvida os teriam frequentado e exaltado com a mesma avidez com que frequentavam as regiões dos bosques. Mas as propriedades intrínsecas das áreas mais populosas são tipicamente contraproducentes a uma vida de intensa contemplação, por causa da atitude mental que elas apoiam e recomendam. E, no entanto, hoje, mais de 3 bilhões de pessoas vivem em cidades, com 1 bilhão delas morando em bairros pobres onde faltam água, saneamento básico e moradias resistentes.

Comentaremos isso em breve. No momento, queremos enfocar as florestas. As más notícias sobre o desmatamento mundial são amplamente disseminadas e mencionamos esse fato no capítulo anterior. Contudo, é bom ter em mente que, segundo estimativas, todos os anos a Terra é desprovida de mais de 12 milhões de hectares de florestas. Visualize o que isso significa: uma área do tamanho aproximado da Dinamarca ou de um Portugal e meio.

Houve um tempo em que metade do nosso planeta era coberta de florestas. Hoje, somente um quinto dessas antigas florestas ainda existe. Quase metade disso está ameaçada pela extração legal e ilegal de madeira (a maior parte pelo implacável corte-raso) e pela expansão das cidades.

Em 2005, a Avaliação Global de Recursos Florestais [Global Forest Resources Assessment] avaliou 229 países e concluiu que as florestas da Terra assimilavam (na época) cerca de 283 gigatoneladas* de carbono, que do contrário estariam flutuando pela atmosfera. Isso parece muito. Mas precisamos ter em mente que, anualmente, o desmatamento reduz esse número assombroso em mais de 1 gigatonelada. No seu valioso livro *Plan 2.0*, Lester R. Brown, que durante décadas patrocinou o meio ambiente e a causa da vida sustentável, observa que, no início do século XX, estimava-se que cerca de 4,8 bilhões de hectares da Terra eram

---

* Unidade de medida de massa igual a um bilhão de toneladas. (N. da T.)

cobertos de florestas. Em pouco mais de um século, essa área encolheu assustadoramente para 3,9 bilhões de hectares.

O desenfreado corte-raso e a extração ilegal disseminada de madeira, especialmente nos países em desenvolvimento, representam uma grande porcentagem dessa devastação. As florestas são "recuperadas" e cultivadas nos países em desenvolvimento, devido principalmente às lavouras abandonadas revertidas em florestas. Essa suposta recuperação, porém, é ilusória, pois as novas florestas em crescimento não têm a vitalidade e resistência das antigas florestas. Em todo caso, as florestas estão desaparecendo rapidamente nos países em desenvolvimento, onde a extração de madeira é responsável pela erosão do solo e deslizamentos de terras, que prejudicam ainda mais a terra e causam muitas mortes de seres humanos. A China, as Filipinas, a Tailândia e Honduras são notáveis áreas de desastres em decorrência do desmatamento.

Em 1998, o furacão Mitch devastou Honduras, matando mais de 6.500 pessoas em enchentes e deslizamentos de terra, que foram facilitados devido à retirada da cobertura vegetal. A perda de vidas e o prejuízo de bilhões de dólares causados pela erosão do solo resultante dos deslizamentos mobilizaram o governo de Honduras e de outros países, no sentido de banir a exploração madeireira.

Infelizmente, a exploração ilegal de matas nativas, em muitas partes do mundo, leva a melhor e é supostamente responsável pela devastação de mais de 10 milhões de hectares de florestas no mundo. Até mesmo terras desmatadas e erodidas em países em desenvolvimento, particularmente na África e na Índia, continuam a ser destruídas, na maioria dos casos pelas queimadas. A exploração florestal intensiva na Amazônia, no Congo e em Bornéu, que é financiada por nações desenvolvidas, é feita basicamente para limpar os campos para a agricultura e criação de animais, ou seja, essencialmente para a obtenção de lucros, que vão principalmente para os bolsos dos capitalistas norte-americanos.

Quase todos nós estamos conscientes dessa tragédia, mas poucas pessoas param para refletir sobre esses fatos terríveis em conjunto e para fazer perguntas essencialmente morais sobre essa devastação em larga escala. Os praticantes do Dharma, em especial, têm obrigação de fazer tais perguntas. Nós não vivemos isolados do resto do mundo. Nosso estilo de vida precisa ser, ao menos, sustentável e precisamos ajudar esses infelizes que, por questões de sobrevivência, são obrigados a manter um modo de vida não sustentável. Nós mesmos optamos por fazer isso principalmente contribuindo com iniciativas como a Trees for the Future. Essa organização sem fins lucrativos, fundada em 1989, tem ajudado populações locais do mundo todo a restaurar a cobertura vegetal essencial das suas regiões e a recuperar e preservar suas formas de sobrevivência tradicionais de um modo sustentável[4].

Na época do Buda, o desmatamento na escala gigantesca em que está acontecendo hoje não era conhecido. Ou ele indubitavelmente teria ditado regras morais específicas aos seus seguidores monásticos e laicos para sanar o problema. Não obstante, suas disciplinas morais simples acerca da natureza podem nos orientar, ajudando-nos a dar uma resposta moral viável à nossa crise de hoje.

Considerando o significado ambiental do Dharma, é importante perceber que o Buda não romantizava a Terra e seus elementos, como alguns modernos tendem a fazer. Embora seja uma valiosa morada para humanos e não humanos, a Terra ainda faz parte do mundo da mudança, ou samsara. Do ponto de vista do Buda, só um indivíduo inexperiente no caminho do Dharma ficaria "viciado" na natureza ou em partes dela. Em contrapartida, alguém que já avançou consideravelmente nesse caminho nem se identifica nem deixa de se identificar com a Terra ou com qualquer outra coisa que pertença à esfera do samsara[5].

Para se ter uma compreensão adequada ou libertadora da natureza da existência é preciso ter grande discernimento. Portanto, no caminho do Dharma, a análise e o entendimento apropriado têm altíssima prioridade. O Arhat é aquele que conhece a natureza e os elementos *diretamente* e, pelo fato de permanecer desapegado, com todos os seus desejos pacificados, não se identifica com nada que o prenda karmicamente ao mundo da mudança.

Isso significa que o praticante do Dharma, embora perceba a situação problemática em que se encontra a natureza e aja de maneira circunspecta e apropriada, não rói as unhas nem se martiriza pensando num possível colapso da biosfera. Ele não desperdiça energias contemplando a miséria e a desolação, mesmo que esse seja o resultado previsível da atual crise global. Em vez disso, ele age perseverantemente com moral e responsabilidade no mundo, enquanto ao mesmo tempo cultiva uma profunda mente dármica.

Num dos seus discursos, o Buda fez uma símile muito útil com um pano tingido[6]. Se estiver sujo e manchado, mesmo que tingido com cores brilhantes, ele não vai parecer bem tingido. Se não estiver manchado, porém, qualquer corante vai lhe dar um aspecto bonito. De modo semelhante, quando tornamos a mente pura, eliminando pensamentos e emoções negativas, ela parece brilhante, independentemente das circunstâncias externas. Então o corpo também ficará em paz e não se agitará com experiências desagradáveis. Como disse o Buda, esse é o caso da pessoa que "se banhou com o banho interior"[7].

Quando começamos a escrever o nosso primeiro livro em dupla, *Yoga Verde*, ficávamos extremamente chocados e perturbados com a quantidade de notícias ruins e evidências negativas que tínhamos de examinar diariamente. Quase nos esquecemos de utilizar a sabedoria do Dharma, mas graças à elegante intervenção do nosso professor, Neten Rinpoche, fomos capazes de restaurar a nossa prática para que concluíssemos essa obra e também escrevêssemos *Dharma Verde*. Atualmente, nossa preocupação com a crise do meio ambiente é a mesma, mas somos capazes de tratá-la com mais equanimidade. Podemos vislumbrar, no entanto, um tempo em que milhões, até bilhões, de pessoas, que não têm acesso ao Dharma, ou a um professor benevolente e a uma prática dármica profunda, entrarão em pânico diante dos desastres ambientais provocados pela mudança climática e pelo panorama desolador. É crucial, em nossa opinião, que todos os praticantes do Dharma se preparem emocional e espiritualmente para a provável eventualidade de manifestações ainda mais severas do aquecimento global do que jamais se viu antes.

Vivemos numa época conturbada; esse parece ser o nosso karma. Visto que os governos estão demorando a corrigir os atuais problemas ambientais e os cidadãos também estão agindo de maneira irresponsável, podemos esperar que as coisas fiquem muito piores do que já estão. Cultivando com vigor um estilo de vida dármico, que inclui uma ação moral consciente, mantemos nossa casa (nosso corpo e nossa mente) em ordem e desse modo seremos capazes de enfrentar com coragem a severa crise ambiental e também político-econômica que se assoma no horizonte. Ao mesmo tempo, seremos capazes de servir melhor àqueles que não estão mentalmente preparados para manifestações mais agudas da atual crise.

Alguns praticantes do Dharma afirmam – equivocadamente, cabe dizer – que os ensinamentos do Buda excluem uma preocupação efetiva com o mundo e que, portanto, não deveríamos intervir ativamente no estado das coisas, mas sim permanecermos passivos. As palavras do próprio Buda sugerem uma orientação diferente; ele usou o símile a seguir para ensinar uma importante lição:

> Suponham que houvesse um grande bosque de árvores teca próximo de um vilarejo ou cidade e elas estivessem sufocadas pelas ervas daninhas e um homem surgisse desejando o benefício, o bem-estar e a proteção das árvores. Ele cortaria e jogaria fora as mudas defeituosas que roubavam a seiva, limparia o interior do bosque e cuidaria das mudas bem formadas, de modo que posteriormente o bosque de árvores teca

pudesse crescer, se desenvolver e se realizar. Do mesmo modo, bhikkhus, abandonem o que é prejudicial e se dediquem aos estados benéficos, pois é assim que vocês crescerão, se desenvolverão e se realizarão neste Dharma e Disciplina[8].

É verdade que o Buda não transmitiu esse símile para incentivar seus discípulos monásticos a cuidar das florestas, ou, por extensão, a se tornarem ativistas ecológicos; ele, no entanto, evidentemente aprovou a ação do homem de arrancar as ervas daninhas do bosque, de modo que este pudesse se desenvolver. Do mesmo modo, no mesmo discurso, o Buda desaprova alguém que cava aqui e ali, espalha a terra, cospe e urina em todo lugar.

Para que não atribuamos ao Buda uma monótona passividade, seria bom que considerássemos com cautela seu conselho a Rahula, seu próprio filho. Ele *não* o aconselha a se abster absolutamente de qualquer tipo de ação, o que é impossível. Em vez disso, ele o aconselha a, antes de empreender qualquer ação com o corpo, primeiro refletir repetidamente, ou profundamente, sobre essa ação para determinar se ela aumentará o seu próprio sofrimento ou o sofrimento dos outros ou, é claro, se ela resultará em algo benéfico para ele próprio ou para as outras pessoas. O Buda recomendou ao filho que aplicasse a mesma diligente inspeção às suas palavras e atividade mental. Nos nossos tempos de crise mundial, cremos que precisamos também ter o fundamento dármico apropriado ao empreender uma ação *verde*, que favoreça todos os seres e o ambiente como um todo.

É nesse tipo de orientação que se baseia a ação, o discurso e o pensamento ambiental positivo de Thich Nhat Hanh, líder monástico de renome e indicado ao prêmio Nobel, que escreveu:

Nós, seres humanos, somos totalmente feitos de elementos não humanos, como as plantas, os minerais, a terra, as nuvens e a luz do Sol. Para nossa prática ser verdadeira e profunda, precisamos incluir o ecossistema. Se o meio ambiente for destruído, os seres humanos o serão também. Não é possível proteger a vida humana sem proteger também a vida dos animais, das plantas e dos minerais. O Sutra do Diamante ensina que é impossível diferenciar os seres sencientes dos não sencientes. Esse é um dos muitos textos budistas antigos que nos ensinam sobre a ecologia profunda. Todo budista deveria ser um protetor do meio ambiente[9].

A grande compaixão de Thich Nhat Hanh levou-o a se unir ao movimento pela paz mundial na década de 60 e ao movimento pelo meio ambiente nos anos 80. Ele deixou seu tranquilo mosteiro, para o qual tinha entrado aos 16 anos, a fim de protestar contra a Guerra do Vietnã e em seguida promover a paz entre o Vietnã do Norte e o Vietnã do Sul. Como resultado, ele foi exilado do seu país e só pôde voltar em 2005 para uma visita[10].

Como Thich Nhat Hanh e anciãos do Dharma de mais de dois mil anos atrás, que emulavam o Buda, nós também precisamos estar dispostos a emular o nobre caminho da vida demonstrada pelo Buda e os Arhats. No momento, o Dharma ainda está vivo entre nós mesmo nesta "era degenerada", e só poderemos nos beneficiar disso se tivermos os ouvidos e o coração abertos. Não podemos mais, infelizmente, nos sentar aos pés do Buda; no entanto, ainda existem grandes mestres neste mundo dos quais podemos obter bênçãos, orientação e bons exemplos. Agora também temos acesso ao Dharma na forma impressa com mais presteza do que em nenhuma outra época.

Os "tempos degenerados" de que falam muitos professores do Dharma tradicional com certeza são uma descrição que se adapta muito bem ao nosso tempo. Não é, porém, uma desculpa para a apatia. Nos *Versos dos Monges Anciãos* (Thera-Gatha), uma coletânea de 1.279 versos compostos depois da morte do Buda, podemos ler:

> O comportamento dos *bhikkhus* agora parece diferente de quando o protetor do mundo, o melhor dos homens, estava vivo [...]
> [...] seu passo, seu modo de se alimentar e suas práticas eram piedosos; sua postura era suave como uma torrente de óleo.
> [...] Agora são tão poucos os homens assim[11].

O monge Parapariya, o autor das afirmações anteriores, continuou a se lamentar do estado das coisas enquanto estava vivo, o que se deu algumas centenas de anos depois da morte física do Buda. Apesar da decadência do Dharma que testemunhava ao seu redor, esse ancião conseguiu reprimir suas tendências negativas e transcender seu ambiente cultural. Se nos dedicarmos profundamente à Joia Tríplice, nós também conseguiremos.

Essa elevada inspiração não exclui – nem deve excluir – o cuidado com o meio ambiente e a atitude ecológica apropriada. Cuidar do meio ambiente é um aspecto natural do Dharma e, atualmente, um imperativo moral. Isso fica evidente em discursos como o que apresentamos a seguir:

> O contemplativo Gotama [o Buda] se abstém de danificar sementes e plantas. Ele só come uma vez por dia, privando-se da refeição noturna e de alimentos nas horas incorretas [...]
> Enquanto alguns brâmanes e contemplativos, vivendo de alimentos dados em boa fé, estão habituados a danificar sementes e plantas como estas – plantas que se propagam pelas raízes, caules, juntas, germinações e sementes – o contemplativo Gotama se abstém de danificar sementes e plantas como essas[12].

O Buda empreende até a ação menor e aparentemente mais insignificante com grande cuidado e dignidade. Ele aconselha todos os discípulos a fazerem o mesmo, e certamente seus discípulos mais avançados demonstravam a mesma conduta louvável.

Compare isso com o estilo de vida frenético do mundano comum dos nossos tempos, especialmente o morador das cidades, que corre de um lado para o outro sem dar muita atenção a nada nem demonstrar empatia por nada. Pode-se dizer que quanto maior a cidade maior a correria e a pressão a que seus habitantes são submetidos. Podemos detectar essa diferença, por exemplo, nas lojas e nas agências dos correios. Aqueles que moram ou moraram em centros urbanos tendem a demonstrar pronunciada impaciência, enquanto os moradores das zonas rurais, treinados pela natureza a ter paciência, tendem a demonstrar a atitude oposta.

Nos centros urbanos existem inumeráveis distrações. Segundo os psicólogos, as cidades são ambientes psicologicamente tóxicos, independentemente dos altos níveis de poluição, que causam um efeito adverso sobre a saúde física e mental das pessoas[13]. Atualmente, existem vinte cidades com mais de dez milhões de habitantes, e essa tendência para agregações até maiores parece continuar aumentando, e isso não é muito bom. Assim, podemos esperar mais gerações de descontentes com o meio ambiente e loucura *en masse*.

Como indicamos no Capítulo 1, o nível de barulho nas cidades é tamanho que parece abafar o senso crítico das pessoas. A maioria simplesmente tolera essa cacofonia assim como tolera todas as outras coisas ruins das metrópoles: poluição, criminalidade, infraestrutura, fornecimento de água e transportes públicos inadequados, bem como o custo de vida altíssimo. A estratégia implícita do indivíduo médio parece que consiste em não balançar o barco. O ego sempre tem medo de instabilidade, ou mudança, especialmente o ego político. Infelizmente, agora a deterioração global do meio ambiente está forçando cada vez mais a mudança nas nações, governos e indivíduos; no entanto, até o momento a mudança salutar ocorre irrealisticamente a passo de tartaruga.

Como vemos, precisamos optar por uma autotransformação voluntária e uma mudança exterior prudente, se não quisermos ser meros fantoches das modificações inevitáveis da natureza. Ou seja, precisamos colaborar voluntariamente com a natureza para evitar o tipo de reviravolta que mudanças climáticas incontroláveis e a perda da biodiversidade, além de todas as outras crises, descarregarão sobre nós. Nos próximos capítulos, tentaremos responder, entre outras coisas, a pergunta decisiva: por que e como devemos nos transformar?

A personalidade egoica está presa à ideia de "livre para tudo" ou, mais provavelmente, "livre para mim" – a liberdade que nos permite tantos prazeres quanto possível e a liberdade para ter sucesso em detrimento dos outros. Essa noção de liberdade, porém, é ilusória. É pouco mais do que uma ideia e um programa inviável. Todo ser humano se depara com limitações ao longo da vida. Até o mais poderoso político ou magnata, que está protegido das realidades do mundo e cercado por subordinados que acatam sua vontade, cedo ou tarde encontra resistência ou oposição por parte de outras pessoas e do mundo em geral. Nenhuma liberdade mundana é infinita ou absoluta.

Os moradores das grandes cidades gostam de acreditar que a cidade lhes dá oportunidades e liberdades sem paralelo, mas, como Sigmund Freud já destacou em 1930, os indivíduos tinham mais liberdade antes da criação das cidades. Freud sugeriu, no entanto, que nos primórdios da história humana, a liberdade "não tinha valor nenhum para a maioria das pessoas, pois o indivíduo raramente estava em posição de defendê-la"[14]. Em muitos sentidos, a cidade aprisiona seus habitantes, afastando-os da natureza e enredando-os em buscas meramente sensuais ou intelectuais. Podemos celebrar a plenitude do conhecimento cosmopolita de uma cidade ou sua abundância de criações estéticas, mas isso geralmente envolve uma perda simultânea de contato com a realidade concreta. Como reconheceu Theodore Roszak, um crítico perspicaz da nossa civilização:

> Mas, a cada geração que passa, menos as pessoas podem ser – a não ser um sujeito ou satélite da cultura urbana. Os esquimós não podem mais

ser esquimós, as florestas não podem mais ser florestas, as baleias não podem mais ser baleias. Tudo sucumbe ao império das cidades e todas as alternativas que estudamos se tornam meramente acadêmicas[15].

A cidade enche a nossa cabeça com um labirinto de caixas conceituais, repletas de propagandas enganosas e da rasa mídia de massa, que tornam mais difícil descobrir a verdadeira liberdade, a genuína simplicidade e um autêntico estilo de vida sustentável. As cidades, elas próprias manifestações de coletivismo, geram uma orientação coletivista que alimenta o consumismo.

Notamos que a maioria dos nossos amigos urbanos, que apoiam e endossam alegremente a mensagem ecológica das nossas publicações mais recentes, até hoje não adotaram *de fato* o estilo de vida ecológico. Sabemos que eles estão tentando reformular seu estilo de vida, mas seu ambiente urbano – tanto físico quanto conceitual – parece impedi-los de adotar integralmente o modo de vida ecológico e tão radicalmente quanto seria benéfico para todos os seres da Terra.

Em seu estudo monumental, *The City in History*, Lewis Mumford chama a atenção para o modo como a cidade nos manipula. Mumford nos proporcionou uma visão panorâmica ao escrever:

> Desde o início, portanto, a cidade exibiu um caráter ambivalente que ela nunca perdeu por completo: combina a quantidade máxima de proteção com os maiores incentivos à agressão; oferece a mais ampla liberdade e diversidade possível, no entanto impõe um sistema drástico de compulsão e arregimentação que, junto com sua agressividade militar e destruição, tornou-se a "segunda natureza" do homem civilizado e é muitas vezes equivocadamente identificada com suas propensões biológicas originais[16].

Alguns moradores de cidades, contudo, não concordaram com Mumford. Clive Doucet, por exemplo, poeta e bem-intencionado conselheiro de Ottawa, discorreu com eloquência sobre as cidades quando romanticamente declarou:

> As cidades são o batimento cardíaco da condição humana. Elas são nossos refúgios. São os lugares [onde] os seres humanos criam a sociedade com toda a sua miríade de poderes e possibilidades [...] É nas nossas cidades que pode ser encontrada a maioria das expressões complexas da sociedade e das realizações individuais[17].

Nosso ponto de vista, baseado na nossa experiência na zona rural, na confessada aversão às cidades e na necessidade de pelo menos uma solidão e silêncio relativos, é muito diferente. De fato concordamos com Doucet quando ele diz que "sem as cidades, não haveria civilização ocidental", mas nos perguntamos se "civilização ocidental" é um desenvolvimento do qual devemos nos orgulhar[18]. Tendemos a concordar com o "Mahatma" M. K. Gandhi, que, quando interpelado sobre sua opinião a respeito da civilização ocidental, respondeu de modo bem-humorado mas mordaz, dizendo: "Seria uma boa ideia". Ele desaprovava profundamente a chamada civilização ocidental, que ele observava em ação na Índia. Gandhi não via nenhum mérito nela, apenas desvantagens – infâmia, imoralidade, insensibilidade e ganância.

Achamos, também, que seria uma boa ideia ter menos cidades, deter a constante migração das zonas rurais para as urbanas e tornar as cidades existentes lugares mais habitáveis e amigáveis. Da perspectiva da natureza, seria bom que se implementasse uma "moratória" à civilização ocidental, mas pode ser que seja exatamente isso que aconteça num futuro próximo devido ao aquecimento global[19].

O livro de Doucet menciona muitos dos problemas com que se deparam os membros dos conselhos municipais. Eles desmentem a visão romântica das cidades. No fim do seu livro, ele se pergunta em tom solene:

Como tudo vai terminar? Sairemos da bolha? Não sei. O que sei é que os acontecimentos, em todos os níveis, estão ocorrendo com tamanha rapidez que ninguém pode prever o que vai acontecer no fim[20].

Doucet está se referindo, principalmente, à mudança climática e ao modo como ela exerce um impacto cada vez maior sobre a humanidade, não apenas sobre a vida nas cidades. Gostaríamos que houvesse mais autoridades alertas e responsáveis do calibre de Clive Doucet no Canadá e nos outros países. Infelizmente para todos nós, esse não é o caso. A maioria das autoridades não parece se preocupar com o bem-estar geral. A maioria das cidades e grandes centros urbanos não é ecológica, nem projetada de um modo comunitário, sustentável ou saudável. Quanto aos valores e atitudes dármicas, as grandes cidades são provavelmente tão monótonas quanto as cidades e aldeias da zona rural. A razão é muito simples: poucas pessoas, tanto atualmente quanto na época do Buda, sentem um impulso para a retidão moral, a ação compassiva, a autotransformação e a libertação autêntica.

Em vez disso, a maioria das pessoas é controlada por esse estranho artefato mental chamado "ego". Como indivíduos egoicos, eles procuram ser, antes de mais nada, o "Número Um". Seja em cidades, aldeias ou numa choupana no meio do nada, onde quer que vivam pessoas comuns, o ego está vivo e passa bem. Isso torna os hábitos das pessoas bastante previsíveis. Eles serão os típicos hábitos egoicos, baseados num estilo de vida mundano. Se essas pessoas por acaso viverem num ambiente de classe média, o que lhes dá meios financeiros razoáveis, elas serão consumidoras ávidas ou pelo menos estatisticamente previsíveis, o que significa que é improvável que sejam responsáveis ou conscientes.

De acordo com uma estatística de 2005, o inglês médio gasta cerca de 1,5 milhão de libras (ou cerca de 3 milhões de dólares) durante toda a sua vida. Os números relacionados aos norte-americanos devem ser bem parecidos. Isso é muito dinheiro, se considerarmos que, em 2001,

1,1 bilhão de pessoas vivia com menos de 1 dólar por dia e 2,7 bilhões tinham que sobreviver com cerca de 2 dólares por dia[21]. Esse é um número impressionante se considerarmos que, mesmo nos Estados Unidos, aproximadamente 12% das pessoas vivem abaixo da linha de pobreza. Isso é ainda mais infame e vergonhoso se considerarmos o fato de que o governo dos Estados Unidos gasta, já faz algum tempo, mais de 500 bilhões de dólares para manter seu poderio militar. O que já poderia ter realizado se gastasse essa quantia astronômica no combate à pobreza e na introdução de medidas a favor do meio ambiente?

Vista do conforto da sua sala de estar, a crise ambiental parece uma preocupação distante. Presume-se que, se os produtores e varejistas continuarem pondo comida e bebida na mesa das pessoas, não há por que nos preocuparmos com a natureza. Mas, se deixarmos nossos sentidos nos guiarem por um momento, e não nossa mente limitada, podemos perceber os problemas cada vez maiores que enfrenta a natureza. Citando as palavras contundentes de Theodore Roszak:

> Não existe selva tão remota, confins tão retirados neste mundo em que a Terra não possa nos lembrar do seu sofrimento com o fedor do ar que respiramos, os venenos que impregnam a água que bebemos, a névoa que encobre o Sol e as estrelas – e nos lembrar também de todas as misérias humanas que tal fealdade implica [22].

Desde o início da chamada Revolução Neolítica, os campos cultiváveis são essenciais para sustentar o estilo de vida dos grandes centros e de seus habitantes. Sem o trabalho ou, na verdade, o trabalho escravo dos fazendeiros, pães e bolos deixariam de emergir dos fornos; sem os fazendeiros, a domesticação dos animais não seria mais possível, pois eles dependem das colheitas para comer.

Quando fazemos uma retrospectiva histórica, podemos ver uma mudança progressiva do estilo de vida *ecocêntrico* simples da chamada cultura primitiva dos nossos primeiros ancestrais para a orientação *antropocêntrica* e, sim, egocêntrica da humanidade moderna. Pelo fato de nos esquecermos gradualmente da nossa interdependência com relação ao ambiente natural, criamos, pouco a pouco, uma civilização que, na prática, se não na teoria, está se distanciando da natureza, quando não ficando hostil a ela. Essa amnésia está agora nos acometendo. A natureza está reagindo ao nosso esquecimento, à nossa negligência e ao nosso abuso.

O *antropocentrismo* é o tipo de atitude que coloca a humanidade na frente de todas as outras espécies e permite que ela exercite seu domínio sobre o mundo não humano. Como argumentou o antropólogo Lynn Whyte Jr., em seu artigo controverso, mas lido no mundo todo, "The Historical Roots of Our Ecological Crisis" [As Raízes Históricas da Nossa Crise Ecológica], essa atitude foi fomentada historicamente pela tradição judeu-cristã, com seu ideal de administrar a natureza[23].

O *egocentrismo* sugere que é o ego individual que é usado como padrão de medida suprema. Se o antropocentrismo é um preconceito cultural, o egocentrismo, de transcendência muito mais difícil, é uma responsabilidade de toda a espécie. O primeiro está sujeito à correção por meio da análise filosófica objetiva, enquanto o segundo – por ser uma propensão basicamente inconsciente – só pode ser transcendido por meio da disciplina autotransformadora consciente e continuada. Assim, ele requer muito mais esforço e clareza de visão e, portanto, é muito mais difícil de conseguir.

A ecologia profunda, que fez com que nos déssemos conta do preconceito antropocêntrico no nosso estilo de vida e no nosso jeito de pensar, também questiona o egocentrismo. Arne Naess, um dos decanos da Ecologia Profunda, explorou essa questão em seu ensaio "Self-Realization: An Ecological Approach to Being in the World" [Autorrealização: Uma Abordagem Ecológica à Existência no Mundo][24]. Baseando-se principalmente na obra do psicanalista Erich

Fromm, Naess faz uma distinção entre o tipo de eu que representa o que poderíamos chamar de "uma identificação ampla e profunda", uma sensação de conectividade com os outros e com a natureza, e o eu que está estreitamente focado como ego e representa um estágio de menos maturidade do desenvolvimento humano. Como Naess afirma no seu estilo inimitável:

> A interpretação no estilo "*ego trip*" das potencialidades dos seres humanos pressupõe uma grande subestimação da riqueza e amplidão das nossas potencialidades[25].

Naess, por temperamento e experiência pessoal, como também pelas suas ideias filosóficas, derivou seu senso de eu e propósito principalmente do que ele chama de "eu ecológico". Para um budista praticante, que compreende que a noção de eu é um constructo mental, os vários eus que alguém pode criar não têm sobre ele a mesma influência que têm sobre um mundano comum. Como o ecossofista que vê a si mesmo em relação à natureza, o praticante do Dharma entende e cultiva a capacidade da empatia, ou a identificação compassiva com os outros e com o meio ambiente. Essa identificação, no entanto, não é um estado mental deturpado ou ilusório. Ela está enraizada na evidência verificável da interdependência, ou "vazio", de todos os seres e coisas. É o lado inverso da origem dependente de que o Buda falava e que representa sua maior contribuição à herança de sabedoria da humanidade.

O que significa "origem dependente"? John Daido Loori, o abade do Mosteiro Montanha Zen, em Monte Tremper, em Nova York, deu uma boa resposta para essa questão:

> Essa descrição da realidade não é uma hipótese holística ou um sonho idealista. É a sua vida e a minha, a vida da montanha e a vida do rio, a vida de uma folha de grama, de uma teia de aranha, da ponte do Brooklyn.

Essas coisas não têm relação umas com as outras. Elas não são parte da mesma coisa. Não são parecidas. Antes, são idênticas em todos os aspectos[26].

Como isso pode ser possível? No nível dos fenômenos, elas são obviamente diferentes e nada idênticas. Nossa experiência comprova isso. A menos que sejamos psicóticos, não confundimos uma teia de aranha com a Ponte Golden Gate. Elas precisam ser idênticas em outro sentido. Na verdade, na iluminação, os contornos definidos das coisas – você e eu ou eu e aquilo – deixam de existir. Na iluminação, não existem elaborações conceituais para distorcer a realidade. De acordo com todos os mestres realizados, tudo é uma coisa só. A dualidade é uma grande ilusão.

Nas palavras simples do mestre zen Thich Nhat Hanh:

Pessoas demais fazem uma distinção entre o mundo interior da nossa mente e o mundo lá fora, mas esses dois mundos não são separados. Eles pertencem à mesma realidade[27].

Nada que existe, existe em completa independência ou isolamento de todo o resto. Até um ermitão que viva em reclusão está cercado de outros seres, por mais imperceptíveis que eles possam ser. Ele vive neste planeta, e o planeta gira no espaço em torno do Sol, que, a seu turno, está viajando com bilhões de outras estrelas da galáxia, que, por sua vez, está girando junto com outras incontáveis galáxias. A existência isolada do ermitão não está hermeticamente lacrada com relação ao resto da vida. Esse isolamento perfeito é impossível. Mergulhe no chamado tanque samadhi e você não será perturbado por sons externos, mas ainda estará em contato com os sons do seu corpo e com os pensamentos e visões que pipocam na sua mente. Não haveria quietude relativa sem a água em que você está flutuando, e a água não estaria contida se não fosse pela madeira e outros materiais que a envolvem. O tanque não existiria sem o ar em torno dele, que faz parte da enorme atmosfera da Terra e serve como um escudo contra os raios solares e cósmicos. Nem existiria sem o esforço do ser humano ou as ferramentas usadas para construí-lo. Como afirmou, de um modo muito simples, Sua Santidade o Dalai-Lama:

> A visão de interdependência inclui uma grande abertura da mente [...] Treinando nossa mente e acostumando-nos a essa visão, nós mudamos nosso jeito de ver as coisas, e em resultado, aos poucos mudamos nosso comportamento e fazemos menos mal aos outros[28].

A origem dependente está ligada a outra noção muito importante que foi apresentada originalmente pelo próprio Buda, ou seja, que nada tem um cerne ou essência fundamental identificável. Tudo está "vazio" de uma essência imortal, imutável. Entendidas do modo correto, as ideias de origem dependente e de vazio indicam a mesma verdade. Para ser preciso, para a ideia de origem dependente ser verdadeira, ela precisa estar vazia de uma essência fundamental. A noção filosófica e prática de vazio foi em grande parte desenvolvida por mestres do Dharma posteriores, notadamente aqueles que articularam as doutrinas do Mahayana, como Nagarjuna (c. 100 d.C.), Dharmakirtti (c. 650 d.C.) e Shantideva (c. 750 d.C.). Talvez a mais sofisticada formulação exista na Ordem Gelugpa do Budismo Tibetano, na qual Je Tsongkhapa enfocou mais profundamente o ensinamento do vazio.

A dificuldade que tendemos a sentir com o conceito de vazio está na mente norteada pelo ego, que não consegue conceber a si mesma como vazia. O eu é um reflexo que anuncia o oposto do vazio e da origem dependente. Ele sempre quer celebrar a si mesmo como se fosse o regente absoluto, imortal, ou a essência, de tudo. Mas, de acordo com o Dharma e com muitos outros ensinamentos espirituais, o ego é um falso centro.

O ego é como uma árvore que quer ser toda a floresta, em vez de ser uma entre inumeráveis árvores interconectadas num ambiente interconectado. Isso nos leva de volta ao nosso ponto de partida: as florestas.

Sabemos de toda a confusão que o ego costuma sentir, mas raramente queremos admitir isso. Mas o que uma floresta sente? A praticante do Dharma e ambientalista Stephanie Kaza fez a si mesma justamente essa pergunta e descobriu a resposta a seguir:

> A voz de uma floresta é uma coisa ilusória. Ela canta no doce gorjeio dos tentilhões roxos e dos tordos. Ela sussurra nas folhas que dançam à luz do entardecer. Ela zumbe nos sons fracos dos grilos e mosquitos. Ela range no balanço dos troncos das árvores que roçam umas nas outras[29].

Além desses movimentos que dão às florestas uma voz, as florestas também são uma morada simples. Esse é o seu modo "meditativo". Achamos que é isso que atrai os que buscam tranquilidade, vivacidade interior e egotranscendência. Essa seria a nossa maior perda se as florestas desaparecessem para sempre. Vamos nos lembrar de que Gautama o Buda estava sentado sob uma figueira quando atingiu insuperável iluminação. Ele se sentava sob as árvores depois da sua iluminação. Não podemos nos privar ou privar as futuras gerações dessa mesma oportunidade.

Notas do Capítulo 3

1. Ver o *Ugra-Paripriccha*, trad. por Jan Nattier, com base na edição crítica do texto tibetano e parcialmente traduzido em *Buddhist Scriptures*, organizado por Donald S. Lopez, Jr. (Londres: Penguin Books, 2004), pp. 269-277.
2. Bertrand Russell, *The Conquest of Happiness* (Nova York: Bantam Books, reimpresso em 1968), p. 27.
3. Russell, *op. cit.*, pp. 27-28.

4. Ver Trees for the Future em www.treesftf.org.
5. Ver o discurso do Buda intitulado *Mulapariyaya-Sutta*, que abre o *Majjhima-Nikaya* (1.27ff.). Bhikkhu Nānamoli e Bhikkhu Bodhi, trads. *The Middle Length Discourses of the Buddha: A Translation of the Majjhima Nikāya* (Boston, Mass.: Wisdom Publications, 2ª ed., 2001), p. 87. O termo sânscrito *samsara* significa literalmente "confluência", indicando a roda de nascimentos e mortes pela qual todos os seres não iluminados precisam passar.
6. O *Vatthupama-Sutta* de *Majjhima-Nikaya* (7.2ff.). Bhikkhu Nānamoli e Bhikkhu Bodhi, *op. cit.*, pp. 118ff.
7. Ver o *Vatthupama-Sutta* de *Majjhima-Nikaya* (7.18). Bhikkhu Nānamoli e Bhikkhu Bodhi, *op. cit.*, p. 120.
8. O *Kakacupamana-Sutta de Majjhima-Nikaya* (21. Bhikkhu Nānamoli e Bhikkhu Bodhi, *op. cit.*, p. 219.
9. O *Diamond Sutra, Diamond Cutter Sutra* ou *Vajrachhedika-Sutra* (27). *Buddhist Mahayana Texts*. Part II. *Sacred Books of the East* (Délhi: Motilal Banarsidass, reimpressão em 1990), p. 141. [Publicado originalmente em 1894.] A versão do *Vajra-Chedika-Sutra* é do indologista do séc. XIX F. Max Müller.
10. Thich Nhat Hanh, *For a Future to Be Possible: Buddhist Ethics for Everyday Life* (Berkeley, Calif.: Parallax Press, 2007), pp. 9-10.
11. *The Elders' Verses I: Theragatha*, trad. K. R. Norman, Pali Text Society Translation Series nº 38 (Londres: Luzac & Company Ltd., 1969), p. 86.
12. O *Brahmajala-Sutta de Digha-Nikaya* (1.10-11). Maurice Walshe, trad. *The Long Discourses of the Buddha* (Boston, Mass.: Wisdom Publications, 1987), p. 69.
13. Ver p. ex., Kev Fitzpatrick, *Unhealthy Places: The Ecology of Risk in the Urban Landscape* (Londres: Routledge, 2000).
14. Ver Sigmund Freud, *Civilization and Its Discontents: The Standard Edition translated by James Strachey* (Nova York: W. W. Norton, 1961), p. 42.

15. Theodore Roszak, *Person/Planet: The Creative Disintegration of Industrial Society* (Garden City, N.Y.: Anchor Press/Doubleday, 1978), p. 278.
16. Lewis Mumford, *The City in History* (San Diego, Calif.: Harvest Books, reimpresso em 1989), p. 46.
17. Clive Doucet, *Urban Meltdown: Cities, Climate Change and Politics as Usual* (Gabriola Island, B.C.: New Society Publishers, 2007), p. 2.
18. Clive Doucet, *op. cit.*, p. 2.
19. Ver, p. ex., Richard Heinberg, *Peaking Everything: Waking Up to the Century of Declines* (Gabriola Island, B.C.: New Society Publishers, 2007) e *The Party's Over: War and the Fate of Industrial Societies* (Gabriola Island, B.C.: New Society Publishers, 2005).
20. Clive Doucet, *op. cit.*, p. 238.
21. Estamos nos baseando numa estimativa do Banco Mundial.
22. Theodore Roszak, *Person/Planet: The Creative Disintegration of Industrial Society* (Garden City, N.Y.: Anchor Press/Doubleday, 1978), p. 320.
23. O artigo de Lynn Whyte, Jr. "The Historical Roots of Our Ecological Crisis" foi publicado pela primeira vez na revista *Science*, nº 155, em 1967, pp. 1203-7.
24. Arne Naess, reimpresso em *Deep Ecology for the 21st Century*, organizado por George Sessions (Boston, Mass.: Shambhala Publications, 1995), pp. 225-239; transmitido originalmente em forma de palestra em 1986.
25. George Sessions, *op. cit.*, p. 230.
26. J. D. Loori, *Teachings of the Earth: Zen and the Environment* (Boston, Mass.: Shambhala Publications, reimpresso em 2007), pp. xi-xii.
27. Thich Nhat Hanh. *Interbeing: Fourteen Guidelines for Engaged Buddhism* (Berkeley, Calif.: Parallax Press, 3ª ed., 1987), p. 4.
28. Dalai-Lama, *A Flash of Lightning in the Dark of Night: A Guide to the Bodhisattva Way of Life* (Boston, Mass.: Shambhala Publications, 1994), p. 3.
29. Stephanie Kaza, *The Attentive Heart: Conversations with Trees* (Nova York: Fawcett Columbine Books/Ballantine Books, 1993), p. 244.

QUATRO

Outro tipo de extinção

Dois mil e quinhentos anos atrás, quando o Buda estava vivo, havia em torno de 100 milhões de pessoas na Terra. Hoje, a população humana está se aproximando rapidamente da marca dos 7 bilhões, com cerca de 1 bilhão de pessoas morando apenas na península indiana. Embora ainda se revele impopular falar sobre o papel da explosão populacional humana na crise do meio ambiente e na sobrevivência da humanidade, precisamos deixar clara essa ligação. Sete bilhões de pessoas são simplesmente bocas demais para se alimentar neste planeta! Nossa população não é sustentável.

O *AAAS Atlas of Population & Environment*, publicado pela Sociedade Americana pelo Progresso da Ciência em 2000, começa com a afirmação dúbia de que os "seres humanos talvez sejam a mais bem-sucedida de todas as espécies na história da vida na Terra"[1]. Em que sentido a humanidade é bem-sucedida? Em termos de sobrevivência evolucionária? Isso precisa ser revisto. Comparada com as outras espécies, a nossa é relativamente jovem. Bem-sucedida na adaptação? Considerando nossa gigantesca crise ambiental, a nossa espécie fracassou de maneira retumbante. Bem-sucedida em termos de igualdade e justiça? Em vista dos bilhões de pessoas que passam fome, não podemos fazer essa afirmação. Bem-sucedida em termos numéricos? Com certeza não. A palavra certa na citação anterior é "talvez", que deve ser entendida como "não realmente".

Não existe mérito nenhum no mero crescimento populacional, especialmente de uma população catapultada, como dizem os autores do Atlas mencionado, de "alguns milhares de indivíduos, 200 mil anos atrás", para quase 7 bilhões de indivíduos. Também não vemos mérito nenhum em ter "transformado aproximadamente metade do planeta para nosso uso próprio". E as outras espécies? Para o crédito dos autores, eles também destacaram que a nossa espécie exerceu um "efeito incalculável sobre a biodiversidade da Terra". Esse de fato é o ponto mais importante, que precisamos levar bastante em consideração e tratar de maneira apropriada.

Aqui gostaríamos de propor a visão impopular de que a humanidade deveria voluntariamente limitar seu crescimento populacional. Já nos idos de 1960, Paul Ehrlich reconheceu que a superpopulação humana era um problema sério e sugeriu que instituíssemos restrições voluntárias sobre a reprodução. Sua visão foi largamente ridicularizada e considerada malthusiana por direitistas e libertários. Os primeiros, dominados pelo sistema de valores cristãos, via com relutância as implicações do controle de natalidade, enquanto os últimos estavam preocupados com as implicações da liberdade individual.

Cinquenta anos depois, o problema ainda persiste e está pior do que nunca. Malthus e Ehrlich podiam estar só parcialmente errados. Sua mensagem básica se mantém. As populações têm a tendência de crescer e aparentemente exceder seus recursos alimentares.

Alguns chamados especialistas acreditam – e isso é apenas especulação ou crença – que a Terra poderia sustentar até 20 bilhões de seres humanos. O fato, porém, é que a Terra já está sofrendo com os efeitos de ter que sustentar 7 bilhões de indivíduos. Mesmo que as nações desenvolvidas superconsumistas reduzissem seu consumo imediatamente, o que é bem improvável que aconteça, os recursos da Terra estão, a esta altura, severamente comprometidos e não poderiam sustentar a atual população mundial de modo contínuo.

Precisamos, certamente, estabelecer justiça e igualdade para o mundo todo e procurar alimentar, vestir e abrigar todos os indivíduos vivos hoje, ajudando-os a viver uma vida física e mentalmente saudável. Mas precisamos perceber que a produção e a distribuição de alimentos e mercadorias envolvem custos ocultos e exorbitantes, que são custos para o meio ambiente como um todo. O fato é que – para reiterar – a atual população já está sobrecarregando o planeta.

Nossa espécie, em especial, espalhou-se por todo o globo a ponto de não só ameaçar outras espécies, mas na verdade de destruí-las. Como mencionado no Capítulo 2, a Sexta Extinção em Massa não é meramente uma possibilidade curiosa ou uma projeção abstrata, mas uma inegável realidade dos dias de hoje.

Vamos verificar alguns números: todos os anos, em torno de 50 mil espécies animais e vegetais se tornam extintas. Isso significa cerca de 135 espécies por dia! Muitos especialistas acham que a taxa de extinção é maior ainda. Vinte e três por cento das 4.776 espécies mamíferas conhecidas estão em perigo. O mesmo acontece com 12% de um número estimado de 10 mil espécies de pássaros e com alarmantes 47% de espécies de peixes identificadas. Na verdade, de 90% a 95% de todos os peixes grandes do oceano – peixes-espada, merlins, tubarões, atuns e outros – já foram extintos. As espécies estão sempre se extinguindo, mas, na ausência de uma catástrofe, essa taxa secundária é uma fração diminuta do que está acontecendo hoje.

E quem ou o que é responsável pela taxa extraordinariamente alta de extinção de espécies atualmente? A extinção em massa que causou o desaparecimento dos dinossauros 65 milhões de anos atrás ocorreu devido ao impacto de um grande meteorito. A quarta extinção em massa que a precedeu, e de que a ciência tem conhecimento, foi aparentemente resultado de catástrofes naturais. A triste verdade é que a causa da atual extinção em massa é a humanidade, que está cada vez mais invadindo o hábitat de outras espécies devido à expansão das cidades e ao desmatamento, convertendo florestas em plantações, acabando com a água e causando a poluição ambiental e perturbações climáticas. Para onde quer que olhemos – terra, água, ar –, poluímos e degradamos a biosfera do planeta e continuamos agindo assim. Todas as criaturas estão sofrendo desnecessariamente. Um número cada vez maior de criaturas está desaparecendo da face da Terra. As tentativas de resgate feitas por indivíduos e organizações para salvar a vida selvagem, as florestas ou as espécies de plantas ameaçadas são nobres, mas representam uma gota no oceano.

Embora o Dharma nos lembre de que o sofrimento é uma parte integral da vida num universo sempre em mutação, existe um sofrimento que é evidentemente causado pelos seres humanos a outros seres humanos e não humanos, e este é desnecessário e possível de evitar. O mal causado por um indivíduo senciente a outro é evitável. A destruição brutal do meio ambiente é evitável. As atividades humanas destrutivas, pautadas na ganância e no descaso, sem dúvida acarretam consequências kármicas gigantescas à nossa espécie. Não podemos tratar com tamanha truculência outras espécies e esperar sair impunes. Da perspectiva do Dharma, toda vez que derrubamos uma árvore, mutilamos ou matamos um mamífero, pescamos um peixe por diversão ou comida, ou esmagamos cruelmente um mosquito, desencadeamos repercussões kármicas menores ou maiores.

Não vamos nos esquecer das populações humanas nativas que também são levadas à extinção. De acordo com o relatório do *The State of Word* para 1992, desde 1900 em média uma tribo amazônica desaparece por ano por causa da destruição implacável do hábitat ou, quando tudo o mais falha, por assassinato[2]. As tribos nativas tendem a ser tão ingênuas e indefesas contra assaltos corporativos quanto as espécies animais. Nós, que compreendemos o problema e nos importamos com ele, precisamos agir em defesa dessas tribos para evitar que ele se agrave.

O mais importante é que todas essas numerosas espécies estão se extinguindo, não no sentido budista, de atingir o *nirvana*. Sua extinção consiste na total obliteração biológica e na perda biológica de toda possibilidade de crescerem e, indiretamente, de amadurecerem até chegar a um ponto em que poderiam, ao longo de muitas vidas, atingir uma sensibilidade mais elevada e praticar conscientemente o Dharma para alcançar, finalmente, a libertação.

Se a população humana continuar a crescer – a previsão é de que ela atinja 9 bilhões na metade do século XXI –, a extinção que afeta outras espécies aumentará proporcionalmente. Isso, sem dúvida, acabará afetando a raça humana, se sobrevivermos até lá. Será que precisamos chegar ao ponto de ver essa catástrofe avassaladora antes do desfecho fatal do nosso presente curso? Mas aí já será tarde para uma mudança favorável de direção. A humanidade se revelará uma praga.

Precisamos aprender com as crises ambientais causadas pelas civilizações anteriores, como a da Mesopotâmia, dos maias e das civilizações da Ilha de Páscoa. Elas não conseguiram se adaptar aos respectivos ambientes e, portanto, foram condenadas à extinção. Nossa própria civilização supertecnológica está caminhando na mesma direção, só que em nível mundial, não apenas em escala local.

Na situação atual, parece que a humanidade está empenhada na destruição global, o que significa também autodestruição. Não somos, de maneira nenhuma, os únicos a pensar assim. Muitos cientistas são da mesma opinião. O atual *ethos* da Humanidade, que é em grande parte inconsciente não só não é sustentável como também é prejudicial à vida como um todo. Aqueles que escolheram um estilo de vida ecológico, que se importam profundamente com o meio ambiente e com os seres não humanos, estão em minoria. Talvez sempre tenham sido, mas em épocas passadas, como a população e a taxa de consumo eram menores, até os piores crimes da humanidade contra o meio ambiente eram perdoáveis. Agora não há mais tempo para pecar por conta da insustentabilidade.

A biodiversidade do nosso planeta, que é fundamental para a sobrevivência de todas as espécies, não apenas dos seres humanos e da biosfera, está diminuindo rapidamente. Biodiversidade é pluralidade cocriativa. É totalidade. Quando se pensa sobre isso, percebe-se que a totalidade é sempre mais do que uma coisa só. É uma sinfonia de diferenças, em que todas as partes agem de um modo reconhecidamente interdependente. Cada conjunto é, portanto, um universo feito de muitos componentes. Embora peças individuais possam ser altamente especializadas – pense numa abelha –, ainda é o que Thich Nhat Hanh chamaria de um "inter-ser" que "inter-é" com todo o resto[3].

Vamos continuar com as abelhas, por um momento. Embora sejam importantes polinizadoras, a população de abelhas está diminuindo rapidamente, o que tem um efeito decisivo sobre a frutificação das plantas. Em todos os Estados Unidos, Canadá e Europa, as colmeias estão ficando vazias. A profissão de apicultor está em risco, mas ainda mais importante é que todos nós estamos em risco. Não restou o corpo de nenhuma abelha morta, o que exclui a possibilidade de uma infestação por vírus. Alguns têm especulado que os telefones celulares são os grandes culpados, mas nada foi comprovado. Onde moramos, no sul de Saskatchewan, raramente vemos abelhas ou zangões. Na Grã-Bretanha, três das dezenove espécies conhecidas de abelhas já estão extintas, e as outras podem desaparecer dentro de alguns anos. Os cientistas e agricultores estão compreensivelmente preocupados com o que vai acontecer com as maçãs, os mirtilos, os pepinos, os tomates e muitas outras culturas, quando as abelhas e os zangões desaparecerem. Quem vai polinizar as plantas?

Agora, vamos considerar um outro fio na teia da vida da natureza – as borboletas. Elas não são apenas bonitas de se olhar; também cumprem uma função fundamental como polinizadoras e devoradoras de pragas. Elas também estão cada vez mais escassas. Uma pesquisa de 2006 em 45 países europeus revelou que, das 576 espécies de borboletas, 71 foram dizimadas a ponto de serem colocadas na lista de espécies ameaçadas de extinção. A triste saga continua.

Onde quer que olhemos, as criaturas da natureza estão sendo perseguidas, mutiladas, mortas e erradicadas como espécie. Segundo a União Internacional para a Conservação da Natureza (IUCN), das 240 espécies conhecidas de primatas, 19 estão classificadas como espécies "em perigo" ou "vulneráveis". Alguns pesquisadores estimam que um terço das espécies animais e vegetais nos Estados Unidos está ameaçado de extinção[4].

Biodiversidade significa vida. Esse é um termo cunhado na década de 1970 que se refere à variedade de formas de vida dentro de um determinado ecossistema, que coletivamente fortalece esse ecossistema e, consequentemente, também melhora suas chances de sobrevivência. Existe todo tipo de indicadores detalhados para o crescimento econômico e de saúde, mas não existem na verdade instrumentos comparáveis para medir a saúde ambiental. Se houvesse, talvez estivéssemos ainda mais alarmados com o estado das coisas.

Até hoje os cientistas foram capazes de identificar cerca de 1,7 milhão de espécies. Alguns estimam que podem existir 10 milhões de espécies no total, outros defendem um número muito superior, enquanto outros ainda acham que talvez existam apenas 5 milhões de espécies. Independentemente do número real, a maioria das espécies animais é minúscula. *Todas* elas existem em uma rede interdependente de vida. Como o impacto negativo da humanidade sobre a natureza só aumenta, podemos esperar que a taxa de extinção aumente na mesma proporção.

Um efeito dominó da extinção já pode ser detectado, e definitivamente não está favorecendo a sobrevivência da vida; pelo contrário, está claramente se encaminhando para o colapso da preciosa biosfera da Terra. Quantos fios de lã você pode tirar de um suéter antes que ele se transforme num trapo e não possa mais protegê-lo do frio?

Há décadas os biólogos e outros cientistas nos têm alertado para essas terríveis consequências. Suas vozes foram totalmente ignoradas, e a situação vai piorar ainda mais para a Terra. Precisamos urgentemente aprender a lição da interdependência: que todas as formas de vida só podem sobreviver porque estão relacionadas e, na verdade, dependem umas das outras.

Quando Marpa, "o mais digno de todos os homens dignos", treinou Milarepa, ele fez seu discípulo construir todos os tipos de torres, apenas para diminuir o peso do karma desfavorável de Milarepa, acumulado devido à prática da magia negra[5]. A certa altura, Marpa pediu que Milarepa simplesmente tirasse uma grande pedra angular da última torre de nove andares que tinha laboriosamente construído, porque a pedra tinha sido colocada no local por três dos principais discípulos de Marpa. Marpa, naturalmente, sabia que isso iria fazer com que toda a construção de Milarepa fosse abaixo, mergulhando mais uma vez o discípulo no desespero destinado à purificação.

Por não recorrer à sabedoria do Dharma, a humanidade está ocupada removendo pedras angulares da "construção" da própria vida, estrutura que custou vários bilhões de anos para a Terra montar. O resultado também é previsível. Precisamos entender o conceito fundamental dármico da origem dependente e nos comportar de maneira diferente, mais consciente e compassiva, com relação ao meio ambiente. Nenhum mestre da estatura de Marpa jamais nos pediria que desmontássemos a própria vida. Nem tal ato nos conferiria algum mérito dármico. No entanto, esse é exatamente o tipo de comportamento insano que nossa espécie está se permitindo todos os dias.

O voto de Bodhisattva do Budismo Mahayana inclui o compromisso de conduzir todos os seres sencientes à iluminação. Não podemos fazer isso matando outros seres. O mesmo voto diz para olharmos com respeito para todos os seres sencientes, como se fossem nossas "mães". Que karma coletivo estamos acumulando por dizimar toda a espécie e por mergulhar no caos biológico o nosso planeta? Existe uma categoria kármica especial para o biocídio? Será a ignorância dos fatos uma desculpa suficientemente boa para nos esquivarmos das consequências kármicas? E quem pode alegar legitimamente que não tinha conhecimento da crise ambiental após décadas de cobertura da mídia, por mais inadequada que essa cobertura tenha sido?

Uma pergunta acerca disso que deve ser feita aqui é: como devemos definir a vida em termos do voto do Bodhisattva? A definição mais abrangente, com a qual concordamos, é a oferecida por Thich Nhat Hanh, cujo voto de Bodhisattva, com base no *Sutra da Guirlanda de Flores* ou *Avatamsaka Sutra*, inclui a seguinte fraseologia, formulada pela primeira vez na década de 1980:

> Ciente do sofrimento causado pela destruição da vida, eu me comprometo a cultivar a compaixão e a aprender maneiras de proteger a vida das pessoas, dos animais, das plantas e dos minerais. Estou determinado a não matar, a não deixar que outros matem e a não tolerar qualquer ato de carnificina no mundo, no meu pensamento e no meu modo de vida[6].

Muitos ocidentais consideram curiosa a inclusão dos minerais no voto acima, mas Thich Nhat Hanh frisou repetidamente que a distinção dualista que muitas vezes se faz entre organismos vivos e matéria inorgânica é falsa. Alguns biólogos, entre os quais o zoólogo alemão Bernhard Rensch, concordariam[7]. Os minerais não parecem ter inteligência, mas de fato têm ressonância, o que pode ser considerado o mais baixo nível da mente, ou *sems* (pronuncia-se *sem*) em tibetano. Nós só precisamos pensar na ressonância maravilhosa, quase mágica, dos cristais e no estranho comportamento dos metais.

Ao adotar a versão de Thich Nhat Hanh do voto do Bodhisattva, estamos na boa companhia de filósofos como Baruch de Spinoza, Gottfried Leibniz, Henri Bergson, psicólogos como Gustav Fechner e William James, e físicos como Arthur Eddington, Albert Einstein e David Bohm, bem como influentes escritores como Aldous Huxley, o irmão do renomado biólogo britânico *sir* Julian Huxley. Quanto a Aldous Huxley, observou-se que a sua visita ao instituto Jagadish Candra Bose, em Calcutá, em 1926, convenceu-o da sensibilidade das plantas[8].

Monges budistas do Extremo Oriente rezam pela iluminação tanto dos seres sencientes quanto dos não sencientes, que incluiria os minerais. Assim, tudo é dotado de natureza búdica e tem, portanto, potencial para atingir a completa budidade.

O *Avatamsaka Sutra*, mencionado anteriormente, é uma das mais influentes escrituras budistas e foi traduzido pela primeira vez do sânscrito para o chinês por Buddhabhadra, em 420 d.C., aproximadamente. Esse *Sutra*, que é o mais extenso de todos os *Sutras* Mahayana, oferece uma visão magnífica da interdependência universal, ao falar de universos dentro de universos e do fato monumental de que todas as coisas nos ensinam o tempo todo. Somos lembrados da grande afirmação radical de Nagarjuna, no mais alto nível filosófico articulado em sua *Guirlanda Preciosa*, uma carta a um discípulo real:

> Em última análise, o mundo e o nirvana não vêm (à existência),
> Nem eles vão (fora da existência), nem permanecem (existentes).
> Então, que tipo de distinção poderia realmente existir
> Entre o mundo e o nirvana?[9]

Na iluminação, tudo tem "um sabor", como os mestres medievais Sahajayana paradoxalmente diziam, ou "um sabor forte de nada", como se exprimiu o mestre zen contemporâneo Seung Sahn. Em sua *Canção da Ação Humana* (verso 2), o adepto indiano Sarahapada, do século VIII, diz: "Para um tolo que olha de esguelha / Uma lâmpada é como duas"[10]. Fazer distinções é o jogo infinito da mente conceitual. A mente iluminada, que é tão ampla e abrangente quanto o espaço, é a mente de todos os budas.

Num nível prático, sempre que fazemos um gesto em direção a "um sabor", temos contato com outros seres e com o ambiente em geral, por meio de um ato de empatia. Essa é a prática do Dharma. Esse é o caminho do *Bodhisattva*. Essa é a cura e a sanidade. Sem empatia, continuamos encapsulados em nós mesmos e alienados do mundo.

Uma forma significativa de empatia é nossa reverência pela vida em todas as suas formas, por todos os seres vivos, ou o que tem sido chamado de "biofilia", amor à vida. Esse amor, ou reverência, parece ser natural na maioria das crianças, mas é expulso delas por adultos ignorantes:

> A biofilia normalmente desperta nas crianças à medida que elas crescem, e então continua a se desenvolver e se tornar mais complexa ao longo da vida [...] Existe uma série de fatores que eu acho que estão na raiz do motivo pelo qual tão poucas pessoas estão desenvolvendo um vínculo profundo com a Terra viva – fatores que contribuem para a perda de biofilia. Indiscutivelmente, entre os mais contundentes estão: a perspectiva epistemológica de que o Universo (e a Terra) não está vivo, mas é simplesmente uma máquina com um grande número de peças; a perda do acesso regular natural das crianças a lugares selvagens nas proximidades, que contenham uma diversidade de formas de vida; a escola pública e a televisão[11].

Essa é uma forte acusação à civilização moderna e ao desamor e desrespeito que ela tende a produzir. Por meio do cultivo da biofilia, que vemos como algo perfeitamente congruente com o caminho do Bodhisattva, podemos criar um "vínculo" com outras formas de vida e descobrir que a natureza é uma professora maravilhosa. Ela nos fala constantemente, mas perdemos grande parte da capacidade de ouvir a sua sabedoria. À medida que nos esquecemos de como ouvir, o que é uma questão de respeito e atenção, também deixamos de nos beneficiar com a natureza, que poderia ser nossa melhor aliada.

Nossa amnésia com relação às propriedades terapêuticas das plantas, por exemplo, se tornou quase completa. Em vez disso, optamos por usar os preparados das empresas farmacêuticas, que têm mais interesse nos lucros do que no nosso bem-estar. É como se quiséssemos silenciar a natureza por completo.

Mesmo que excluíssemos os minerais e vegetais da categoria dos "seres vivos", ainda assim deveríamos agir de maneira a protegê-los, pois somos todos interdependentes com relação a ambos, minerais e plantas, e a nossa civilização moderna os tem assolado, desde o início da chamada Revolução Industrial. Nós tratamos os animais como máquinas sem sentimentos, e os minerais, como meras mercadorias comercializáveis. O humanismo renascentista transformou o ser humano na "medida de todas as coisas", estabelecendo assim o cenário para o antropocentrismo.

Estimulamos essa atitude tendenciosa ainda mais, transformando-a na orientação egocêntrica desenfreada dos tempos modernos, sustentada, como apontou o ecofilósofo Henryk Skolimowski, pelo valor econômico-tecnológico do poder sobre as coisas, do controle, da manipulação e da eficiência[12]. Esses valores materialistas têm substituído os valores benignos e humanos, como a reverência pela vida, a responsabilidade, a simplicidade, a compaixão, a justiça universal e a não menos importante celebração da diversidade.

Essa mudança permitiu objetivar radicalmente a natureza e tratar todo ser natural como apenas uma coisa a ser descartada ou explorada. Falaremos sobre o modo pelo qual o reino mineral é explorado no

Capítulo 7. Agora, vamos nos concentrar no reino vegetal, especialmente na situação grave em que estão as florestas e as plantas medicinais.

Já mencionamos a destruição de floresta após floresta, o desnudamento do solo e sua exposição aos elementos, o que inevitavelmente leva à erosão do solo e, em algumas áreas, a deslizamentos que soterram estradas, aldeias e pessoas. Mas o desmatamento não só transforma árvores vivas em madeira morta mas também mata e mutila milhões de outros seres vivos, desde mamíferos até aves, insetos e micróbios. Cada floresta destruída se torna uma vala comum de indivíduos de muitas espécies.

As áreas que passaram pelo corte-raso são de partir o coração. As árvores não são um "recurso renovável" e as áreas desmatadas não são "prados temporários", como a publicidade governamental costuma afirmar[13]. Depois de ver e até mesmo andar por áreas que passaram pelo corte-raso, sabemos que elas são como uma ferida aberta no meio ambiente. Mesmo que um dia dê origem a uma nova vegetação, essa área brutalizada nunca cicatriza completamente. É como se o trauma do corte-raso, que é semelhante ao estupro, se prolongasse e fosse transferido ao longo do tempo. É extremamente difícil obter números confiáveis de alguém. Como Derrick Jensen e George Draffan argumentam no seu livro *Strangely Like War*[14], as agências do governo são aparentemente enganosas com relação ao corte-raso.

De 70% a 90% das árvores cortadas no chamado Terceiro Mundo tornam-se lenha, que é a única maneira pela qual nossos companheiros humanos miseráveis podem cozinhar ou se aquecer. Em todos os lugares, vemos árvores sendo transformadas em CO_2, e não árvores convertendo CO_2 em madeira. No mundo todo, cerca de 40% das árvores derrubadas acabam transformadas em papel, e a maioria delas vai para países desenvolvidos. O restante é convertido em madeira de construção ou móveis. Além disso, a extração de madeira muitas vezes envolve a prática da queima de árvores, galhos, tocos e arbustos, que são considerados comercialmente inviáveis, e isso também contribui para o excesso de gases causadores do efeito estufa.

Vamos olhar a situação do papel mais de perto. O apetite da nossa civilização moderna por papel é verdadeiramente voraz. Todos os anos, os americanos consomem cerca de 300 quilogramas de papel por pessoa, enquanto falta papel para 80% das pessoas do chamado Terceiro Mundo, dificultando a sua educação e alfabetização.

Compare isso com o fato de que, a cada trinta minutos, um romance é publicado nos Estados Unidos. Esse mesmo país contribui com um total de cerca de 175.000 livros, uma cifra comparável aos 115.000 livros publicados na Grã-Bretanha. Mundialmente, a indústria editorial produz cerca de 1 milhão de livros por ano. Sem dúvida, existem muitos livros que vale a pena ler, mas um grande número deles não merece ser publicado. Em termos de quantidade e qualidade de conteúdo, os números parecem ainda piores quando se trata da indústria de revistas e jornais. Dado o fato de que, a cada segundo, cerca de 0,40 hectare de floresta se perde devido ao desmatamento, o consumo de papel se tornou uma questão moral. Da próxima vez que você quiser comprar um jornal, revista, livro ou envelope, ou imprimir um panfleto ou formulário comercial, pense duas vezes antes de fazer isso. Nós mesmos estamos nos sentindo culpados por aumentar essa montanha de papel, e nossa única desculpa é que o nosso livro, que por sinal é impresso em papel reciclado, pode propiciar a consciência necessária para solucionar esse grande problema.

Além disso, poucas editoras desenvolveram consciência ambiental suficiente para usar papel reciclado. A esta altura, simplesmente não basta imprimir em papel alcalino. Entre as editoras que não respeitam o meio ambiente, existem até mesmo muitas que publicam livros ligados à ecologia e que deveriam se preocupar mais com essa questão. Apreciamos os esforços da Green Press Initiative, que é um programa sem fins lucrativos da SEE Innovation que busca transformar a indústria editorial para que preserve os recursos naturais (isto é, as árvores e a água). Até agora, apenas sessenta editoras inscreveram-se nesse programa e adotaram uma postura favorável ao meio ambiente.

Segundo estimativas, o consumo mundial de papel para várias finalidades chega a 786 milhões de árvores por ano. Os Estados Unidos sozinhos engolem um terço dessa quantidade impressionante, que corresponde a mais de 90 milhões de toneladas. A China e o Japão estão em segundo e terceiro lugar respectivamente, cada um usando de 30 a 40 milhões de toneladas. O mais lamentável é que mais de 5 milhões de toneladas de papel vão parar em aterros sanitários, onde produzem o gás metano de efeito estufa.

A biofilia, obviamente, assume muitas formas. Os leitores devem estar conscientes desse problema e da demanda de papel reciclado para os livros e periódicos que eles gostam de ler, e considerar a transição para livros digitais. Como leitores, somos inevitavelmente consumidores, e como praticantes do Dharma, devemos ser consumidores responsáveis.

Outro desvio atroz de árvores nos Estados Unidos – 15 milhões para sermos exatos – consiste no uso de cerca de 10 bilhões de sacos de papel para mercearias. Como na Europa, os norte-americanos devem ser desestimulados a usar sacos de papel, sendo obrigados a pagar por eles. O ideal é que esses estabelecimentos comerciais simplesmente não disponibilizem esses sacos para os clientes, que devem trazer suas próprias sacolas.

O uso mais frívolo de florestas virgens é transformar árvores em papel higiênico. O rolo de papel higiênico médio tem quinhentas folhas. Só os Estados Unidos poderiam economizar cerca de 300.000 árvores e cerca de 122 milhões de galões de água, se os fabricantes de papel higiênico passassem a usar papel reciclado. Além disso, uma enorme quantidade de madeira transforma-se em paletes* de madeira. Só as empresas america-

---

* Plataforma móvel usada para armazenar e transportar produtos nos armazéns. (N. da T.)

nas usam inacreditáveis 500 milhões deles a cada ano e dois terços dessa quantidade acabam em aterros sanitários por não serem reciclados.

A China tem a sua própria prática de desperdício: cerca de 25 milhões de árvores são convertidas em milhões de hashis descartáveis anualmente. Em vista dos enormes problemas ambientais da China, este nos parece uma decorrência da falta de visão – uma demonstração clara de que o obstáculo cerebral assumiu proporções globais. Apesar de a China solicitar que cada cidadão plante onze árvores a cada ano, a proibição da extração de madeira teve um efeito desastroso sobre outros países, pois eles estão destruindo suas próprias florestas para atender à crescente demanda de madeira por parte dos chineses. Isso não era previsível e evitável?

A destruição das florestas tropicais do mundo é particularmente censurável. As florestas tropicais são ambientes extraordinários, lares de um número incontável de seres. Estima-se que as florestas tropicais contenham metade de todas as espécies animais e vegetais da Terra. Elas são ecossistemas especialmente preciosos, mas também os mais ameaçados do mundo. O caso do Brasil é especialmente preocupante. O Brasil, que já teve vastas florestas, perdeu a metade delas. Desde 1970, mais de 600 mil quilômetros quadrados de floresta amazônica já foram destruídos. Um quarto dessa área foi perdido em apenas seis anos, entre 2000 e 2006. Até 70% da terra desmatada é usada para a pecuária, que causa um efeito devastador sobre o meio ambiente, enquanto a maior parte da porcentagem restante é utilizada na agricultura de subsistência.

Um dos efeitos mais trágicos e imperdoáveis da extração de madeira de florestas antigas é a perda de plantas com propriedades medicinais. Ninguém sabe o quanto a floresta amazônica é rica, mas essa riqueza em biodiversidade está desaparecendo rapidamente junto com os povos indígenas que conhecem os seus segredos. Num esforço para preservar a sua herança cultural e com a ajuda de organizações sem fins lucrativos, como a norte-americana Amazon Conservation Team, alguns pajés das poucas tribos remanescentes da Amazônia começaram a ensinar os seus filhos sobre seu ambiente, que aos poucos está desaparecendo.

Oitenta por cento das pessoas do planeta dependem de remédios fitoterápicos como principal fonte de cura. Mesmo no chamado Ocidente industrializado, um número cada vez maior de pessoas está usando ervas medicinais, que se tornaram uma indústria de 20 bilhões de dólares em todo o mundo, com os Estados Unidos detendo cerca de um quinto do mercado. No entanto, a comercialização em larga escala de remédios fitoterápicos está cobrando um alto preço sobre o reino vegetal, e muitas ervas conhecidas como o hidraste, a equinácea e o ginseng são consideradas em risco. Globalmente, cerca de 12% das plantas estão ameaçadas de extinção.

Combinando o nosso consumo excessivo de plantas medicinais com a perda dos seus hábitats, temos a fórmula para um desastre em grande escala no mundo da medicina e dos cuidados com a saúde, considerando especialmente que o aquecimento global deve causar pandemias. Um grande estudo de 1997 realizado pela União Mundial de Conservação, envolvendo dezesseis organizações e que se estende por vinte anos, concluiu que 34 mil espécies de plantas são tão raras que poderiam facilmente ser extintas[15]. Essa organização descreve a nossa atual situação como sombria, ressaltando que não podemos sobreviver sem plantas. Nesse meio-tempo, porém, é bem provável que a situação tenha ficado ainda pior. Organizações como a United Plant Savers, em Vermont, dedicam-se à conservação e ao cultivo de plantas medicinais nativas ameaçadas de extinção, e várias empresas dos Estados Unidos e da Europa deram início a hortas de preservação de espécies [*heirloom gardens*] para cultivar ervas orgânicas, frutas e legumes, tornando as sementes disponíveis para outros países[16]. Tais esforços são fruto de uma profunda preocupação com a perda de biodiversidade e também com a influência crescente de plantas geneticamente modificadas, que são concebidas para *não* se reproduzirem.

Os comentários de Lester Brown sobre a floresta amazônica sintetizam o colossal problema que estamos enfrentando:

> Quando queimamos a floresta amazônica, estamos na verdade queimando um dos maiores repositórios de informação genética. Nossos descendentes poderão um dia ver a queima indiscriminada dessa biblioteca genética como vemos hoje a queima da biblioteca de Alexandria, em 48 a.C.[17]

Nossos descendentes, no entanto, provavelmente ficarão muito mais tocados com a perda de plantas medicinais do que nós ficamos com a perda da biblioteca de Alexandria, pois seu bem-estar estará em jogo. Eles não podem ser tão arrogantes como nós somos. Cabe a nós seguir em frente e tomar as medidas necessárias para evitar mais destruição ambiental e as inevitáveis e amargas consequências para as futuras gerações tanto de seres humanos quanto de não humanos. Esse é um imperativo para os praticantes do Dharma. Em 1992, Peter Timmerman escreveu sobre isso sem fazer rodeios:

> Contrariamente à visão popular do Budismo como um "refúgio" do mundo, tornar-se budista é definitivamente um ato político[18].

Nós somos *do* mundo. Estamos *no* mundo. *Somos* o mundo. Temos de empreender uma ação responsável no mundo. Nossas ações estão inevitavelmente ligadas ao estado do mundo e da humanidade como um todo e, portanto, nossas ações são necessariamente políticas. Alguns praticantes do Dharma não gostam de política ou não querem ser políticos, mas, enquanto estivermos vivendo em comunidade, a ação política é inevitável. Por isso devemos parar de nos resguardar e simplesmente fazer com que as nossas ações beneficiem a todos.

Tudo poderia ser tão diferente! Um dos nossos heróis dármicos, o yogue Nyingma Shabkar, descreve isso de maneira vívida em um de seus vários poemas:

E ma! Esta natureza extraordinária!
Aqui, onde muitos aprenderam e
Lamas realizados permaneceram,
O local de encontro de dakinis[19] e Dharmapalas[20],
É o lugar em que eu fico em solidão.

Tsehung, este lugar montanhoso isolado:
De cima – cai uma garoa leve, suave.
Bandos de águias voam – norte, sul –
Mães bicudas e seus filhotes
Testando suas asas –
Arco-íris aparecem coloridos.

Abaixo de mim – o pescoço curvado dos gansos,
Olhando, e o rio Tsechu correndo,
Sinuoso. Atrás deles, dança o cervo, na encosta
De uma montanha cujo pico perfura o espaço.

De ambos os lados, prados brilham com flores
    Silvestres;
Um turbilhão de abelhas rodopia acima delas.
Na frente, rochas enfeitam os prados
    da montanha,
O canto de um cuco me enche de tristeza.

Subindo e descendo o vale, bois e carneiros
Pertencentes aos fiéis

Pontilham a terra. As jovens
Que os vigiam estão ocupadas,
Compondo canções, peças e danças...[21]

Esses ambientes idílicos e intocados, como os que Shabkar pôde desfrutar e que agora praticamente não existem mais, criam o clima ideal para contemplar o silêncio e o propósito da vida, assim como para empreender a prática do Dharma. À medida que perdemos esse tipo de ambiente natural enaltecedor, privamo-nos do prazer e da oportunidade de vivenciar o grande êxtase da realização final.

Shabkar, como muitos outros reclusos, viveu uma vida de simplicidade extrema, que, no entanto, como o Buda pretendia, era repleta de alegria. Sua pegada ambiental era minúscula; sua vida interior, imensamente rica. O que seria uma pegada ecológica pequena? Podemos encontrar uma resposta profunda nas *Cem Mil Canções de Milarepa*, na qual ele afirma no Capítulo 21 (p. 75) que é um estupa, branco e pequeno[22]. Ele explica que é branco porque pratica atos de alvura [ou seja, de bom karma] e é pequeno porque seus desejos são poucos. Assim, uma pegada ecológica pequena representa princípios de moral e escassez de desejos – e deve basear-se nisso.

A expressão "pegada ecológica" foi inventada por William Rees, professor de ecologia humana da University of British Columbia, em Vancouver (Canadá). O conceito por trás dela evoluiu com base em uma dissertação do seu ex-aluno Mathis Wackernagel e significa a demanda ou o impacto de um indivíduo ou de uma nação inteira sobre o meio ambiente em termos de hectares. Em 2003, a pegada ecológica *per capita* no mundo somava 1,8 hectare. A pegada do americano médio é de 9,6 hectares. Existem várias calculadoras na Internet que medem a pegada ecológica individual, um exercício muito sensato, mesmo para alguém comprometido com um estilo de vida ecológico, como nós somos. Em seu livro *Our Ecological Footprint*, Rees e Wackernagel calcularam que a humanidade atual excede a capacidade produtiva da Terra em 20%[23].

Em comparação com esse padrão moderno, o impacto de Shabkar sobre o meio ambiente era diminuto. A menos que adotemos o estilo de vida rigorosamente ascético de um Shabkar ou de um Milarepa, que se contentava com uma dieta de sopa de urtiga, a nossa "pegada ecológica" será certamente muito maior e não sustentável. Uma vez que poucos de nós têm a capacidade e a inclinação kármica para uma vida austera, temos de aceitar que o nosso impacto ambiental será, inevitavelmente, muito maior. Ainda podemos, no entanto, cultivar o espírito de empatia e de biofilia e fazer mudanças para adotar um estilo de vida mais adequado. Na verdade, como Bodhisattvas aprendizes, que desejam que a natureza resista para o benefício de todas as formas de vida, agora e no futuro, essa é a nossa única opção.

Nessa tarefa, devemos nos permitir ser ajudados pela própria natureza. Visto que, como ressaltou o Buda, a saúde física é um dom raro e, hoje, a maioria de nós está sofrendo as consequências negativas da poluição planetária, devemos proteger a natureza, especialmente as florestas que ainda restam. Gostaríamos de terminar com uma citação de um dos livros fervorosos de Derrick Jensen:

> Temos sido os servos obedientes de Gilgamesh há cinco mil anos. Temos deixado um caminho de destruição, ignorado a propagação dos desertos, ignorado os animais que estão desaparecendo, o ar e a água poluídos, o aquecimento do planeta. Temos destruído a maior parte da cobertura natural de florestas da Terra, e fingimos que podemos viver sem ela. A história que nos foi contada diz que Gilgamesh derrotou os protetores da floresta e as forças da civilização venceram a batalha em favor da floresta, mas não é verdade. A epopeia ainda não terminou, e a maldição de Enlil não será suspensa até que rejeitemos as promessas fáceis e falsas de Gilgamesh, e retornemos com respeito e humildade às florestas[24].

Notas do Capítulo 4

1. Paul Harrison e Fred Pearce, *AAAS Atlas of Population & Environment*. Prefácio de Peter H. Raven (Berkeley, Calif.: University of California Press, 2000), p. 3.
2. Ver Lester R. Brown *et al.*, *State of the World 1992* (Nova York: W. W. Norton, 1992).
3. Ver Thich Nhat Hanh, *Interbeing: Fourteen Guidelines for Engaged Buddhism* (Berkeley, Calif.: Parallax Press, 3ª ed., 1987).
4. Ver S. L. Pimm *et al.*, "The Future of Biodiversity", *Science*, nº 269 (1995), pp. 347–350.
5. W. Y. Evans-Wentz, *Tibet's Great Yogi Milarepa: A Biography from the Tibetan* (Oxford: Oxford University Press, 2ª ed., 1951), p. 87.
6. Thich Nhat Hanh, "The Five Wonderful Mindfulness Trainings", www.plumvillage.org/HTML/practice/html/5_mindfulness_trainings.htm.
7. Ver Bernhard Rensch, *Homo Sapiens: From Man to Demigod* (Nova York: Columbia University, 1972).
8. Ver Lambert Schmithhausen, "Aldous Huxley's View of Nature" in: C. C. Barfoot, org. *Aldous Huxley Between East and West* (Nova York: Editions Rodopi B.V., 2001), pp. 156.
9. John Dunne e Sara McClintock, trads. *The Precious Garland: An Epistle to a King* (Boston, Mass.: Wisdom Publications, 1997), p. 18. A citação é do Capítulo 1, Verso 64.
10. H. V. Guenther, *The Royal Song of Saraha: A Study in the History of Buddhist Thought* (Berkeley, Calif.: Shambhala Publications, 1973), p. 63.
11. Stephen Harrod Buhner, *The Lost Language of Plants* (White River Junction, Vermont: Chelsea Green, 2001), p. 63.
12. Ver Henryk Skolimowski, *Dancing Shiva in the Ecological Age* (Nova Délhi: Dr. Henryk Skolimowski International Centre for Eco-Philosophy and Indian Institute of Ecology and Environment, 1995).

13. Ver Derrick Jensen e George Draffan, *Strangely Like War: The Global Assault on Forests* (White River Junction: Chelsea Green, 2003), p. 3.
14. Ibid., p. 3.
15. Ibid., p. 3.
16. Ver Rosemary Gladstar e Pamela Hirsch, orgs. *Planting the Future: Saving Our Medicinal Herbs* (Rochester, Vt.: Healing Arts Press, 2000).
17. Lester R. Brown, *Plan B 2.0: Rescuing a Planet Under Stress and a Civilization in Trouble* (Nova York: W. W. Norton & Co., 2006), p. 95.
18. Publicado pela primeira vez em Martine Batchelor e Kerry Brown, orgs., *Buddhism and Ecology* (Londres: Cassell, 1992), p. 66.
19. Um *dakini*, como sugere a palavra tibetana *khandro*, é um "peregrino do céu" do gênero feminino, que pode ser tanto uma divindade menor (e muitas vezes volúvel) ou um praticante do Dharma realizado, com a capacidade de tornar-se visível ou invisível, conforme necessário.
20. Um *dharmapala* é literalmente um protetor do Dharma, e essa palavra sânscrita (em tibetano: *chö kyong*) geralmente se refere a uma divindade masculina ou feminina ou Buda/Bodhisattva que supostamente tem uma ligação especial com a sagrada tarefa de proteger o Dharma e os praticantes de Dharma de influências indesejáveis ou maléficas. No Budismo Tibetano, são oito os principais Protetores do Dharma, entre eles Mahakala e Yamantake e a Deusa Shri Devi (Palden Lhamo).
21. Mattieu Ricard, trad., *The Life of Shabkar: The Autobiography of a Tibetan Yogin* (Ithaca, N.Y.: Snow Lion, 2001), p. 82.
22. Garma C. C. Chang, *The Hundred Thousand Songs of Milarepa* (Boulder e Londres: Shambhala Publications, 1977), v. 1, p. 209.
23. Ver William Rees e Mathis Wackernagel, *Our Ecological Footprint: Reducing Human Impact on the Earth* (Gabriola Island, B.C.: New Society Publishers, 1996).
24. Derrick Jensen e George Draffan, *op. cit.*, p. 143.

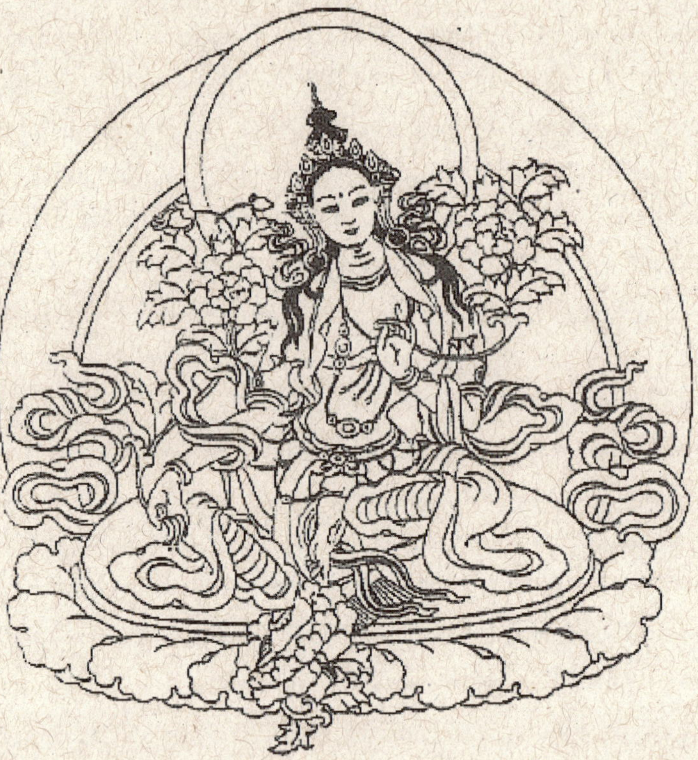

CINCO

Águas revoltas

O Buda nasceu no sopé dos Himalaias, que agora é o norte de Bihar (chamado de Magadha nos tempos antigos). Ele não vivia perto de nenhuma grande massa d'água, certamente não próximo do mar, de modo que pudéssemos esperar uma abundância de metáforas relacionadas a um ambiente marítimo. Mas seus pronunciamentos sobre a natureza incluem, de qualquer maneira, declarações esclarecedoras sobre o elemento água que se aplicam também ao oceano.

Só conseguimos encontrar um único discurso que se relaciona com o mar mais diretamente, e que pertence ao cânone em páli[1], no qual o Buda instrui Paharada, o chefe dos Asuras, seres semidivinos que habitam os oceanos. "Eu suponho", disse o Buda, "que os Asuras se comprazem no grande oceano." Paharada concordou, e o Buda perguntou por quê. Paharada respondeu relacionando oito qualidades específicas do oceano que eles achavam encantadoras. Ele então respeitosamente perguntou ao Buda que qualidades do Dharma davam alegria aos monges. Retomando as qualidades do seu lar oceânico que Paharada havia relacionado, o Buda enalteceu as qualidades maravilhosas de seus ensinamentos:

Como o oceano, o Dharma "tem um declive gradual", ou seja, tem uma progressão gradual e não abrupta – um fato que podemos apreciar especialmente com base nos ensinamentos graduados (ou *lam-rim*) do Mahayana e do Budismo Vajrayana. Como o oceano, o Dharma é "estável", isto é, os monges não vão além das disciplinas dadas a eles pelo Buda. Como o oceano, o Dharma não tolera "cadáveres", ou seja, não tolera indivíduos imorais. Como o oceano, que assimila, sem fazer distinção, todos os rios que nele deságuam, o Dharma assimila ascetas que abrem mão de seus antigos nomes e linhagens para formar o Sangha. Como o oceano não aumenta nem diminui, o nirvana não aumenta nem diminui, independentemente do número de realizados. Como o oceano tem apenas um sabor, o sabor do sal, o Dharma tem somente o sabor único da libertação. Como o oceano, que contém numerosas criaturas impressionantes, o Dharma também tem os que entram na correnteza, os que regressarão só uma vez mais, os que não regressarão mais, e os Arhats e todos os treinamentos dessas categorias[2].

Como os rios e o oceano da Terra, dividido em cinco partes[3], são hoje muito poluídos e, em muitas regiões, estão de fato morrendo, precisamos dedicar um capítulo inteiro ao elemento água e à sua importância para todos os seres vivos e especialmente para os praticantes do Dharma. Quem alguma vez enfrentou o oceano em um pequeno barco já deve ter tido uma experiência visceral da imensidão do oceano e do seu poder. É bom lembrar que a área total do oceano é de 360 milhões de km^2. Estima-se que o seu volume seja de cerca de 1.332 milhões de km^3 de água. Esses números são incríveis. No entanto, no nosso desprezo pela natureza, num curto espaço de tempo conseguimos poluir essa imensidão de água, a ponto de fazer o oceano definhar. Algumas pessoas acham que o oceano está realmente morrendo. Estamos de acordo. Quantas evidências de deterioração precisamos ver para nos dispormos a fazer uma avaliação mais rigorosa? Até que ponto um paciente precisa estar doente para que seu estado seja declarado grave e exija atendimento de emergência?

Quando estamos em uma praia isolada e observamos as ondas quebrando na praia, mal podemos acreditar que essa vastidão espantosa de água possa ser posta em perigo. Mas, então, quando olhamos à nossa volta na praia, entre as pedras, vemos todos os sinais que denunciam a indiferença e o desrespeito humano – garrafas, latas, agulhas hipodérmicas, cadeiras de plástico, brinquedos e muito mais, tudo trazido pelas ondas sabe-se lá de onde: uma visão desalentadora. Essa é apenas a ponta de um enorme *iceberg* conhecido! Em algumas praias, sujeitas a fortes correntes oceânicas, destroços descartados ou perdidos chegam diariamente em grandes quantidades. Muitas vezes voluntários da região assumem a tarefa interminável de recolher regularmente todo o lixo.

Um símbolo triste da poluição do mar é a área de 26 milhões de quilômetros quadrados de águas poluídas do Redemoinho Subtropical do Pacífico Norte, que foi apelidado de "Mancha de Lixo". Como uma máquina de lavar de rotação lenta, essa área, equivalente à metade do estado do Amazonas, contém um número incontável de fragmentos de plástico descartado, em todas as fases de decomposição, que gira lentamente em sentido horário – alguns pedaços tão pequenos que os peixes os confundem com o plâncton, enchem seus estômagos e morrem devagarinho. Os resíduos de plástico são transportados pela correnteza por numerosos rios do mundo ou são descarregados pelos cerca de 90 mil navios que atravessam o oceano.

No Capítulo 1, já tratamos a terrível poluição sonora do oceano e o grande dano que isso causa às criaturas marítimas. A poluição química dos oceanos é ainda mais alarmante. A poluição mais visível é de derramamentos de óleo envolvendo navios e plataformas de petróleo. Menos óbvias são as descargas regulares de resíduos perigosos (incluindo materiais radioativos) por navios de cruzeiro, e as toneladas de esgoto, pesticidas e metais tóxicos (como chumbo e mercúrio) que são transportadas por rios muito poluídos até o oceano. Quanto mais elevada a posição de uma criatura na cadeia alimentar marítima, mais ela recebe toxinas. O nível de toxicidade do oceano atingiu tal magnitude que, quando, por exemplo, as baleias beluga encalham, suas carcaças são geralmente consideradas resíduos perigosos. Além disso, o oceano tem que lidar com a poluição térmica causada pelo descarte de água aquecida por estações costeiras e também assimilar muitos poluentes do ar.

O impacto destrutivo da nossa civilização vai muito além de nossas cidades e vilas, razão pela qual todos nós devemos aprender a ser mais conscientes com relação à quantidade e ao que consumimos. Qualquer coisa que consumimos – desde alimentos até produtos – tem um histórico de produção complexo, que, em geral, envolve processos e materiais prejudiciais ao meio ambiente e aos nossos semelhantes neste planeta. Precisamos encarar isso com cuidado, para que possamos selecionar os produtos menos prejudiciais ao meio ambiente.

Continuando a nossa consideração sobre a investida contra o mar profundo, o uso mais insípido e fútil dos oceanos é certamente o setor dos cruzeiros marítimos. Essa indústria florescente, que só na América do Norte arrecadou 2,5 bilhões de dólares em 2004, é absurdamente prejudicial ao ambiente marinho. Você nunca poderia dizer isso vendo as propagandas agradáveis das companhias marítimas! Mas muitas das infrações que elas cometem contra normas de navegação e sanitárias são expostas pela mídia. Aqueles que buscam prazer tendem a ignorar tais revelações e a advertência implícita nas multas pesadas cobradas regularmente das companhias de navios de cruzeiro. As metas pouco conscientes com relação ao prazer pessoal e ao conforto impedem as pessoas de ver os grandes prejuízos que os navios de cruzeiro causam ao meio ambiente.

Apesar das notícias alarmantes sobre o meio ambiente, a indústria do lazer em geral, sempre ávida por agradar à personalidade egocêntrica, está florescendo a olhos vistos. Em nosso livro *Yoga Verde*, tivemos de criticar os professores de Yoga por realizar cursos de Yoga em navios de cruzeiro ou em *resorts* de praia glamourosos. Considerando que o Yoga, embora seja originalmente uma tradição espiritual autêntica, hoje é praticado principalmente como um sistema de manutenção da saúde e de condicionamento físico, podemos compreender, mas de modo algum tolerar, que alguns alunos de Yoga queiram combinar uma boa sessão de exercícios saudáveis com o tipo de prazer material oferecido num cruzeiro. De uma perspectiva dármica, isso equivale a uma pessoa egocêntrica simplesmente combinando duas atividades baseadas no ego, a diversão de "fazer" Yoga e a gratificação de fazê-lo em uma circunstância de grande lazer. Ficamos, no entanto, francamente chocados quando ouvimos falar que até professores do Dharma realizam seminários, retiros e conferências internacionais em solo estrangeiro, envolvendo longas viagens de avião e estadas em hotéis convenientes, mas hostis ao meio ambiente. Para nosso alívio, nunca ouvimos falar de aulas de ensinamentos dármicos sendo apresentadas formalmente em navios de cruzeiro. Esperamos que isso nunca aconteça. Esperamos, também, testemunhar praticantes do Dharma recorrendo a conferências eletrônicas e *workshops* e retiros apresentados mais perto de onde moram.

Nossa civilização tem nos dado todo tipo de "maravilhas" tecnológicas, mas muitas vezes faz isso a um custo oculto. Como já vimos no Capítulo 2, voos de avião são um exemplo disso, assim como os cruzeiros. Ambos têm consequências ambientais altamente indesejáveis. Como essas consequências não são imediatamente visíveis, nós raramente as levamos em consideração e tendemos até mesmo a empurrar esse conhecimento para fora da nossa consciência. Novamente, como praticantes do Dharma, não temos escolha a não ser praticar a atenção plena.

Em terra firme, navios de cruzeiro cada vez maiores estão sendo construídos para navegação oceânica. O protótipo do "Pinnacle Project", da Carnival Cruise Lines, é projetado para ter uma capacidade de carga de cerca de 6.500 pessoas e pesar até 180.000 toneladas. Maior não é necessariamente melhor. No caso dos navios de cruzeiro, precisamos de fato inverter essa máxima muito popular. Graças aos livros de Ross Klein, sabemos que quanto maior a capacidade de carga de um navio de cruzeiro, maior é a poluição que ele provavelmente causará no oceano[4]. Considerando seu escasso histórico ambiental, as companhias de navios de cruzeiro estão ansiosas para mascarar publicamente o seu desempenho ambiental por meio de propagandas enganosas e do apoio a organizações ambientais conhecidas.

No que diz respeito à navegação comercial, existem milhares de navios de carga em operação, realizando 90% do comércio internacional, incluindo petroleiros gigantescos. Com demasiada frequência, ouvimos falar de grandes derramamentos de petróleo que devastam praias e matam milhares de aves e outros animais selvagens, sem contar os peixes no oceano. Todo o mundo se lembra do desastre de 1989 envolvendo o petroleiro Exxon Valdese, que poluiu uma área equivalente a 125 piscinas olímpicas no Estreito Príncipe William, no Golfo do Alasca. O navio de 300 metros de comprimento encalhou depois de deixar a cidade canadense de Valdez e derramou cerca de 40 milhões de litros (ou 252 mil barris) de petróleo bruto, matando cerca de 3 milhões de aves e mais de 25 milhões de peixes, e contaminando uma área de 2.000 quilômetros do contorno da costa. Foram necessárias 10 mil pessoas, mil barcos e cem aeronaves para limpar a região, embora esse processo não tenha sido completo nem inteiramente satisfatório. Esse enorme desastre obrigou o governo dos Estados Unidos a aprovar leis de navegação mais rigorosas.

Todo ano, ocorrem cerca de 300 derramamentos de produtos químicos nos Estados Unidos e 50 ou mais derramamentos de petróleo que exigem a intervenção da Agência de Proteção Ambiental dos Estados Unidos. Isso apenas nesse país. Outros países não têm leis adequadas nem recursos financeiros para controlar o tráfego de petroleiros, e os derramamentos de petróleo continuam a acontecer. Dez anos antes do desastre do Exxon Valdese, que foi a maior catástrofe ambiental na história dos Estados Unidos, uma sonda de perfuração derramou no Golfo do México uma quantidade de óleo dez vezes maior. As sondas de perfuração são como bombas-relógio, e derramamentos de magnitudes variadas ocorrem com bastante regularidade, mas raramente são noticiados.

A indústria de navios comerciais não só polui gravemente o oceano como também é uma grande poluidora do ar, gerando até 800 milhões de toneladas de CO_2 anualmente. Se levarmos em conta o ponto máximo, chega a cerca de 30% da produção anual de gases de efeito estufa da humanidade, que pesa em torno de 30 bilhões de toneladas.

E há também a indústria da pesca, que representa um problema completamente diferente, tanto para as criaturas e aves marinhas, como para os seres humanos. Em 1950, a indústria esvaziou o mar de cerca de 19 milhões de toneladas de peixes, ou seja, bilhões de peixes. Em 1997, 93 milhões de toneladas de peixes foram "coletados". Hoje, 90% a 95% de todos os grandes peixes – merlins, atuns de barbatana azul, esturjões, tubarões, peixes-espada e o bacalhau – quase todos já se foram. Além disso, cerca de 1 milhão de aves marinhas são mortas no processo da pesca industrial. O apetite da humanidade pelos frutos do mar provou ser muito voraz.

Superbarcos pesqueiros industriais, com várias centenas de metros de comprimento e capacidade para prender facilmente muitas toneladas de peixes, arrastam uma rede de quase 50 quilômetros de extensão com uma malha pequena que captura quase tudo no seu trajeto fatal. Como piratas, esses arrastões gigantes pilham as águas internacionais, que não são regidas por leis rigorosas, como as das regiões costeiras. Esse tipo de pesca tem sido comparado ao corte-raso de florestas. Além de despojar o oceano de seus habitantes naturais, ele muitas vezes causa danos aos recifes de coral e a outras estruturas marinhas, que levam muito tempo para se recompor; essa devastação pode ser comparada ao bombardeio de uma cidade.

Em resultado, a pesca em qualquer lugar do mundo entrou em declínio ou já entrou em colapso. Embora isso, obviamente, seja uma perda para os pescadores, nós também nos condoemos dos peixes e trataremos do tema do consumo de peixes um pouco mais adiante. Os peixes são seres sencientes, já foi comprovado que podem sentir dor e – como bovinos, suínos e frangos – não deveriam ir parar no nosso prato. Nenhum ser senciente deveria acabar no nosso estômago. Não deveríamos causar mal a nenhum ser senciente em nossa busca incessante por alimento. Podemos adaptar o nosso estilo de vida, enquanto eles não podem. Thich Nhat Hanh citou os seguintes dizeres vietnamitas:

> Este prato de comida,
> tão aromático e saboroso,
> também contém muito sofrimento[5].

Cerca de 1 bilhão de seres humanos, principalmente mas não exclusivamente nos países em desenvolvimento, dependem dos peixes como seu principal alimento. Eles não consomem peixe apenas para variar o cardápio, como é o caso da maioria dos moradores do interior. A pesca industrial e a pesca predatória em todo o mundo estão rapidamente roubando-lhes o sustento. A pesca industrial alimenta os ricos, não os pobres. Aqui está mais um exemplo gritante da injustiça global. O mais desanimador é que os governos das nações desenvolvidas subsidiam generosamente essa indústria destrutiva e cruel, assim como fazem com outras indústrias prejudiciais – desde usinas de combustíveis fósseis e nucleares até companhias aéreas e mineradoras.

Além do mais, a pesca comercial é, para dizer o mínimo, um caso horroroso. Quando os peixes são puxados para a superfície, muitas vezes a rápida mudança na pressão da água é suficiente para que eles explodam. Outros sufocam até a morte. Nesse processo, centenas de bilhões de peixes são mortos, enquanto tartarugas, golfinhos e baleias ficam presos nas redes e se afogam. Os arrastões de camarão são particularmente devastadores. Eles capturam uma enorme quantidade de criaturas marinhas indesejadas ou cuja pesca é proibida e têm que devolver 85% para o oceano, a maioria delas morta. Isso não só é revoltante como também irracional.

O mar perdeu a maravilhosa pluralidade a que se refere a citação anterior, extraída de um dos discursos do Buda. A biodiversidade do oceano está diminuindo rapidamente. Eis aqui uma ideia: se deixássemos o mar e suas criaturas entregues a si mesmos, as 22 mil espécies de peixes – representando bilhões e bilhões de indivíduos – ficariam muito gratas a nós.

A grave poluição dos oceanos, bem como a acidificação e o aquecimento das suas águas, também pode ser vista nos recifes de corais que estão morrendo, como a Grande Barreira de Coral ao largo da costa de Queensland (Austrália), bem como nas zonas mortas, que se multiplicam. Os recifes são um verdadeiro paraíso para todos os tipos de criaturas marinhas, e seu declínio generalizado é um mau presságio para o oceano e para nós. A Grande Barreira de Corais, que tem cerca de 2.300 quilômetros de comprimento, abriga, além dos corais, mais ou menos 1.500 espécies de peixes e 4 mil espécies de moluscos. Cada coral é composto de esqueletos de literalmente milhares de pequenos pólipos e, para sobreviver, precisa de água limpa e rasa e da luz solar, bem como de nutrientes que ele extrai de certo tipo de plâncton. Em termos de saúde dos oceanos, os corais são como os famosos canários utilizados em velhas minas de carvão para detectar a presença de gases letais. Os ecologistas têm monitorado ansiosamente o declínio da

Grande Barreira de Corais, esperando, contra todas as probabilidades, que ela não tenha o mesmo destino de muitos outros recifes menores e menos espetaculares de todo o mundo.

As zonas mortas são áreas do oceano destituídas de oxigênio (hipóxia), o que parece ser causado pelos poluentes trazidos pelos rios que deságuam no mar. Essas áreas foram observadas pela primeira vez na década de 1970 e desde então multiplicaram-se para mais de 140. A maior zona morta conhecida está no Golfo do México; seu tamanho é variável, mas às vezes compreende uma área de cerca de 22.000 km². Os peixes naturalmente evitam essas zonas, visto que iriam morrer, mas as criaturas que vivem no fundo do mar tornam-se vítimas fáceis dessas áreas de desastre provocadas pelo homem.

O estado lamentável dos oceanos se compara com a condição miserável dos rios da Terra, dos quais trataremos em seguida. Milhares de rios, grandes e pequenos, terminam no oceano, lançando suas águas nesse vasto reservatório, mas hoje eles também estão lançando no mar todo o lixo e as toxinas neles despejados ao longo de seu curso por pessoas negligentes e indústrias indiferentes. Como se esse já não fosse insulto suficiente aos seres aquáticos, temos também construído enormes tubulações de esgoto que despejam suas cargas tóxicas em rios e até mesmo diretamente no oceano.

Você pode imaginar os membros do Sangha, na época do Buda, poluindo os rios ou o oceano do modo sistemático como os nossos contemporâneos fazem? Há passagens no cânone em páli que falam de rios de águas limpas, cristalinas e potáveis. A pior coisa com que uma pessoa podia se preocupar com relação aos rios era se deparar com lama movediça na sua travessia. Hoje, ninguém no seu perfeito juízo iria tomar um gole de água de um rio. Os rios se tornaram depósitos de lixo tóxico para a indústria e a agricultura, e os destinatários de literalmente trilhões de litros de esgoto não tratados. Isso inclui a "Mãe" Ganga (o rio Ganges), um rio por tradição venerado como sagrado e usado ainda como um lugar para as abluções diárias de hindus devotos. Além do esgoto e dos resíduos industriais e agrícolas que invadem as suas águas sagradas, ele também carrega corpos inchados de animais e cadáveres humanos.

Embora o governo indiano já tenha gasto, até agora, 500 milhões de dólares para limpar o rio Yamuna, que atravessa o estado de Délhi, a contaminação – provocada principalmente pelo esgoto bruto – continua a levar o rio inexoravelmente rumo ao colapso ecológico. A poluição também é o destino dos 2.900 quilômetros de extensão do rio Brahmaputra, que nasce no Tibete, perto do monte Kailash, e serpenteia através do Himalaia para desaguar na baía de Bengala, junto com o Ganges. Os diques e barragens construídos após o grande terremoto de 1950 comprometeram gravemente a ecologia do rio, que em 2007 ficou em estado muito pior por causa da poluição causada por uma nova refinaria em Assam, que matou um grande número de peixes. Todos os outros grandes rios da Índia estão seriamente ou muito seriamente poluídos.

Os rios da China estão entre os rios mais poluídos do mundo. O Yang-tsé, o mais longo rio da China, foi considerado "canceroso" e praticamente não tem vida. No entanto, ao longo de seu curso de 6.300 quilômetros de extensão, abastece 186 cidades. Os 5.464 quilômetros de extensão do rio Amarelo, o berço da civilização chinesa, são também um desastre ecológico; em alguns locais, suas águas são vermelhas devido aos produtos químicos despejados em suas águas. A grave poluição do rio Songhua, na fronteira entre a Rússia e a China, tornou-se uma importante questão política entre os dois países. Até mesmo o lençol d'água tornou-se poluído devido à rápida industrialização da China. Isso explica por que, segundo notícias, cerca de 360 milhões de pessoas não têm acesso à água potável, como o governo chinês admitiu.

A falta de água potável é igualmente um problema na Índia, que também tentou dar um salto à frente na corrida pela modernização, desconsiderando seus preciosos cursos d'água e reservatórios naturais. O Conselho Central de Controle da Poluição da Índia descobriu que as águas do lençol freático são impróprias para o consumo em todas as 22 grandes áreas industriais. Se a China e a Índia parecem regiões muito remotas para interessar os leitores ocidentais do nosso livro, saiba que elas não são. A má situação desses países afeta a todos na Terra, porque muitos dos rios poluídos do mundo acabam no oceano, que também se torna cada vez mais tóxico. E o oceano é a matriz de toda a vida.

É claro que os Estados Unidos e a Europa têm sua parcela de rios, lagos e águas subterrâneas poluídas. Quase todos os rios da União Europeia, agora com 27 Estados-Membros, estão sofrendo com o elevado teor de nitrato devido ao escoamento superficial da agricultura, que mata qualquer tipo de vida. A agricultura tem um efeito desastroso semelhante nos cursos d'água dos Estados Unidos devido ao uso quase universal de pesticidas e fertilizantes químicos. Nos Estados Unidos, anualmente cerca de 34 bilhões de litros de líquidos altamente perigosos são injetados profundamente na terra, onde supostamente não podem poluir – mas poluem – os reservatórios de água subterrânea. Isso inclui os resíduos líquidos radioativos!

Nesse meio-tempo, enquanto as águas subterrâneas estão sendo poluídas e tornando-se não potáveis, os níveis freáticos estão caindo e o aquecimento global está mudando os padrões climáticos, causando secas em áreas vitais de plantação de alimentos. A água potável, que é essencial à vida, está rapidamente ficando cada vez mais escassa, enquanto a população humana continua crescendo. Esse é um problema mundial de enorme magnitude, e algumas autoridades conjecturam que a próxima guerra mundial será pela água.

Em nossa tentativa de obter água nos lugares onde ela é mais necessária para a nossa civilização, temos mudado o curso dos rios e construído barragens cada vez maiores, que são extremamente destrutivas para o meio ambiente. Um exemplo notável na América do Norte é a manipulação tecnológica do rio Colorado, que, ao desaguar no Golfo da Califórnia, mal tem água suficiente para chegar ao oceano.

Na América do Sul, o gigante rio Amazonas, o maior (mas não o mais longo) rio do mundo, contém 20% da água doce do planeta. No entanto, suas águas trazem doença e morte a inúmeros povos indígenas ao longo de seu curso.

Na Ásia, os grandes rios da China têm sido submetidos a modificações devido a barragens e à poluição excessiva, tornando duvidoso o suprimento de água do país no futuro. Como a China, a situação da Índia também é trágica. A superpopulação combinada com a rápida industrialização arruinou a rede fluvial da Índia, e o plano do governo de ligar todos os rios por meio de canais pode, em nossa opinião, agravar a situação. Na África, a situação da água só pode ser descrita como trágica. Muitos países são atingidos pela seca. Rios como o Nilo, o maior rio do mundo, o Zambeze e o Congo (ou Zaire) são inundados com descargas de águas de esgoto e industriais.

O Reno, o maior rio da Europa, com cerca de 1.300 quilômetros de extensão, que atravessa a Alemanha e os Países Baixos, é extremamente poluído pela indústria e pela navegação, apesar dos esforços da União Europeia para limpá-lo. Em 1995, o rio transbordou de maneira catastrófica e, em 2003, um ano de calor recorde e muita seca na Europa, o Reno deixou de ser navegável. O Danúbio, com 2.850 quilômetros de extensão, nasce na Alemanha, percorre outros nove países e termina no Mar Negro. Esse grande rio também já está poluído e não merece mais o seu tradicional e poético apelido de "Danúbio azul". Outros rios europeus estão igualmente contaminados.

O continente australiano possui 58 rios, muitos dos quais estão poluídos. A poluição afeta particularmente os dois grandes sistemas hidroviários de Queensland e New South Wales. Os poluentes dos rios costeiros de Queensland, no leste da Austrália, contribuem para a deterioração da Grande Barreira de Corais. Visto que a Austrália tem sofrido graves secas, a poluição desenfreada dos seus rios é, para dizer o mínimo, extremamente imprudente.

Os rios um dia já foram suficientes para suprir as necessidades de água das populações que viviam em suas margens. Agora, a água se degradou a tal ponto que já não é mais potável, e muitas regiões pobres são obrigadas a consumir água poluída, que afeta a saúde das populações. De fato, milhões de pessoas morrem anualmente de doenças transmitidas pela água, porque não têm acesso à água potável. Além disso, a água subterrânea potável é cada vez mais difícil de alcançar. Muitos aquíferos estão sendo esgotados pelo uso excessivo e muitos outros estão poluídos por causa do escoamento de produtos químicos tóxicos decorrentes das más práticas agrícolas e industriais. Os governos do chamado Terceiro Mundo tendem a encarar as complexidades relacionadas com a crise da água como questões insolúveis, e pouco tem sido feito para aliviar as dificuldades por que passam as pessoas.

Enquanto isso, os cidadãos dos países desenvolvidos consomem água de maneira despreocupada e irresponsável, como se esse elemento fosse inesgotável. Tal como acontece com tantos outros recursos naturais, os Estados Unidos são o maior consumidor de água do mundo. O consumo *per capita* dos Estados Unidos é de 1.730 metros cúbicos enquanto o do Canadá é de 1.420, o da Grã-Bretanha é de 230, e o da Dinamarca é de apenas 130 metros cúbicos.

O vasto aquífero de Ogallala, localizado sob as Grandes Planícies dos Estados Unidos, é o maior reservatório natural do mundo. Estima-se que possa conter cerca de 4 trilhões de toneladas de água, mas não é reposto em quantidades adequadas, pois a taxa de consumo anual é extremamente elevada para atender às necessidades de água de oito estados. Acredita-se que o aquífero secará entre 2030 e 2040 – uma tragédia em formação – porque ele atende a 20% das necessidades agrícolas dos Estados Unidos.

Um por cento da superfície do planeta e das águas subterrâneas é acessível ao uso humano. Um terço da população mundial vive em lugares conhecidos como regiões de estresse hídrico, o que praticamente significa que eles consomem mais água do que a natureza pode suprir. Em 2025, cerca de 4 bilhões de pessoas poderão ficar sem água potável; atualmente 1 bilhão de pessoas encontram-se nesse dilema.

Um dia, talvez muito em breve, não haverá água potável para todos. Talvez, então, até mesmo os norte-americanos terão uma ideia melhor de como a água é preciosa. Neste momento, cerca de 30% da água usada pelos norte-americanos descem literalmente pelo ralo a um ritmo de 18,17 bilhões de litros por dia. Nossos pais conheceram o racionamento de comida; temos receio de que nós e os nossos filhos venhamos a conhecer também o racionamento de água potável. Esperamos que nunca precisemos lutar por água potável ou beber água severamente contaminada, como é o caso de certas regiões do mundo. Esperamos que a nossa geração, que é responsável pela maior parte do dinheiro, demonstre sanidade e torne a nossa economia sustentável.

É oportuno lembrar aqui a ética instituída pelo Buda, que mostra uma grande conscientização com relação ao uso da água. Para um monge, as atitudes que representam uma derrocada e o levariam a perder a batina incluem as práticas desportivas que usam a água levianamente. Entre aquelas de natureza óbvia, estão o ato de espalhar a água (tal como borrifar água num gramado) ou usá-la para lavar e beber, sabendo que a água utilizada contém formas de vida. Segundo um dos discursos do Buda, o brâmane Uttara, um discípulo de um certo Brahmayu, seguiu o Buda durante sete meses para saber se o mestre iluminado exibia todas as 32 marcas de um ser perfeito, que o Buda possuía[6]. Uttara relatou ao seu professor suas várias conclusões, que incluíam um relato da conduta sempre consciente do Buda. Com esse relato nós sabemos, entre outras coisas, que o Buda usava água suficiente para lavar as mãos e a tigela simultaneamente e que ele não espalhava a água que restava na tigela, mas a derramava cuidadosamente, nem muito alto nem muito baixo, provavelmente para não afogar acidentalmente criaturas no chão.

Esse comportamento parece-nos verdadeiramente nobre e bonito. Em contrapartida, há algo bastante vulgar sobre o desperdício de água por indivíduos e organizações no chamado mundo desenvolvido. Georg lembra-se de um episódio, durante as suas viagens no deserto do Sultanato de Omã, na extremidade sul da Península Arábica, que um dia foi o lar da famosa Rainha de Sabá. Em um de seus passeios, ele encontrou um pastor de ovelhas sozinho, no meio do nada. Ele lhe ofereceu uma garrafa de água e o jovem tomou um gole de bom grado. Quando quis retornar a garrafa, Georg, que (só para o caso de uma eventualidade) tinha o banco traseiro do carro abarrotado de garrafas de água, indicou, em seu árabe truncado e com gestos, que ele podia ficar com a garrafa. O jovem, que estava no início da adolescência, da mesma forma vigorosa declinou e simplesmente recusou-se a ficar com a garrafa de água. A água é incrivelmente preciosa no deserto e ele não tinha intenção de privar ninguém de mais de um gole. Essa foi uma cena muito comovente e que dá o que pensar.

Na época do Buda, cultivar um bosque, criar um parque, construir uma ponte ou fazer uma fonte pública eram gestos considerados virtuosos e de bom augúrio[7]. Nos tempos de hoje, há muitos problemas associados principalmente à construção de reservatórios de água ou à perfuração de um poço. Na maioria das vezes, esses projetos visam o interesse próprio e não são sustentáveis.

Neste ponto, devemos tratar da questão do consumo de peixe. Nem carne nem peixe são uma necessidade absoluta para alimentar a humanidade. Ambos são um gosto adquirido, que, historicamente então, passou a promover certos desenvolvimentos culturais, como a construção de assentamentos próximos à beira-mar ou próximos a ele. Vistos da maneira correta, eles são um aspecto do nosso desejo básico. Isso nos leva à Segunda Nobre Verdade, formulada pelo Buda. A primeira é a aparente onipresença do sofrimento. A segunda é que todo sofrimento tem o desejo como sua causa-raiz. Ele tem três aspectos, ou seja, a ganância, o ódio e a ilusão. Nos países desenvolvidos, o apetite das pessoas por carne e peixe em geral pertence à categoria da ganância. Comer peixe agrada muitas pessoas, ou seja, dá prazer a elas[8].

Em um nível mais prosaico, hoje existe outra questão relacionada com o hábito de se comer peixe, e é preciso mencioná-la aqui. Trata-se do elevado nível de toxicidade dos rios e do mar, que agora se mostra no conteúdo de mercúrio elevado de muitos peixes. Por vários anos, a Health Canada alertou os consumidores a limitar sua ingestão de certos tipos de peixes, como atuns, espadartes e tubarões, que são, de qualquer maneira, cada vez mais raros. Embora, surpreendentemente, algumas agências governamentais da América do Norte e de outros lugares incentivem os consumidores a recorrerem à proteína do peixe, a Oitava Conferência Internacional sobre o Mercúrio como um Poluente Global, que foi realizada em 2007, declarou o metilmercúrio, encontrado nos peixes, uma ameaça para a saúde pública em muitas partes do mundo. O mercúrio existe naturalmente no oceano, mas níveis elevados são decorrência da poluição. Mesmo em quantidades mínimas, o mercúrio é tóxico para os seres humanos, especialmente mulheres grávidas e crianças pequenas. Ele afeta os rins e o cérebro e é prejudicial para o sistema neurológico[9]. *Caveat emptor!*

Em algumas partes do mundo, comer peixe – ou lontras marinhas, golfinhos ou baleias – é uma antiga tradição. Talvez essas sejam a única fonte de alimento de uma região. Mas, historicamente, diríamos que essas culturas muito tempo atrás optaram por se estabelecer próximo do mar por causa de uma preferência por peixes e frutos do mar. Do ponto de vista do Dharma, diríamos que viver num ambiente que não oferece alternativa aos peixes e à carne é lamentável. O princípio da não violência é uma das principais virtudes do Dharma. Ao mesmo tempo, entendemos que, por causa de seu karma, as pessoas vivem situações em que as condições éticas do Dharma não podem ser atendidas. As autoridades budistas concordam que é extremamente raro um ser consciente que encontre o Dharma e, então, condições ideais para praticá-lo. Eis aqui um trecho relevante do poema *Carta a um Amigo*, de autoria do mestre indiano Nagarjuna, no qual ele menciona os oito obstáculos que impedem o amadurecimento no Dharma:

> Nascer como alguém que abraça uma visão falsa,
> Como um animal, um espírito faminto ou uma criatura do inferno,
> Em uma terra desprovida dos ensinamentos do Buda,
> Como um bárbaro em uma área remota, nascer mudo ou idiota,
> Ou como um deus de longa vida. Esses nascimentos
> São os oito defeitos da inoportunidade.
> Tendo encontrado o privilégio de serdes livre deles,
> Esforçai-vos a fim de reverter o nascimento[10].

Segundo lembrou Nagarjuna a seu discípulo real, o rei Gautamiputra[11], conseguir um nascimento humano é mais difícil do que uma tartaruga colocar em seu pescoço um laço lançado no oceano a esmo. A liberdade dos oito impedimentos mencionados anteriormente proporciona a alguém as condições certas para encontrarmos o Dharma e beneficiarmo-nos dele – uma oportunidade única, que, de acordo com o Budismo, pode demorar eras para se apresentar novamente[12]. Em face do sofrimento indescritível vivenciado pelas criaturas do mar, mas, como veremos, também pelos animais terrestres, podemos apreciar mais facilmente as oportunidades de um nascimento humano.

Anteriormente, mencionamos as duas nobres verdades descobertas pelo Buda. Gostaríamos de concluir este capítulo com uma breve referência à terceira e à quarta nobres verdades; são elas que o sofrimento pode ser eliminado e que o caminho para eliminar o sofrimento é o Nobre Caminho Óctuplo: entendimento correto, pensamento correto, linguagem correta, ação correta, modo de vida correto, esforço correto, atenção plena correta e concentração correta.

O entendimento correto, o primeiro passo no caminho da libertação, é muito importante. Ele permite que os praticantes do Dharma descubram o que *realmente* existe, o que é *realmente* relevante a respeito da existência humana. Aqui eles aprendem o fato fundamental de que não existe, na verdade, nenhuma entidade estável em nenhum lugar – inclusive o aparentemente estável senso do "eu" – e que tudo é efêmero. Essa lição tem um significado especial hoje, quando estamos testemunhando o desaparecimento progressivo de tantas espécies, e a possibilidade de extinção da nossa própria espécie humana.

O pensamento correto também é particularmente importante hoje em dia, porque nosso destino individual e coletivo depende da direção que decidimos tomar. Do ponto de vista dármico, a única direção que vale a pena seguir é a da libertação, pois significa o fim do sofrimento. Ao mesmo tempo, no caminho do Bodhisattva, nós nos esforçamos para conquistar a libertação, a fim de desenvolver a compaixão e todos os tipos de habilidades, para que possamos servir melhor nossos irmãos que sofrem. Assim, as nossas metas espirituais pessoais não precisam, na verdade, não devem nos impedir de fazer algo com relação ao sofrimento dos outros – de todos os trilhões de indivíduos do reino animal que precisam da nossa ajuda.

A linguagem correta, que é o emprego consciente da nossa faculdade humana exclusiva de expressão vocal, também tem uma aplicação contemporânea: precisamos usar o nosso discurso para curar outros seres humanos e não humanos, tornando-o reconfortante e animador.

A ação correta é o comportamento ético que promove condições saudáveis dentro e fora de nós. Em nossa era de confusão moral e frouxidão, essa parece ser uma recomendação óbvia. Hoje em dia, para que as nossas ações sejam saudáveis e significativas, devemos incluir uma dimensão ambiental.

O modo de vida correto deve, acima de tudo, honrar o princípio de boa moral da não violência.

O esforço correto é o esforço integrado e salutar para o desenvolvimento integral das condições internas que promovem a autotransformação. Para fazer sentido atualmente, o esforço correto certamente precisa incluir o voto de Bodhisattva.

A atenção plena correta é a atenção adequada a todas as coisas, inclusive ao modo como as nossas ações exercem um impacto sobre o meio ambiente e outras pessoas.

A concentração correta é o cultivo progressivo dos estados de espírito autotranscendentes, que, no nosso entender, deve incluir o componente da compaixão, como na prática maravilhosa das Quatro Imensuráveis, ou Moradas Divinas[13].

Como o grande mestre Je Tsongkhapa observou em seu *Lam Rim Chenmo*, Ouvintes e Budas solitários

> têm o amor e a compaixão imensuráveis que os levam a pensar, "Se ao menos os seres pudessem ter felicidade e ficar livres do sofrimento"; esses seguidores não mahayanas não pensam, "Eu vou assumir a responsabilidade de eliminar o sofrimento e proporcionar a felicidade a todos os seres vivos". Portanto, você deve cultivar uma determinação sincera que supere todos os outros pensamentos de coragem. Não é suficiente pensar, "Se ao menos todos os seres vivos pudessem ter felicidade e ficar livres do sofrimento". Você também deve assumir de modo pleno a responsabilidade de produzi-la pessoalmente[14].

Notas do Capítulo 5

1. Veja o *Anguttara-Nikaya* (capítulo 8.19). Nyanaponika Thera e Bhikkhu Bodhi, *Numerical Discourses of the Buddha: An Anthology of Suttas from the Anguttara-Nikaya* (Walnut Creek, Calif.: Altamira Press, 1999), pp. 202ff. Graças a uma nota de rodapé da tradução do inglês, que encontramos na página 305, descobrimos que o símile do oceano é o mesmo utilizado em

Udana (5.5) e *Vinaya* (vol. 3) e que Asura esperou onze anos para se aproximar do Buda e, então, como era muito tímido para lhe fazer perguntas, o próprio Buda teve de tomar a iniciativa.

2. Aquele que entra na correnteza é alguém que tomou refúgio no Buda, no Dharma e no Sangha; o que regressará só uma vez mais é um praticante de Dharma cuja bagagem kármica o compele a renascer como ser humano apenas mais uma vez; aquele que não retornará está isento de renascer; Arahat é alguém que transcendeu todas as tendências negativas da mente e, portanto, atingiu o nirvana. O Arhat tem a mesma percepção básica da iluminação que o Buda, embora, por consenso, as qualidades do Buda sejam muito superiores às de outros seres despertos. É por isso que mesmo aqueles com incríveis habilidades yogues, como Moggallana, demonstravam uma reverência natural por esse grande ser já durante sua vida.

3. Existe apenas um único oceano, que é geralmente dividido em cinco áreas, ou mares: os oceanos Pacífico, Atlântico, Índico, Ártico e Antártico.

4. Ver os dois livros de Ross Klein, *Cruise Ship Blues: The Underside of the Cruise Industry* (Gabriola Island, B.C.: New Society Publishers, 2002) e *Cruise Ship Squeeze: The New Pirates of the Seven Seas* (Gabriola Island, B.C.: New Society Publishers, 2005). Klein, professor do trabalho social, fez mais de trinta cruzeiros, a princípio para seu próprio prazer e diversão e, depois, para reunir todos os elementos necessários para suas publicações reveladoras. Desnecessário dizer que as suas conclusões incriminatórias não detiveram essa indústria, que, pelo contrário, está se expandindo.

5. Citado em "Look Deep and Smile: The Thoughts and Experiences of a Vietnamese Monk – Talks and Writings of Thich Nhat Hanh", organizado por Martine Bachelor, em *Buddhism and Ecology*, de Martine Bachelor e Kerry Brown (Londres: Cassell Publishers, 1992), p. 100.

6. Ver *Brahmayu-Sutta* de *Majjhima-Nikaya* (91.15). Bhikkhu Ñāṇamoli e Bhikkhu Bodhi, trads., *The Middle Length Discourses of the Buddha: A Translation of the Majjhima Nikāya* (Boston, Mass.: Wisdom Publications, 2000), pp. 747-748.

7. Ver *Devata-Samyutta-Sutta* de *Samyutta-Nikāya* (1.154). Bhikkhu Bodhi, trads. *The Connected Discourses: A Translation of the Sawyutta Nikāya* (Boston, Mass.: Wisdom Publications, 2000), p. 122.

8. Vamos falar posteriormente, no Capítulo 6, do tradicional costume tibetano de comer carne, que é criticado por muitos praticantes ocidentais.

9. Para a presença de todos os tipos de metais tóxicos em nosso corpo, ver o relatório assustador "Toxic Nation", feito pela ONG canadense Environmental Defence e que pode ser encontrado *online* em www.environmentaldefence.ca.

10. Geshe Acharya Thubten Loden, *Path to Enlightenment in Tibetan Buddhism* (Melbourne, Austrália: Tushita Publications, 1993), p. 199. Esse é o verso 102 (ou 63-64) na tradução para o inglês de Leslie Kawamura, *Golden Zephyr: Instructions from a Spiritual Friend – Nagarjuna and Lama Mipham* (Emeryville, Calif.: Dharma Publishing, 1975), p. 56. Segundo alguns relatos, existem ao todo dezoito tipos de liberdade que tornam possível a prática do Dharma. Veja, por exemplo, o comentário do verso 59 feito pelo Ven. Lozang Jamspal *et al.*, *Nagarjuna's Letter to King Gautamiputra* (Nova Délhi: Motilal Banarsidass, 1978), p. 36.

11. A atribuição da carta de Nagarjuna ao rei Gautamiputra é provável, mas não completamente determinada.

12. Ver verso 97 em Leslie Kawamura, trad. *Golden Zephyr: Instructions from a Spiritual Friend – Nagarjuna and Lama Mipham* (Emeryville, Calif.: Dharma Publishing, 1975), p. 54.

13. As Quatro Imensuráveis ou Moradas Divinas referem-se à prática da meditação da projeção conjunta de amizade (*maitri*), compaixão (*karuna*), alegria (*mudita*) e equanimidade (*upeksha*) para todos os seres.

14. Je Tsong-kha-pa, *The Great Treatise on the Stages of the Path to Enlightenment – Lam Rim Chen Mo.* The Lamrim Chenmo Translation Committee (Ithaca, N.Y.: Snow Lion Publications, 2004), vol. 2, pp. 32-33.

SEIS

Pensando nos alimentos

Podemos nos considerar afortunados por sermos seres humanos dotados de compreensão e capacidade de trilhar o caminho virtuoso do Dharma, e ter a aspiração preciosa de atingir a iluminação para o benefício de todos os seres (e do meio ambiente em geral). Podemos nos considerar mais sortudos ainda por vivermos numa época em que o Dharma está disseminado e é, em princípio, acessível a todos. Nossa sorte é ainda mais nítida quando temos "tempo livre" para refletir sobre o Dharma e praticá-lo. Ter "tempo livre", ou liberdade, significa que não estamos atolados em ideologias ou opiniões falsas e também que não estamos impedidos de praticar o Dharma por circunstâncias externas.

Infelizmente, bilhões de pessoas vivem abaixo ou no nível de subsistência e, portanto, estão enredados demais nas tramas da vida diária para ter o tempo necessário para aprender sobre o Dharma e se dedicar a ele de maneira significativa. Se você está lutando pela sobrevivência, não tem tempo para dar atenção a qualquer outra coisa. Você não tem nem meios para adquirir um livro sobre o Dharma, nem tem tempo livre ou oportunidade para ir a palestras sobre o Dharma e iniciações, como muitos norte-americanos e europeus têm a vantagem de fazer. Grande parte do chamado Terceiro Mundo está nesse estado deplorável.

Quando olhamos ao nosso redor, no entanto, vemos que muitas pessoas das nações supostamente "progressistas" ou desenvolvidas são escravas do trabalho. Elas não têm ou não reservam tempo para mais nada. O trabalho e o dinheiro ganho por meio do trabalho parecem ser a maior preocupação dessas pessoas. Como os chamados cidadãos do Terceiro Mundo, elas também estão sujeitas à exploração – a exploração pela sociedade de consumo e seus numerosos agentes. Elas são mantidas ou mantêm-se freneticamente ocupadas, a fim de pagar impostos, manter as aparências, ou "chegar à frente". Possivelmente, mergulham de cabeça no trabalho, muitas vezes até mesmo durante seu tempo livre, para evitar ter que refletir sobre as questões mais profundas da vida. Então, quando estão exaustas, podem justificar o fato de se jogarem no sofá para assistir TV. Com a mente preocupada com assuntos mundanos, elas prestam pouca ou nenhuma atenção aos assuntos sagrados. E, se professam uma religião ou caminho espiritual, simplesmente fazem tudo da boca para fora e podem ser descritas como praticantes meramente nominais, ou puxa-sacos.

Enquanto esses escravos das rotinas seculares do mundo industrializado são certamente infelizes, os mais desfavorecidos do Terceiro Mundo são verdadeiramente infelizes. Eles não poderiam melhorar as suas circunstâncias de vida, mesmo se vissem isso como uma possibilidade, embora remota. Com os meios de comunicação de massa infiltrando-se cada vez mais até nas aldeias do Terceiro Mundo, bolsões de pobreza cada vez maiores na Índia e na África têm bem diante dos olhos o nosso estilo de vida opulento. Compreensivelmente, eles desejam escapar de seu estado de pobreza e opressão e clamam pela aparente abundância e alegria dos países desenvolvidos. Raramente percebem que a riqueza aparente retratada na televisão está limitada às classes média e alta e é comprada à custa do resto do mundo, tanto comercial quanto ambientalmente. Eles provavelmente não podem saber que o que parece uma vida privilegiada é algo ilusório, corrupto e corruptor. Analisando mais profundamente o século XXI, alguns especialistas veem o espectro de uma revolta em massa dos pobres contra os ricos, nascida da inveja e do ressentimento. Nesse meio-tempo, os pobres do mundo estão ficando mais pobres, com mais fome, e bem mais doentes.

Parte do problema é que, como espécie, não temos sido nem sábios nem cuidadosos com a produção e acesso igualitário aos alimentos e outras necessidades da vida. Aqueles que estão bem estão longe de atender à própria espécie e tendem a ficar melhores ainda. Aqueles que são pobres, desfavorecidos e explorados estão presos em uma espiral descendente da qual não há saída a não ser pela virtude da bondade de seus companheiros humanos mais felizes. Não vamos dar de ombros, pensando: "Bem, esse é o karma deles".

Enquanto vivemos no mundo de mudança (samsara), todos estamos sujeitos ao karma. A verdadeira questão é: estamos criando repercussões kármicas negativas para nós mesmos quando não nos importamos com o sofrimento dos outros? É claro que estamos! Da próxima vez, podemos muito bem estar na posição nada invejável dessas pessoas. Segundo nos dizem os professores de Dharma, a menos que cultivemos a grande virtude da generosidade, podemos esperar renascer em uma situação menos vantajosa:

> Nesta vida, as pequenas vantagens do poder, da riqueza, da saúde e de outras coisas que apreciamos podem nos enganar por alguns anos, meses ou dias. Mas depois que o efeito das boas ações que causam esses estados felizes, sejam elas quais forem, é esgotado, teremos de sofrer, quer queiramos ou não, a pobreza e a miséria ou o sofrimento insuportáveis dos reinos inferiores[1].

Essa afirmação apenas reflete a sabedoria do Dharma, como foi exposta pelo Buda e muitas gerações de professores depois dele. O grande mestre do século VIII Shantideva expressou-a de maneira nítida e radical da seguinte maneira:

> No início, nosso guia nos ensina a doar hortaliças e coisas assim.
> No fim, fazendo isso [regularmente], nós aos poucos [nos tornamos capazes de] dar até mesmo a nossa própria carne[2].

Poderíamos facilmente lembrar muitas outras citações das escrituras budistas em favor da generosidade e contra a mesquinhez e a indiferença ao sofrimento dos outros, mas vamos deixar que essas duas sejam suficientes.

Para dizer a verdade, não há terra suficiente, neste planeta, para plantar tudo o que muitas centenas de milhões de seres humanos precisariam para viver uma vida longa e saudável, em paz com o meio ambiente e na companhia de centenas de milhões de outros seres sencientes. Segundo estimativas, em aproximadamente 950 d.C. havia em torno de 250 milhões de seres humanos, que nosso planeta poderia facilmente sustentar, especialmente porque não havia consumo excessivo e extravagante naqueles dias. Hoje em dia, no entanto, não existem terras férteis suficientes no planeta para alimentar os atuais 6,6 bilhões de pessoas de um modo *sustentável*. Essa dura verdade foi energicamente apontada por Paul Ehrlich, professor de estudos populacionais da Universidade Stanford em 1968[3]. É justo dizer que poucos indivíduos e nenhum governo atenderam aos seus alertas. Hoje, as consequências desagradáveis da superpopulação humana estão por toda parte, numa evidência gritante. Ainda assim, poucas pessoas controlam voluntariamente seu desejo de se reproduzir e, além da China, nenhum governo tomou medidas drásticas suficientes para tentar reduzir a taxa de crescimento populacional. A superpopulação é um assunto extremamente delicado.

No caso da China, o controle da população tem um lado pouco ético, e seja como for, sua população de 1,3 bilhão de pessoas ainda está crescendo pelo menos 0,6%, o que equivale a 7,8 milhões de pessoas por ano. Igualmente importante, como acontece na Índia, onde o controle da população é praticamente nulo, o crescimento industrial da China é tão rápido que os danos causados ao meio ambiente por esse país são colossais. E afetam não só os chineses, mas o mundo todo.

Com a população mundial pairando logo abaixo da marca de 7 bilhões, e com cerca de 20% dela consumindo excessivamente, a produção de alimentos e o acesso à água potável se tornaram assuntos muito importantes. A cada ano, somamos cerca de 75 milhões de pessoas ao nosso planeta, o que equivale ao tamanho de uma grande nação como a Alemanha ou a Etiópia. Alguns especialistas em população previram que, mesmo com algumas falhas de desenvolvimento (como as pandemias), a nossa espécie provavelmente vai se expandir para 8 bilhões até o ano de 2024 e 9 bilhões em 2042. Essa é uma perspectiva aterrorizante, pois o sofrimento dessa população será igualmente elevado.

Embora as Nações Unidas tenham resolvido, em 1986, reduzir a fome no mundo pela metade até o ano 2015, a triste verdade é que a fome no mundo aumenta em 4 milhões de pessoas a cada ano. Já em 1965, o então diretor da Organização para a Alimentação e Agricultura das Nações Unidas escreveu aos ministros e secretários de agricultura de todo o mundo para convencê-los de que as perspectivas mundiais eram "alarmantes" e que o futuro imediato incluía "fomes graves". Hoje, cerca de 2 bilhões de pessoas estão desnutridas, cerca de 850 milhões vivem com fome crônica; de 25 a 30 milhões de indivíduos morrem de fome a cada ano, incluindo 15 milhões de crianças. Esse é um fato intolerável, mas inegável.

Estatísticas como a citada anteriormente não costumam transmitir o que tudo isso representa em termos de sofrimento humano. Mas imagine se você e seus filhos estivessem condenados a viver em uma área assolada pela seca e pela falta de ajuda externa. Você mal consegue matar a sua própria fome, mas ver seus filhos chorando de fome e, literalmente, comendo poeira para se consolarem, faz seu coração se apertar. Então você vê, impotente, seus filhos ficarem doentes, enfraquecerem e morrerem. Sua agonia não terá fim. Você vai esperar com expectativa a sua própria morte, como uma forma de aliviar seu sofrimento físico e mental.

Dado o excesso de consumo e o desperdício de mais de 1 bilhão da população mundial e o número total de bocas para alimentar, a pressão sobre os recursos naturais da Terra, especialmente a terra fértil, é enorme. De uma massa de terra de 149 milhões de km^2, apenas pouco mais de 31 milhões de km^2 constituem terras cultiváveis, ou seja, a terra em que as coisas podem crescer ou estão atualmente em crescimento. Desse total, a cada ano 100 mil km^2 são perdidos de várias maneiras. No presente momento, cerca de 20 milhões de quilômetros quadrados de terra arável do planeta estão sendo usados. Uma boa parcela dessa terra está empobrecida ou é de má qualidade. Como seremos capazes de alimentar mais alguns bilhões de pessoas em um futuro não muito distante?

Em parte por causa da escassez de terras utilizáveis, as florestas de corte-raso (que também são rentáveis) avançam quase sem controle. As áreas desmatadas são muitas vezes prontamente transformadas em pastos para os grandes rebanhos de gado, que podem ser convertidos em carne e lucros. Os bovinos consomem grandes quantidades de plantas, especialmente milho. Mais de 486 milhões de hectares são semeados com culturas para a alimentação dos mais de 1 bilhão de cabeças de gado no planeta, dos quais, por sua vez, a humanidade consome cerca de 300 milhões de toneladas a cada ano – um número absolutamente chocante.

Igualmente chocante é o fato de que os americanos consomem anualmente cerca de 125 quilogramas de carne por pessoa; os canadenses, cerca de 110 quilogramas; enquanto os chineses comem cerca de 50 quilogramas cada um, por ano, em comparação com os indianos, que consomem cerca de 5 quilogramas por pessoa por ano. Infelizmente, o consumo de carne está aumentando na Índia, enquanto a classe média em expansão do país está deixando de lado sua tradicional dieta vegetariana, por achar que comer carne é próprio do seu *status* social e o eleva ainda mais.

Correndo o risco de sobrecarregar os nossos leitores com números em excesso, devemos esclarecer que, para produzir um quilograma de carne são necessários 10.000 litros de água e 17 vezes mais terra do que é necessário para a produção de alimentos de origem vegetal para alimentar a humanidade. Em outras palavras, a alimentação não vegetariana está longe de ser a ideal. Ainda pior, o gado é responsável por 4,3 bilhões de toneladas de equivalentes de CO_2 (principalmente a partir do metano) a cada ano, o que equivale a 18% de todas as emissões de gases de efeito estufa causadas por seres humanos. A indústria da carne, que só nos Estados Unidos produz anualmente cerca de 100 bilhões de dólares com a criação de animais e processamento de carne, fica evidentemente em silêncio com relação a esse efeito altamente indesejável. Se fôssemos confiar na publicidade ardilosa dessa indústria, o que definitivamente não deveríamos fazer, poderíamos pensar que o gado vive uma vida idílica, livre de dor, sob um céu azul e sol quente, mastigando alegremente trevos e um pasto viçoso. No entanto, a verdade é justamente o oposto, e esse é um dos aspectos mais tristes da vida moderna.

A brutalidade da indústria da carne é, em grande parte, ocultada dos olhos do consumidor. A carne é apresentada e embalada de maneira higiênica nos supermercados, como se fosse só mais um produto de consumo. Qualquer revelação que seja publicada raramente ocorre na mídia de massa e é rapidamente esquecida. A maioria dos indivíduos ficaria horrorizada se soubesse o nível de dor e sofrimento que os animais domésticos (incluindo as aves) precisam suportar por causa do nosso apetite por carne. Devido a organizações radicais como a Peta, somos pelo menos periodicamente lembrados do sofrimento em grande escala infligido por seres humanos aos animais em todo o mundo[4]. No entanto, seu trabalho, como o trabalho de outras organizações que defendem os direitos dos animais, em nossa opinião, não tem feito uma diferença significativa.

Se você prefere livros que tratem desse assunto de maneira mais amena – de sua senciência e individualidade –, podemos recomendar *The Pig Who Sang to the Moon*, de Jeffrey Masson[5], *The Emotional Lives of Animals*, de Marc Bekoff[6*] e *Building an Ark*, de Ethan Smith[7]. Esses livros incluem muitos episódios tocantes que, se o leitor é capaz de sentir empatia pelos animais, sem dúvida abrirão, ou abrirão mais, o seu coração para os animais. Embora as fileiras de vegetarianos nos países desenvolvidos estejam lentamente aumentando – provavelmente cerca de 1% da população ocidental agora –, muitas vezes a motivação para a interrupção do hábito de comer carne não é uma grande preocupação com os animais, mas com a própria saúde. Vemos isso, no entanto, como um início. Muitas vezes, nosso próprio sofrimento serve como um portal para uma maior sensibilidade com relação ao sofrimento dos outros.

Hoje em dia, a maior parte da carne comprada em supermercados e açougues contém hormônios sintéticos e, portanto, é realmente imprópria para consumo humano. Além disso, vários estudos têm demonstrado que a carne vermelha congelada contém nitrito de sódio, que dá à carne a aparência de fresca, mas é um provável carcinogênico. O glutamato monossódico, que é adicionado a todos os tipos de produtos à base de carne, também é perigoso para os consumidores. Assim, o hábito de comer carne tem sido relacionado com uma variedade de doenças, entre elas as doenças cardíacas, o derrame e alguns tipos de câncer[8]. Um número cada vez maior de médicos recomenda uma dieta de redução ou abstenção do consumo de carne.

---

* *A Vida Emocional dos Animais*, publicado pela Editora Cultrix, São Paulo, 2010.

Do ponto de vista do Dharma, o consumo de carne e peixe é um problema moral, pois implica um grande sofrimento para os animais. Algumas pessoas que nem sonham em comer carne ainda pensam nos peixes como criaturas perfeitamente comestíveis. Além do fato de que os rios e os oceanos estão extremamente poluídos e muitos tipos de peixes contêm níveis elevados de mercúrio e, portanto, tornaram-se um perigo para a saúde, os peixes também têm se mostrado sensíveis à dor[9]. Eles não são autômatos, mas seres sencientes que merecem o nosso respeito e cuidado.

A questão de comer carne e peixe tornou-se talvez o aspecto mais controverso do Dharma para os praticantes ocidentais, que ou apreciam a carne vermelha e de peixe e se ressentem quando lhes dizem para abandonar esse hábito ou adotam conscientemente uma dieta vegetariana, mas assistem a monges budistas tibetanos saboreando pratos à base de carne. Como praticantes do Dharma da tradição budista Vajrayana, nós mesmos ficamos chateados com o fato de que muitos professores tibetanos não veem nada de errado com uma dieta onívora. Agradecemos a oportunidade de tratar essa questão crucial aqui.

Vamos examinar o legado deixado pelo próprio Buda. Dadas as suas diferentes afirmações no cânone em páli e em outros lugares, ninguém pode duvidar de que o Buda era uma pessoa muito boa e carinhosa. Essa visão também corresponde aos comentários feitos sobre ele no cânone em páli e em outras escrituras. Segundo palavras do próprio Buda[10], ele veio ao mundo para promover o bem-estar e a felicidade de todos os seres. Ele não manteve a iluminação para si próprio, mas por compaixão começou a ensinar as outras pessoas, para que também elas pudessem se tornar iluminadas. Tendo dominado completamente todas as tendências negativas de sua própria mente, ele foi capaz de ensinar sem criar novas amarras para si mesmo.

Parece que sempre houve céticos e detratores ansiosos para questionar a compaixão do Buda ou o seu estilo de vida. Como foi dito em um dos discursos em páli[11], uma vez um certo Asibandhakaputta fez ao Buda uma pergunta relevante até nos dias de hoje: como o Buda, que pregava a compaixão para todos, saía diariamente pedindo esmolas com um grande grupo de monges, quando a cidade de Nalanda era assolada pela seca? Com a sua imensa serenidade habitual, o Buda respondeu que, mesmo voltando noventa e uma eras em sua mente, ele não conseguia encontrar uma única família que tivesse sido prejudicada pelo gesto de dar esmolas. Pelo contrário, o resultado kármico previsível da generosidade era abundância em uma vida futura. No caso daqueles que sofriam com a pobreza, no entanto, ele podia apontar oito fontes: um governante, um ladrão, um incêndio, uma inundação, a indisponibilidade de suprimentos armazenados, desorientação, abandono do trabalho ou um membro da família destrutivo.

Além disso, embora fosse totalmente iluminado, o Buda é conhecido por ter praticado as Quatro Incomensuráveis ou Moradas Divinas (*brahma-vihara*), que consistem na intensa projeção, durante a meditação, de amizade, compaixão, alegria e equanimidade em todos os sentidos e para todos os seres; e ele recomendava a mesma prática aos seus discípulos. Sua mente estava firmemente estabelecida na força imaculada do princípio da não violência (*ahimsa*). Um dos discursos do Buda registra um incidente em que um monge foi picado por uma cobra, porque, como o Buda explicou calmamente à vítima, ele não tinha irradiado bondade[12].

A seriedade com que o Buda encarava a virtude da não violência pode ser aferida a partir de outra historieta relatada no *Vinaya Pitaka*, o Cesto da Disciplina[13]. Enquanto permaneciam no Rajagriha, um dos lugares favoritos de Buda, os monges construíam numerosas cabanas de palha nas encostas do Pico do Abutre. No fim da estação chuvosa, eles desmontavam cuidadosamente suas cabanas. Um monge, Dhaniya, decidiu ficar. Mas, enquanto ele pedia esmolas, as mulheres da aldeia foram à sua cabana e a desmontaram para pegar a palha e a madeira para alimentar o fogo. Dhaniya reconstruiu sua cabana, e novamente, ao voltar das suas andanças para pedir esmolas, viu que ela tinha desaparecido. Depois que isso aconteceu pela terceira vez, Dhaniya, que antes fora oleiro, decidiu construir uma cabana mais resistente e deixou-a mais colorida com barro cozido. Quando o Buda se deparou com ela na estação das chuvas seguinte, na mesma hora pediu que os monges a demolissem e repreendeu Dhaniya por usar a lama como material de construção, porque aquele era o lar de inúmeras criaturas pequenas. Ele proibiu a construção de cabanas feitas de barro, fazendo dessa uma grande violação das regras morais. Instituiu um bom número de outras normas para proteger o reino animal, e numerosas afirmações também atestam a sua atenta simpatia por todos os seres humanos e não humanos.

O Buda desaprovava ocupações em que se prejudicavam criaturas, tais como o trabalho em açougues, a pesca e a caça. Sentia-se da mesma forma com relação às ocupações de carrasco e carcereiro ou a ações como a mutilação e a flagelação, bem como ao suicídio ou a incitação ao suicídio. Ele coava cuidadosamente a água antes de sorvê-la e pedia à sua comunidade monástica que fizesse o mesmo, para não correr o risco de, acidentalmente, destruir a vida de uma pequena criatura. Ele também dizia que só se devia comer frutas que ainda não continham sementes maduras ou que já tinham perdido a semente. A certa altura da sua vida de magistério, ele instituiu a nova regra de que os monges não deviam viajar no período chuvoso, pois eles podiam ferir ou matar sem querer criaturas pequenas, como vermes, que tentavam fugir do solo encharcado.

O Buda não admitia soldados na congregação monástica do Sangha, enquanto os monges não tinham permissão para escavar o chão por qualquer motivo. Ao mesmo tempo, no entanto, o Buda permitia o uso de peles como proteção em regiões frias. Sabendo que ele não poderia impor aos seus seguidores leigos qualquer uma das regras mais severas impostas aos monges, o Buda adotou um tratamento mais brando para os leigos.

O que sabemos, então, sobre a atitude do Buda com relação a comer carne? Por ocasião de outra acusação contra ele pelas mãos de um membro da comunidade jainista, o Buda deixou claro o seu ponto de vista sobre receber carne de um doador. Mesmo que ele decididamente condenasse o ato de prejudicar e matar, o Buda explicou que nenhuma culpa poderia ser imputada a um monge que recebesse carne ou ao doador que a oferecesse como esmola, desde que o animal não fosse maltratado e morto para esse propósito. Em outras palavras, ele considerava admissível que um monge consumisse carne, desde que ele não tivesse provas visíveis ou audíveis ou suspeitasse de que o animal fora morto para proporcionar carne. Devadatta, primo perverso do Buda, pediu-lhe que proibisse totalmente a carne, mas o Buda não estava disposto a fazer isso, presumivelmente por causa da sua tendência a adotar o "caminho do meio" em todos os assuntos. Ele, no entanto, proibiu o uso de carne crua, mas defendeu o uso de carne e peixe no caso de um indivíduo doente.

Para dizer com franqueza, tudo isso foi um choque para nós. Originalmente, as informações que tínhamos sobre esse tema vieram principalmente do livro de Arvind Kumar Singh, *Animals in Early Buddhism*[14]. Essa publicação tem também uma revisão criteriosa da causa da doença fatal do Buda – provavelmente disenteria – devido ao fato de ter comido *sukara-maddava**. Com plausibilidade razoável e em consonância com o pensamento de muitos outros estudiosos, Singh explica

---

* Este é um termo que tem causado controvérsia. *Sukara* = "porco"; *maddava* = "suave, brando, macio", também "murcho". Portanto, pode tanto se referir às "partes macias de um porco" quanto a "aquilo de que os porcos gostam". O que é evidente é que os antigos comentaristas não sabiam a que se referia isso. São três as possibilidades: 1. A carne de um porco selvagem, nem tão jovem, e nem tão velho, 2. Arroz cozido macio com os "cinco produtos de uma vaca", ou 3. Um certo tipo de elixir da vida. Comen-

que esse alimento, servido pelo metalúrgico Cunda, um discípulo leigo do Buda, não era, literalmente, carne de javali, mas um tipo de trufa que um javali selvagem pode procurar.

Em todo caso, tínhamos imaginado que o Buda evitasse completamente a carne por causa de suas regras rígidas em relação ao princípio da não violência e ao ato de matar. Embora confiemos no julgamento do Buda de que nenhum karma deriva do ato de comer carne se forem seguidas as estipulações éticas mencionadas, sentimos que vivemos uma situação especial hoje, que exige uma revisão cuidadosa pelas cinco razões seguintes.

Primeiro, sabemos ou podemos descobrir facilmente que a maioria dos animais criados para servir de alimento vem de "fazendas industriais". Segundo, sabemos ou podemos descobrir facilmente que isso envolve uma variedade de práticas cruéis. Terceiro, sabemos ou podemos descobrir facilmente que o abate de animais envolve muito sofrimento para eles. Em quarto lugar, sabemos ou podemos descobrir facilmente que a alimentação à base de carne não é ideal para a nossa saúde e que existem muitas alternativas para isso. Em quinto lugar, sabemos ou podemos descobrir facilmente que, em grande número, como é o caso hoje em dia, o gado é prejudicial ao meio ambiente.

Nossa maior preocupação, porém, deve ser a dor e o sofrimento causados aos animais (e às aves), enquanto vivem nessas fazendas industriais e no momento do seu inevitável abate. Por essa razão, achamos de modo veemente que os praticantes do Dharma deveriam adotar uma dieta vegetariana. Esse ponto de vista, que não nos parece suficientemente popular entre os budistas, é defendido também por grandes mestres do Dharma, como o yogue tibetano do século XVIII Shabkar Tsogdruk Rangdröl, o mestre nyingma do século XX Kyabje Chatral

---

taristas modernos também identificaram trufas como sendo uma possibilidade (Fonte: www.acessoaoiinsight.net). [N. da T.]

Rinpoche, e o chefe espiritual da linhagem Karma Kagyu do Budismo Tibetano, Sua Santidade o 17º Karmapa.

Shabkar, que abandonou o hábito tibetano de comer carne quando tinha 31 anos e que não consumia carne nem de animais que tivessem morrido de causas naturais, escreveu em *The Faults of Eating Meat*:

> A ingestão da carne e do sangue de seres que um dia foram nossos pais,
> Esse alimento vil intensifica o desejo, que é a raiz do samsara[15],
> Ele corta a compaixão, a raiz do Dharma.
> Portanto, todas as falhas que vêm de seu consumo
> Eu aqui novamente repito em verso e canção melodiosa.
> . . . . .
> Não há dúvida de que comer carne traz prejuízos
> Para a vida dos outros seres.
> Nenhum outro alimento traz tanta morte.
> Muito pior do que o álcool é, portanto, a carne,
> Que prejudica a tal ponto a vida de outros seres.
> Esse alimento é terrível, portanto, deve ser evitado
> Por todo aquele que tiver compaixão[16].

Shabkar, em sua época, já ouvia todo tipo de desculpa dos que comiam carne para justificar o seu gosto por ela. Em seu *Nectar of Immortality*, ele ainda tratou especificamente a explicação tântrica popular de que comer carne poderia beneficiar o animal abatido se ele fosse abençoado com mantras e visualizações. Ele comentou com franqueza: "Suas ações estão totalmente erradas"[17]. Para os que comiam carne ou peixe, Shabkar previa apenas um terrível destino após a morte. Seus alertas podem não convencer os leitores modernos, que geralmente rejeitam as ideias gêmeas do karma e da reencarnação. Eles certamente também não conseguiram mudar a mente e o coração da maioria dos seus contemporâneos e companheiros de viagem, no caminho Mahayana de compaixão. Praticantes sinceros do Dharma, no entanto, deveriam acatar o bom conselho de Shabkar sobre a abstinência de carne, que nos países desenvolvidos de hoje nem pode ser considerada o tipo de ato heroico que um dia foi no Tibete, um país de parcos recursos alimentares. No nosso tempo, é relativamente fácil adotar uma alimentação vegetariana equilibrada e saudável.

O sábio e amplamente respeitado Chatral Rinpoche, que nasceu em 1913, é famoso por sua postura estritamente vegetariana, que ele adotou com a idade de 47 anos, e por salvar milhões de animais todos os anos. Em entrevista ao Tibetan Volunteers for Animals, concedida no Nepal em 2005, ele comentou:

> Que pena que nem mesmo os lamas conseguem abrir mão da carne! . . . Abster-se da carne é um meio de atingir a paz mundial[18].

Em janeiro de 2007, Orgyen Trinley Dorje, Sua Santidade o 17º Karmapa, instruiu todos os monastérios a parar de preparar, comprar ou comer carne, e todos os seus discípulos leigos a parar de comercializar carne. Ele, aliás, anunciou, em termos inequívocos, que qualquer pessoa que beba álcool ou coma carne como parte da oferenda tradicional de *tsok* deixa de fazer parte da linhagem do Karmapa. Esse foi um anúncio importante – que esperamos tenha um impacto duradouro – do jovem *tulku*[19] do anterior e muito amado 16º Karmapa, que havia deixado seu corpo com total controle yogue em 1981[20]. A defesa vigorosa de uma alimentação sem carne, feita por Orgyen Trinley Dorje, Shabkar, Chatral Rinpoche e o Gyalwang Karmapa, está firmemente enraizada na tradição Mahayana, que enfatiza a compaixão por todos os seres e que deriva a sua autenticidade de obras oficiais Mahayanas como o *Lankavatara Sutra* (discurso sobre a Descida ao [Sri] Lanka), o *Mahaparinirvana Sutra* (discurso sobre a Grande Extinção), o *Angulimala Sutra* (discurso sobre Angulimala)[21] e o *Saddharmasmrityupasthana Sutra* (discurso sobre a Atenção ao Verdadeiro Ensinamento) – todas as escrituras que Shabkar parece conhecer muito bem.

Voltando aos problemas da nossa época, temos de considerar as safras e os pontos vulneráveis da agricultura industrial, que é a agricultura voltada para o lucro máximo, um negócio intensamente mecanizado, envolvendo equipamentos pesados e produtos tóxicos da indústria petroquímica. Essa é outra indústria gigante que, em 2006, gerou 55 bilhões de dólares em receita só nos Estados Unidos, ao mesmo tempo que causou destruição sem precedentes no meio ambiente. No setor agrícola, o objetivo da indústria petroquímica é extrair tantos alimentos quanto possível do solo, que, por causa do excesso sistemático de fertilizantes químicos, está em toda parte se tornando rapidamente estéril e, na verdade, rendendo cada vez menos.

Na tentativa de sobreviver e pagar os seus empréstimos bancários, muitos fazendeiros se tornam infelizes participantes do agressivo *agrobusiness*. Nos países em desenvolvimento, muitas vezes políticas governamentais equivocadas e pressões exercidas por especuladores locais pagos por multinacionais do setor químico estão forçando os agricultores pobres a fazerem o mesmo. Em todo o mundo, a cada ano cerca de 145 milhões de toneladas de fertilizantes e outros produtos químicos são despejados em terras aráveis, na esperança equivocada de torná-las mais produtivas e, portanto, mais rentáveis. O resultado real dessa abordagem é tornar a agricultura insustentável a longo prazo.

Os problemas causados pelos fertilizantes químicos são inúmeros. Eles empobrecem progressivamente em vez de enriquecer o solo, criam um ambiente propício para as pragas em vez de intimidá-las, produzem colheitas fracas, geram grandes quantidades de gases de efeito estufa na sua produção e envolvem todos os tipos de toxina que matam as pequenas criaturas intencionalmente ou não, além de prejudicar a saúde dos agricultores e consumidores finais. Na produção de fertilizantes fosfatados, a indústria química acaba dando origem a montanhas de fosfogesso, que devem ser armazenadas de modo seguro, por causa do seu conteúdo de rádio. Como se isso não bastasse, os adubos muitas vezes acabam em vias navegáveis e, finalmente, no oceano, onde produzem zonas mortas. Faríamos bem em lembrar as palavras eloquentes de Rachel Carson, a intrépida pioneira do movimento ambientalista que expôs pela primeira vez os perigos das substâncias químicas utilizadas na agricultura, nas residências e em outros lugares, e cuja saúde foi prejudicada prematuramente por causa delas:

> São muitos os novos problemas de saúde ambiental – causados pela radiação em todas as suas formas e nascidos do fluxo interminável de produtos químicos, dos quais os agrotóxicos são uma parcela, os produtos químicos agora permeiam o mundo em que vivemos, atuando sobre nós, direta e indiretamente, separada e coletivamente. Sua presença lança uma sombra que não é menos ameaçadora porque é disforme e obscura, não é menos assustadora porque é simplesmente impossível prever os efeitos da exposição da vida a agentes químicos e físicos que não são parte da experiência biológica do homem.[22]

Para maximizar o lucro, o *agrobusiness* introduziu duas práticas míopes e moralmente repreensíveis na agricultura. Uma delas é a monocultura, que é particularmente suscetível às pragas ou à seca. O outro é o uso de sementes modificadas pela engenharia genética, que não se reproduzem. Todos os anos, os agricultores têm que comprar novas sementes, um negócio altamente lucrativo para as corporações agrícolas como a Monsanto, que tem uma receita anual de 7,6 bilhões de dólares. É fácil ver como isso dá, às corporações transnacionais, uma alavancagem econômica e política, não só sobre os agricultores mas potencialmente sobre nações inteiras. Não é de admirar que os agricultores, em particular no chamado Terceiro Mundo, estejam resistindo vigorosamente a essas "sementes suicidas" ou "sementes *terminator*" e a métodos de cultivo de monocultura. No entanto, as culturas agrícolas produzidas pela bioengenharia são cada vez mais utilizadas nos países em desenvolvimento, que não podem ver, ou se recusam a reconhecer, que fizeram um pacto que tem se mostrado prejudicial para a terra e, mais cedo ou mais tarde, irá se revelar prejudicial para o seu povo.

Por outro lado, é animador o fato de que a agricultura biológica esteja crescendo em todo o globo e que a venda de alimentos orgânicos também esteja aumentando mundialmente a cada ano. Em 2002, o setor de alimentos orgânicos movimentou nos Estados Unidos cerca de 11 bilhões de dólares; no Canadá, cerca de 900 milhões de dólares; e em toda a Europa, cerca de 10 bilhões de dólares. Embora seja oneroso para os agricultores passar dos fertilizantes químicos convencionais para a agricultura biológica, uma vez que a opção foi feita, a agricultura orgânica é mais rentável, restaura o meio ambiente, é muito mais saudável e muito mais sadia. Mas muitos agricultores, mesmo com subsídios em alguns países, são conservadores e têm poucos recursos financeiros, o que torna difícil para eles essa opção. Além disso, os agricultores – os produtores de alimentos do mundo – são uma raça em extinção. Os jovens estão pouco dispostos a assumir as fazendas da família. Em seu livro *Peak Everything*, Richard Heinberg fez o seguinte comentário sobre essa tendência:

> A proporção de operadores agrícolas com menos de 35 anos caiu de 15,9% em 1982 para 5,8% em 2002. De todas as estatísticas desanimadoras que eu conheço, essas estão certamente entre as mais assustadoras. Quem estará cultivando os nossos alimentos daqui a 20 anos?[23]

A agricultura sempre foi uma espécie de jogo. A desestabilização do clima devido ao aquecimento global e a escassez abrupta de água doce tornam a agricultura mais desafiadora do que nunca. Os agricultores têm que estar dispostos a correr riscos e a se especializar cada vez mais. No entanto, essa ocupação é absolutamente vital para todos nós. Quem de fato vai produzir nossos alimentos nas próximas décadas, e que regiões serão suficientemente férteis e estáveis para a agricultura? Podemos descobrir a resposta nesta vida mesmo.

Nesse meio-tempo, podemos contribuir para a sustentabilidade comprando *alimentos orgânicos* e fazendo isso da maneira mais *local* possível, a fim de reduzir as emissões de CO_2 provenientes dos transportes. Em média, a comida consumida por um norte-americano tem de viajar de 2.500 a 4.000 km da fazenda até a mesa. Ao comprar alimentos produzidos localmente, também estamos fazendo a nossa parte enfraquecendo a globalização do que tem sido chamado de "McWorld" [McMundo], ou a unificação e padronização comercial de todo o planeta sob o controle de um punhado de grandes conglomerados transnacionais, como a corporação norte-americana Altria Group (com uma receita líquida de 80 bilhões de dólares) ou a empresa alemã Siemens (com vendas líquidas de aproximadamente 100 bilhões de dólares).

A terra utilizável que não é usada para florestas, pastoreio ou agricultura é pavimentada. Todo ano, a expansão das cidades reivindica centenas de milhares de quilômetros quadrados do nosso planeta. Só nos Estados Unidos, a rede de estradas conta com mais 6 milhões de quilômetros, percorridos por 243 milhões de carros de passageiros e cerca de 5 milhões de caminhões; no total, a quantidade anual de emissões de gases de efeito estufa é de mais de 300 milhões de toneladas. Do ponto de vista psicológico, a expansão urbana é igualmente devastadora. Em seu louvável livro *It's a Sprawl World After All*, Douglas E. Morris, um americano que vivenciou o estilo de vida de sete países diferentes, comentou:

> Um campo de estudo chamado psicologia ambiental estabeleceu uma clara ligação entre os lugares onde as pessoas vivem e o modo como elas se comportam. Esses resultados reforçam a compreensão de que no curto

período de tempo desde seu surgimento, em 1945, a expansão suburbana transformou os Estados Unidos de "uma nação, indivisível" em uma sociedade polarizada e fragmentada. Isolados em nossas casas suburbanas, agora vivemos em uma sociedade de estranhos [...] Os níveis opressivos de comportamento violento nos Estados Unidos criam um mau pressentimento generalizado, que permeia a própria essência da vida cotidiana.[24]

E, como em tantos outros aspectos, o resto do mundo está seguindo o mau exemplo dos Estados Unidos.

Os ambientes urbanos têm outro aspecto altamente indesejável, que é a quantidade de lixo produzido por seus habitantes. Em todos os lugares, as montanhas de lixo estão cada vez maiores e cada vez mais se tornando um grande problema, ao mesmo tempo caro e ambientalmente destrutivo. Vamos citar alguns números dos Estados Unidos novamente. O montante anual de lixo é calculado em 245 milhões de toneladas, ou seja, quase 1 tonelada por pessoa por ano. A remoção de lixo tornou-se um negócio rentável, que consiste em despachar o problema para outras cidades, outros estados ou outros países.

Doze por cento do lixo dos Estados Unidos são compostos de objetos de plástico. O plástico tornou-se um item praticamente onipresente em nossa civilização. É impossível ir às compras sem precisar voltar com um monte de plástico, geralmente sob a forma de embalagens. Descobrimos que a única maneira de evitar que o plástico se acumule sobre nós é evitar fazer compras e começar a cultivar os nossos próprios alimentos, tanto quanto possível. Mesmo assim, a rede que usamos para manter os cervos longe das nossas plantações é feita de plástico, o balde que contém água também é de plástico e o mesmo acontece com uma dúzia de outros itens.

Em 2006, só os Estados Unidos produziram 30 milhões de toneladas de resina plástica, que é então transformada em ferramentas de jardim, aparelhos domésticos, brinquedos e móveis, não necessariamente nessa ordem. Sem mencionar a toxicidade de produtos plásticos, que levam centenas, possivelmente milhares, de anos para se desintegrar. O pior de tudo é que eles são fatais para as criaturas aquáticas, pois o lixo plástico tem a estranha tendência de flutuar nos rios e acabar no oceano, onde lentamente se desfaz em pedaços cada vez menores[25].

O tipo mais traiçoeiro de resíduo, no entanto, provém das usinas nucleares. Até o momento, conseguimos acumular centenas de milhares de toneladas de resíduos radioativos, e não existe uma solução viável à vista para esse problema. Nesse meio-tempo, os locais de descarte e armazenagem deixam vazar seu conteúdo letal para o meio ambiente, e instalações nucleares obsoletas são uma ameaça crescente para a população. Os acidentes nucleares de Three Mile Island, em 1979, e de Chernobyl, em 1986, deveriam ser lembranças vívidas do que pode acontecer, mas não são. Os resíduos radioativos são um terrível legado para as gerações futuras, e elas terão que lidar com esse legado mortal, pois o plutônio-239, por exemplo, vai ser perigoso por cerca de 250.000 anos. Não obstante a destrutividade e durabilidade dos materiais radioativos, os governos pretendem se livrar das suas montanhas de detritos nucleares enterrando-os em poços profundos que os terremotos poderiam facilmente violar ou, pior ainda, despejar no fundo do oceano, em estruturas geológicas supostamente estáveis.

Somente alguém preso no seu próprio sistema de crenças pode se iludir tanto e ser tão alienado a ponto de não ver que suas ações se tornaram perigosas para todos os outros. Em seu notável livro *Staying Alive*, o conhecido psiquiatra e praticante do Dharma Roger Walsh tratou esse problema da seguinte maneira:

> Apesar de todas as crenças serem poderosas, aquelas que temos sobre nós mesmos são especialmente fortes. Quando acreditamos em algo sobre nós mesmos, fazemos com que isso passe a fazer parte de nós. Pois a nossa autoimagem, o que pensamos que somos, é uma construção de nossas

crenças. Essas crenças são selecionadas com base no nosso passado, mas elas próprias escolhem o nosso futuro, dizendo-nos não apenas o que somos mas também o que podemos ou não podemos nos tornar [...] Crenças equivocadas sobre crenças podem ser positivamente perigosas. Quando as pessoas esquecem que suas ideologias e sistemas políticos são crenças e os confundem com "a verdade", tornam-se dispostas a lutar, matar e morrer por eles[26].

Quando as nações de alta tecnologia do mundo apressaram-se a usar a fissão nuclear na produção de armas e, posteriormente, na geração de eletricidade para fins pacíficos, os cientistas demonstraram uma singular visão de túnel semelhante a certos estados de insanidade. A mesma miopia aguda parece ainda mantê-los em suas garras. Na tentativa de atender às necessidades de curto prazo, os cientistas e os políticos que os apoiam e os pressionam parecem ter a intenção de assegurar a rápida extinção da espécie humana. Eles se comportam como um pai louco que deixa nas mãos do filho pequeno uma arma carregada.

Aqui as observações feitas por Eric Hoffer, que voluntariamente escolheu a vida de estivador e tem feito fama graças a seus vários livros – entre eles *The True Believer* e *The Ordeal of Change* –, parecem extremamente pertinentes. Eric Hoffer escreveu:

> A criatividade do intelectual é, muitas vezes, uma função de um desejo frustrado por uma ação cheia de propósito e posto privilegiado [...] O avanço das massas é um mero subproduto do fato exclusivamente humano de que o descontentamento está na raiz do processo criativo; de que os membros mais talentosos da espécie humana são mais criativos quando não podem ter o que desejam, e precisam compensar o que lhes falta percebendo e cultivando as suas capacidades e talentos[27].

Talvez, se aqueles que defendem a energia nuclear e as armas nucleares fossem obrigados a aderir obrigatoriamente às equipes de limpeza dos locais de acidentes radioativos, eles pudessem mudar as suas opiniões sobre o uso tecnológico da fissão nuclear. Eles poderiam começar a associar a precipitação radioativa ao sofrimento humano e não humano e até mesmo a imaginar um mundo mais saudável e são para todos. A capacidade da empatia e da simpatia se manifesta muitas vezes em decorrência de duros golpes na vida. Como seres humanos, ainda temos a faculdade da visão e da imaginação, o que pode nos poupar ensaios gerais reais e dolorosos e nos permite fazer projeções e refletir sobre as consequências de nossas ações. Esse recurso fundamental da espécie humana certamente é subjacente a toda a prática do Dharma. Simplesmente adicionando dois a dois, podemos traçar o nosso destino futuro, com base em nosso destino atual, que é o resultado de nossos pensamentos, atitudes e ações passadas. Em princípio, a mesma capacidade está subjacente na ciência, que celebra a racionalidade, mas nem sempre a usa para ir além dos estreitos limites do trabalho científico. Mas, certamente, a racionalidade deve promover o bem-estar e a felicidade em todas as áreas da vida, incluindo a vida prática cotidiana.

O mundo de pesadelo que criamos teria sido impossível na época do Buda. Seria na verdade inconcebível. Pode-se dizer que, se tivéssemos seguido a ética do Buda, que valoriza o princípio da não violência e da simplicidade, a civilização humana nunca teria se tornado o vírus letal que é hoje para todo o planeta. Como praticantes do Dharma, não podemos enterrar a cabeça, como um avestruz, na areia do consumismo. Temos de reconhecer e compreender os enormes problemas da nossa sociedade e do meio ambiente. Isso implica que devemos permanecer informados e enfrentar corajosamente as más notícias, como a mídia responsável e os relatórios científicos nos mostram. Nós, pessoalmente, vemos isso como uma parte integral do caminho do Bodhisattva. Como disse Shantideva:

O que é a perseverança? É o entusiasmo pelo bem. Quem são os seus adversários? São a indolência, o apego ao mal, o desânimo, o desprezo por si[28].

Quando vemos o caos ao nosso redor, que, segundo dizem todos, só vai piorar, não devemos sucumbir definitivamente ao desânimo. O desânimo é uma espécie de egocentrismo, o que para um praticante do Dharma é inaceitável. Sabemos, graças aos ensinamentos do Buda sobre a origem dependente, que o sentido de "eu" é apenas um constructo mental aparente, habitual, mas malfundamentado, que pode e deve ser superado. A postura heroica do Bodhisattva que transcendeu o ego é mantida pela equanimidade, pela contemplação imparcial de tudo e de todos, pela visão de todos os seres como nossas mães ou pais, e pelo entendimento de que tudo tem uma natureza búdica. Em *Bodhicaryavatara*, de Shantideva, podemos ler:

> Assim, a pessoa deve primeiro fazer um esforço para contemplar a igualdade entre si e os outros seres, pois todos sentem alegria e tristeza. Assim como o corpo precisa ser cultivado como um todo (*eka*), embora tenha muitas partes, como mãos, etc., também este mundo inteiro variado, mas indivisível é [da] natureza [única] da alegria e da tristeza[29].

> Assim como eu estou apto a proteger-me contra o aborrecimento, vou cultivar uma atitude solidária, uma atitude compassiva com os outros[30].

A compaixão tem de se tornar a nossa segunda natureza, como uma ação reflexa automática, exceto pelo fato de que ela é acompanhada pela atenção plena. Uma mãe carinhosa abraça naturalmente o filho com amor e alegria. O caminho do Bodhisattva pede a mesma atitude em relação a todos os seres, sem exceção. Para o praticante do Dharma, isso não é mero sentimentalismo, mas uma expressão espontânea de sua *bodhicitta*, ou mente inclinada para a iluminação pelo bem de todos os seres.

Tal *bodhicitta* começa como um leve gotejamento, e, com a prática adequada, torna-se uma verdadeira torrente. Assim, as escrituras Mahayana e Vajrayana falam de dois níveis "da mente inclinada para a iluminação". O primeiro nível é a *bodhicitta* relativa, que é um esforço feito conscientemente para alcançar a iluminação pelo benefício de todos os seres sencientes. O segundo nível é a *bodhicitta* absoluta, que não tem graduação, nem sombreamento, mas é idêntico à própria iluminação invariável.

Notas do Capítulo 6

1. Patrul Rinpoche, *Kunzang Lama'i Shelung: The Words of My Perfect Teacher*, Trad. pelo Padmakara Translation Group (São Francisco: HarperCollins, 1994), p. 62. O mestre nyingma do século XIX Patrul Rinpoche foi um meditador realizado, que vagava de caverna a caverna e cuja mente era totalmente devotada ao amor contemplativo e à compaixão por todos os seres.

2. *Bodhicaryavatara* de Shantideva (7.25). Tradução do sânscrito de Georg Feuerstein.

3. Ver Paul Ehrlich, *The Population Bomb* (Nova York: Ballantine Books, nova ed. em 1986). Ehrlich reiterou suas conclusões em seu livro posterior, *The Population Explosion* (Nova York: Touchstone Books, reimpresso em 1991).

4. Como alternativa para os documentários detalhados da Peta, podemos recomendar Matthew Scully, *Dominion: The Power of Man, the Suffering of Animals, and the Call to Mercy* (Nova York: St. Martin's Griffin, 2002).

5. Jeffrey Masson, *The Pig Who Sang to the Moon: The Emotional World of Farm Animals* (Londres: Vintage, 2004).

6. Bekoff, *The Emotional Lives of Animals: A Leading Scientist Explores Animal Joy, Sorrow, and Empathy — and Why They Matter*. Prefácio de Jane Goodall (Novato, Calif.: New World Library, 2007). [*A Vida Emocional dos Animais*, publicado pela Editora Cultrix, São Paulo, 2010].

7. Ethan Smith e Guy Dauncey, *Building an Ark: 101 Solutions to Animal Suffering* (Gabriola Island, British Columbia: New Society Publishers, 2007).

8. Ver John Robbins, *A New Diet for America* (Tiberon, Calif.: H. J. Kramer, reimpresso em 1998).

9. Atualmente, há boas evidências neuroanatômicas de que os peixes sentem dor, o que na verdade não deveria ser nenhuma surpresa. Ver, por exemplo, V. Λ. Braithwaite, "Fish Pain Perception", www.aquanet.ca/english/research/fish/vb.pdf.

10. Ver *Anguttara-Nikaya* (1.8). Nyanaponika Thera e Bhikkhu Bodhi, *Numerical Discourses of the Buddha: An Anthology of Suttas from the Anguttara-Nikaya* (Walnut Creek, Calif.: Altamira Press, 1999), p. 37.

11. Ver o *Gamani-Samyutta* de *Samyutta-Nikaya* (42). Bhikkhu Bodhi, trad. *The Connected Discourses: A Translation of the Sawyutta Nikaya* (Boston, Mass.: Wisdom Publications, 2000), pp. 1336ff.

12. Ver *Anguttara-Nikaya* (2.72-73).

13. Ver *Parajika II* de *Vinaya-Pitaka*. Dhaniya também ficou em apuros por mentir e roubar tábuas do depósito de madeira real para construir uma cabana mais resistente.

14. Ver Arvind Kumar Singh, *Animals in Early Buddhism* (Jawahar Nagar: Eastern Book Linkers, 2006).

15. A palavra em sânscrito *samsara* significa literalmente "confluência" e refere-se ao mundo de mudança em que vivemos.

16. Citado em Shabkar, *Food of the Bodhisattvas: Buddhist Teachings on Abstaining from Meat*. Trad. pelo Padmakara Translation Group (Boston, Mass.: Shambhala Publications, 2004), pp. 94-95.

17. Shabkar, *Food of the Bodhisattvas*, p. 106.

18. Citado em www.shabkar.org, um *site* não sectário dedicado ao vegetarianismo como um modo de vida para todos os budistas.

19. A palavra tibetana *tulku* significa algo como "encarnação pura" e refere-se à reencarnação consciente de um grande lama. Tais lamas são "confirmados" por outros grandes mestres.

20. Sobre a surpreendente morte controlada por meio do yoga do 16º Gyalwang Karmapa, ver Reginald Ray, *Secret of the Vajra World: The Tantric Buddhism of Tibet* (Boston, Mass.: Shambhala Publications, 2001), pp. 462ff.

21. Antes de sua conversão para o Dharma, Angulimala ou "O Assassino da Grinalda de Mil Dedos" era um assassino que cortava os dedos das suas vítimas e cuja história macabra foi relatada no *Angulimala Sutta* de *Majjhima-Nikaya* (86).

22. Rachel Carson, *Silent Spring: The Classic That Launched the Environmental Movement* (Nova York: Houghton Mifflin Company, reimpresso em 2002; publ. pela primeira vez em 1962), p. 188.

23. Richard Heinberg, *Peak Everything: Waking Up to the Century of Declines* (Gabriola Island, British Columbia: New Society Publishers, 2007).

24. Douglas E. Morris, *It's a Sprawl World After All* (Gabriola Island, British Columbia: New Society Publishers, 2005), pp. 2-3.

25. Ver os nossos comentários sobre o Redemoinho Subtropical do Pacífico.

26. Roger Walsh, *Staying Alive: The Psychology of Human Survival* (Boulder, Colo.: Shambhala Publications, 1984), p. 24.

27. Eric Hoffer, *The Ordeal of Change* (Nova York: Perennial Library, reimpresso em 1963), p. 47.

28. *Bodhicaryavatara* de Shantideva (7.2). Tradução do sânscrito de Georg Feuerstein.

29. *Op. cit.*, versos 9.90-91.

30. *Op. cit.*, verso 9.110.

SETE

Cavando fundo

No curso do seu desenvolvimento, a humanidade não se limitou a transformar a superfície terrestre da Terra mas também furou, sondou e transformou significativamente seus subterrâneos. Se a agricultura raspa a superfície, a mineração pode ir a quilômetros de profundidade. Recentemente, uma empresa canadense anunciou que havia encontrado uma maneira de explorar minérios até mesmo no fundo do oceano, uma tecnologia que, caso vá em frente, provavelmente devastará enormes áreas de um ecossistema já frágil. O Buda olhava com desconfiança até para o ato de lavrar o solo, mesmo porque isso inevitavelmente matava criaturas pequenas. O que ele diria sobre a mineração? Na verdade, sabemos a resposta a essa pergunta, porque a mineração envolve atos que são censurados por monásticos, tais como a destruição da vegetação, a abertura de buracos no solo, a utilização de água ou de madeira que contêm pequenas formas de vida, a construção de grandes edifícios e, não menos importante, a agiotagem (a maioria das empresas de mineração é negociada publicamente).

Em muitos casos, as empresas de mineração estão envolvidas em fraudes públicas ou coisa pior, que seriam consideradas, pelos praticantes do Dharma uma violação importante das disciplinas morais.

A mineração tem uma longa história e remonta ao Paleolítico, quando a humanidade primitiva precisava de pederneiras para produzir ferramentas e armas e hematita, que, triturada, produzia o pigmento ocre. Nossos ancestrais remotos utilizavam quaisquer técnicas que podiam para chegar a esses recursos. No período Neolítico, a humanidade acrescentou ao seu repertório de mineração as pedreiras (para habitação e corais), o cobre e o quartzo (para ferramentas e armas), e a turquesa e o lápis-lazúli (para joias). A humanidade gradualmente foi ampliando cada vez mais seu apetite pela mineração de recursos minerais. No entanto, até o século XVIII – quando a natureza e a personalidade humana passaram a ser equiparadas a mecanismos como os dos relógios, que prepararam o palco para a industrialização – as minas eram poucas e distantes entre si. O século XIX introduziu uma nova mudança, na nossa opinião, fatal. Como Lewis Mumford aponta:

> Tão imersos estamos, mesmo nos dias de hoje, no meio de sobrevivência das crenças paleotécnicas que não estamos suficientemente conscientes da sua profunda anormalidade. Poucos de nós avaliamos corretamente as imagens destrutivas que a mineração levou para cada setor de atividade, sancionando o antivital e o antibiológico. Antes do século XIX, a mineração tinha, do ponto de vista quantitativo, apenas um papel secundário na vida industrial do homem. Em meados do século, ela passou a ser a base de cada parte dela. E a disseminação da exploração foi acompanhada por uma perda geral de forma em toda a sociedade: a degradação da paisagem e a não menos brutal desordem do ambiente comunal[1].

No núcleo inconsciente de nossa civilização moderna existe uma ferida profunda decorrente de um erro mental: o erro reducionista de que somos, de algum modo, menos do que humanos – criaturas robóticas – e de que a biosfera do nosso planeta se destina unicamente a servir aos nossos propósitos robóticos, excluindo o bem-estar de todas as outras criaturas. Naturalmente, poucas pessoas querem admitir essa autoimagem deformada, mas oculta. Também admitimos prontamente que a nossa articulação da situação é intencionalmente radical. Mas considere isto: no nível biológico, temos programas de sobrevivência muito fortes em ação, que só o indivíduo mais consciente e disciplinado pode regular – o impulso sexual é um aspecto óbvio. No nível psicológico básico, temos outros programas em execução, que os psicólogos têm rotulado como "necessidades", ou "impulsos inconscientes" e "neuroses". No nível social, ainda temos outros programas em funcionamento, que tendem a reger nossas interações uns com os outros. Damos a esses programas uma latitude tão grande que geralmente não nos concentramos no potencial maior ou mais profundo dentro de nós.

O Dharma leva em conta a disfuncionalidade básica da humanidade quando coloca a ignorância/ilusão, raiva e ganância no pivô do comportamento humano convencional. Esses três fatores motivadores são representados visualmente no centro da conhecida imagem budista da Roda da Vida na forma de um porco (ignorância), uma serpente (raiva) e um galo (ganância) – um simbolismo reconhecidamente descortês com os três animais envolvidos: os porcos são mais limpos do que sua reputação, as serpentes têm uma função muito útil no seu nicho ecológico, e sem galos não haveria ovos fertilizados. Não obstante essa correção necessária, a Roda da Vida é um retrato convincente da vida do mundano comum e um lembrete flagrante de que precisamos repetir – interminavelmente – o que não podemos transcender.

Há três círculos no diagrama da Roda da Vida. O círculo mais interior é composto das três criaturas mencionadas. O segundo círculo indica os seis reinos da existência mundana por meio dos quais os seres podem passar na existência cíclica: em ordem crescente seres infernais, fantasmas ancestrais, animais, seres humanos, semideuses e divindades. O terceiro círculo sugere que os seres podem ou se elevar ou decair em sua progressão ao longo das vidas. O quarto círculo, mais exterior, mostra os doze elos da existência condicionada, representados por imagens simbólicas da seguinte forma: a ignorância primordial (uma pessoa cega); fatores cármicos (o oleiro que faz potes); a consciência (um macaco numa árvore); os cinco agregados (um barco com um barqueiro); as seis bases dos sentidos, que compreendem os cinco sentidos e a mente (uma casa vazia); o toque (um casal); a sensação (uma seta perfurando um olho); o desejo (uma pessoa bebendo); upadana (um homem ou um macaco colhendo uma fruta); o vir a ser (uma mulher e uma criança); o nascimento (um parto) e, finalmente, a velhice e a morte (um homem carregando um cadáver). Essa ilustração descreve a "programação" kármica da vida de um indivíduo de acordo com o Dharma.

É fácil ver como a nossa "programação" ou condicionamento multinível poderia levar alguém a crer que isso é tudo o que existe para nós, que somos de fato robôs. Embora seja verdade que a pessoa irrefletida vive predominantemente sob o feitiço da sua programação genética, somático-vivencial, psicológica e social, as psicologias humanista e transpessoal sem dúvida abriram a janela para o vasto potencial humano. Muitos dos conhecimentos dessas disciplinas sobre o que Abraham Maslow chamou de os mais distantes alcances da natureza humana foram inspirados e transmitidos pelos ensinamentos de sabedoria do Oriente, especialmente o Dharma[2].

Os ensinamentos do Buda têm em seu cerne a transcendência. Ele traça o caminho do que Maslow chamou de "metamotivação". Em seus termos, poderíamos chamar o estilo de vida dármico de "vida de platô", que utiliza nosso pleno potencial, principalmente nossas incalculáveis possibilidades espirituais. Isso inclui a compreensão de possibilidades psicofísicas latentes, que são plenamente reconhecidas nas grandes tradições espirituais do mundo, incluindo o Budismo, no qual elas são conhecidas como *iddhis* ou *siddhis*, ou seja, as chamadas faculdades paranormais. Para que não descartemos esse lado da espiritualidade tradicional julgando-o mera fantasia ou mito, devemos considerar cuidadosamente a literatura parapsicológica existente e, especialmente, a monografia reveladora de Michael Murphy, *The Future of the Body*[3]. Essas faculdades e outras capacidades transpessoais desempenham um papel importante no Budismo Mahayana e Vajrayana, no qual o Bodhisattva os emprega a fim de melhor auxiliar os seres a superar seu estado de sofrimento.

De uma perspectiva dármica, a vida humana é extremamente preciosa, justamente porque nos dá a possibilidade de grande crescimento interior. Mas, para entrar em ressonância com essa visão, precisamos estar dispostos a ver (e ser capazes de ver) as trajetórias comuns de nossas vidas pessoais e coletivas de maneira muito clara. Isso implica compreender a relação disfuncional da humanidade com a natureza.

É a nossa autoimagem deformada e deficiente que nos cega, entre outras coisas, para as realidades destrutivas que existem por trás da nossa tecnologia moderna e da perversa ideologia de valorização do "maior e melhor" que a apoia. Essa autoimagem não nos permite ver os efeitos devastadores do consumo excessivo e de meios tecnológicos desequilibrados que tornam possível o consumo excessivo. Ela ofusca a nossa visão moral em relação à existência da injustiça e da fome no mundo todo. Devemos ter essa imagem maior em mente quando considerarmos a mineração neste capítulo.

Tudo começou com a mineração a céu aberto, que envolvia a raspagem cada vez maior do solo, para se chegar ao mineral desejado. Com o tempo, isso levou a vários tipos de minas subterrâneas que exigiam a construção de túneis nas entranhas da Terra. Atualmente, as minas mais profundas são as minas de ouro da África do Sul, operadas pela mineradora multinacional AngloGold-Ashanti, que possui 21 filiais em quatro continentes. Essa organização chamou a atenção da ONG norte-americana Human Rights Watch por supostamente explorar os nativos da República Democrática do Congo. De acordo com a enciclopédia *online* Wikipedia, em 2005 essa empresa chegou a admitir que pagou extorsões em dinheiro a fim de ter acesso a certas minas de ouro.

Uma das minas sul-africanas da AngloGold-Ashanti – em TauTona – tem mais de 3,6 km de profundidade, e está atualmente em processo de expansão. No momento da redação deste livro, os preços do ouro estão em alta e as empresas, motivadas pelos lucros (leia-se cobiça), estão ávidas para cavar cada vez mais profundamente a fim de encontrar veios do precioso metal. Mas a mineração profunda tem seus próprios riscos, que incluem desabamentos, explosões de gás tóxico, tremores de terra e inundações. Os mineiros são forçados a trabalhar em temperaturas muito altas e debilitantes e a correr grandes riscos. Em outubro de 2007, 3.200 mineiros ficaram presos no subsolo durante três dias antes de poderem, felizmente, ser resgatados. Não tão afortunados foram os mais de 6.000 mineiros que perderam a vida em operações de mineração na China só em 2004*.

Além de tudo isso, que já é suficientemente lamentável, a mineração, em geral, é nociva ao meio ambiente por causa da grande quantidade de detritos, dos métodos de processamento (que frequentemente envolvem escoamentos tóxicos) e do transporte (que produz altas emissões de CO_2) envolvidos nessa indústria. Nesse ínterim, os recursos minerais da Terra estão se tornando escassos, alguns dos quais – como o petróleo – mais rapidamente ainda.

O petróleo, do qual depende nossa civilização contemporânea de alta tecnologia, pode ser considerado um dos poluentes mais prejudiciais de todos. A queima de qualquer tipo de combustível fóssil (petróleo,

---

* Vale lembrar também o episódio dos 33 mineiros chilenos que, em 2010, ficaram dois meses presos a 600 metros de profundidade em uma mina de ouro e cobre, à espera das equipes de resgate. [N. da T.]

carvão, gás) cria gases de efeito estufa e, portanto, é nocivo ao ambiente. Todos os anos, a humanidade adiciona cerca de 30 bilhões de toneladas de CO_2 na atmosfera. Geramos CO_2 ao gerar eletricidade em usinas de carvão, quando fazemos queimadas (especialmente no Terceiro Mundo), quando usamos veículos motorizados, na navegação, e quando simplesmente expiramos o ar dos pulmões.

O petróleo, que polui quase tanto quanto o carvão, é responsável por mais de 40% das emissões mundiais de carbono. As nações que mais consomem petróleo – os Estados Unidos, a União Europeia, o Japão, a China e a Índia – têm um déficit significativo entre produção e consumo e, portanto, precisam importar esse "ouro negro" em grandes quantidades, geralmente do Oriente Médio (notadamente da Arábia Saudita). A extração, o transporte e o refino de petróleo poluem, assim como seus diversos usos. São necessários mais de 80 milhões de barris (ou cerca de 9.500 litros) de petróleo por dia para manter nossa civilização moderna.

Estima-se que 13 milhões de toneladas de petróleo – de vários tipos – acabam no mar, com previsíveis consequências desastrosas para a vida marinha. Durante décadas, a indústria do petróleo acreditava – ou pelo menos anunciava – que o mundo era rico em reservas de petróleo. Essa ideia se revelou ilusória, devido às reservas superestimadas. Em 2004, houve um aumento acentuado nos preços do petróleo, pressionando o custo do barril a subir para mais de 50 dólares (atualmente, o barril está quase 100 dólares). O público tardiamente começou a se perguntar o que estava acontecendo, e os especialistas começaram a falar sobre o fenômeno do "Pico do Petróleo", que é o ponto no qual a produção global não consegue mais acompanhar o consumo.

Atualmente, as empresas petrolíferas e nações inteiras estão se esforçando para garantir o máximo possível desse recurso. Em 2007, as pessoas ambientalmente conscientes assistiram com espanto companhias petrolíferas de todo o mundo buscarem petróleo nas areias de Alberta, impregnadas de alcatrão. Estima-se que essas areias com alcatrão, localizadas no norte da província canadense de Alberta e cobrindo uma área de 141.000 quilômetros quadrados, sejam a segunda maior reserva de petróleo do mundo, depois da Arábia Saudita. A extração de um galão de petróleo da areia requer 4 litros de água. O petróleo é tão poluente que, para se tornar utilizável, gera cinco vezes mais emissões de gases de efeito estufa do que o petróleo convencional. Como se isso não bastasse, o processo de extração a céu aberto também é extremamente destrutivo para a vegetação. Em seu *best-seller Stupid to the Last Drop*, William Marsden chamou a mineração nas areias negras de Alberta de "Armagedon ambiental"[4].

Convém mencionar aqui que a British Petroleum (BP), que alguns anos antes tinha começado a se anunciar no mercado como uma corporação maravilhosamente verde com o *slogan* "Beyond Petroleum" (BP), ou seja, "Além do Petróleo", surpreendeu os ingênuos juntando-se à exploração corporativa internacional nas areias petrolíferas e demonstrando que as políticas das corporações (geridas por conselhos pressionados pelos investidores) podem mudar a qualquer momento, quando a rentabilidade está em jogo.

A maioria dos especialistas concorda que o Pico do Petróleo está prestes a acontecer a qualquer momento, se já não aconteceu. Lester Brown, que há anos vem suprindo a todos com informações anuais sobre o estado do nosso planeta, observou em seu livro *Plan B 2.0*:

> O petróleo moldou a nossa civilização do século XXI, afetando cada faceta da economia, desde a mecanização da agricultura até as viagens aéreas em jatos. Quando a produção decair, esse será um evento sísmico no mundo econômico que criará um mundo diferente de todos os que conhecemos durante nossa vida. De fato, quando os historiadores escreverem sobre esse período da história, eles poderão muito bem fazer uma distinção entre o período anterior ao pico do petróleo (APP) e o posterior ao pico do petróleo (PPP)[5].

O petróleo vai se tornar cada vez mais escasso e mais caro. Logo – pois não há alternativa verossímil em vista –, todos nós teremos que deixar nossos carros na garagem, parar de fazer cruzeiros de navio e viajar de avião. Mais importante, teremos que aumentar os termostatos no verão e diminuí-los no inverno e deixar de lado a variedade de alimentos e outros artigos de consumo a que estamos acostumados. Os supermercados têm no estoque uma média de 30 mil itens, e teremos que nos acostumar a encontrar as prateleiras vazias e, no devido tempo, com o desaparecimento de todos os supermercados.

Em seu livro emocionante *Peak Everything*, cujo subtítulo, muito apropriado, é Despertando para o Século dos Declínios, Richard Heinberg incluiu uma imaginativa "Carta do Futuro" em que um habitante do ano de 2107 se dirige às pessoas do ano de 2007. A carta fictícia inclui esta declaração totalmente realista:

> Vocês estão vivendo no fim de uma era. Talvez não consigam entender isso. Espero que consigam quando terminarem de ler esta carta[6].

Recontando a história que levou à catástrofe do século XXI, o velho historiador do futuro continua:

> Na época em que eu nasci, os comentaristas costumavam comparar a economia global a um cassino [...]. No início do século 21, o cassino global entrou em recessão. Aos poucos, uma nova metáfora foi criada. Saímos do cassino global para o mercado das pulgas da aldeia[7].

No *Peak Everything* e em seus outros livros relacionados com a economia, Heinberg conseguiu resumir muito bem a nossa perigosa situação. Ele e muitos outros que estudaram a nossa crise mundial em profundidade veem tragédias semelhantes assomando-se no horizonte: a falta de alimentos adequados e de água potável, o clima que coloca a vida em risco, o colapso do complexo industrial, as pandemias e guerras desesperadas por recursos com milhões de vítimas. Isso não é ficção científica. É uma extrapolação racional baseada nas evidências atuais. Se você joga em um cassino, para usar a metáfora de Brown, é bem provável que cedo ou tarde comece a perder.

Os combustíveis fósseis – como o carvão, o petróleo e o gás natural – logo vão se esgotar, por causa da imensa e acelerada demanda mundial. A produção de outros recursos de importância vital também chegará ao pico na sequência, causando um desastre. Isso inclui a água doce e os grãos. Além disso, segundo previsões, a extração de metais e minerais, muitos dos quais são fundamentais para a indústria, vai começar a diminuir. Ao mesmo tempo, à medida que a população, principalmente dos países superconsumistas, cresce, a demanda por mais energia também vai aumentar: uma fórmula para o desastre. Por trás de todos esses desenvolvimentos ameaçadores está o cenário de aquecimento global com suas previsíveis consequências desastrosas, que trataremos no próximo capítulo.

Eis alguns números para colocar as coisas na perspectiva adequada. Segundo estimativas, em 1990 o mundo extraiu da terra 11 bilhões de toneladas de pedras, 9 bilhões de toneladas de areia e cascalho, 552 milhões de toneladas de ferro em lingotes, 500 milhões de toneladas de vários tipos de argila, 191 milhões de toneladas de sal, 28 milhões de toneladas de potassa, 18 milhões de toneladas de alumínio, cerca de 9 milhões de toneladas de cobre, cerca de 9 milhões de toneladas de manganês, mais de 7 milhões de toneladas de zinco, 216 mil toneladas de estanho, 15 mil toneladas de prata e 200 toneladas de ouro[8]. Vamos tentar tornar pelo menos um desses números um pouco mais claros: 11 bilhões de toneladas de pedras equivalem a 2,2 bilhões de caminhões com uma carga de cinco toneladas e de cerca de 7 metros de comprimento, que em fila, para-choque contra para-choque, poderiam rodear a Terra aproximadamente 393 vezes – um número absolutamente incrível e insano!

Igualmente insana é a prática da mineração industrial, iniciada na década de 1970, do que é chamado de remoção do cume, que consiste em explodir o topo das montanhas e reduzi-lo a fragmentos, para ter acesso aos metais e minerais (geralmente carvão) enterrados dentro delas. Essa prática, que muda radicalmente a topologia e destrói cruelmente o meio ambiente local, demonstra a agressividade e destrutividade da indústria de mineração. A devastação que normalmente fica longe dos olhos é aqui exposta sem desculpas. Como se para aplaudir e incentivar essas práticas horríveis, muitos países não apenas subsidiam a indústria de mineração como também dão às empresas mineradoras muitos incentivos fiscais.

Devemos chamar a atenção para a mineração de urânio, que geralmente exige a remoção de grandes volumes de rocha e é considerado altamente perigoso para os mineiros por causa da presença do gás radioativo radônio. Em 1999, o mundo tinha extraído mais de 34 mil toneladas desse metal fatídico; hoje, esse número é de cerca de 40 mil toneladas. Além do impacto prejudicial da mineração de urânio sobre o meio ambiente, devemos considerar o efeito terrível do urânio enriquecido, como são produzidos nas 440 usinas nucleares em todo o mundo e que foram usados em artefatos militares. Aqui, sem dúvida, a loucura atinge o nível da insanidade, primeiro por causa da grande destrutibilidade das bombas nucleares e, segundo, por causa da completa inexperiência dos cientistas sobre como descartar com segurança os resíduos radioativos.

Diante desse cenário feio e ameaçador da devastação sistemática dos recursos naturais da Terra pela indústria, a humanidade continua de modo sonâmbulo com "os negócios de sempre". Antigas minas continuam a ser exploradas ao máximo e outras são abertas. Elas continuam a desfigurar a Terra e arruínam o meio ambiente. Tal como outras formas da indústria, a indústria mineira é mantida pelo consumo de massa. A mineração, como vemos, é um símbolo dos piores aspectos da industrialização e da produção em massa. É um testemunho vivo da ganância que alimenta grande parte da nossa civilização moderna.

Embora poucos homens de negócios considerem a sua aspiração básica por lucros como uma forma de ganância, nós discordamos. Só porque temos a ganância institucionalizada sob a categoria mercantil de lucro e porque quase todos os membros da nossa civilização pensam em termos monetários, isso não faz com que a cobiça passe a ser outra coisa, algo mais nobre. O Dharma nos diz que a cobiça é uma emoção doentia, que tem consequências kármicas negativas. A ganância é basicamente inesgotável. Apesar dos muitos objetos ou experiências que acumulamos na busca para satisfazer a nossa "sede", nunca estaremos satisfeitos. Em vez disso, é provável que a nossa sede cresça cada vez mais.

Nossa civilização consumista gira em torno da emoção fundamental da ganância, manifestando-se no impulso insaciável de adquirir cada vez mais. Em seu ensaio "Desire, Delusion, and DVDs", o professor de meditação budista americano Joseph Goldstein lembra a seguinte história sobre Sua Santidade o Dalai-Lama:

> Algum tempo atrás, sua Santidade o Dalai-Lama estava transmitindo uma série de ensinamentos em Los Angeles. Todos os dias, no trajeto do hotel até o lugar onde dava as palestras, ele passava por uma rua cheia de gente vendendo todos os mais recentes aparelhos de alta tecnologia. No começo, ele apenas olhava com interesse a paisagem nas janelas. No fim da semana, ele percebeu que tinha começado a querer coisas que nem sabia dizer o que eram! O desejo é *muito* forte. Ele faz parte da nossa biologia, pois nos ajuda a sobreviver[9].

A civilização contemporânea é projetada para estimular incansavelmente o nosso desejo por meio de embalagens, "ofertas especiais", e publicidade ardilosa e muitas vezes enganosa. A menos que tenhamos ultrapassado a fachada do consumismo, ele pode até mesmo nos fazer sentir inferiores ou culpados por não querer um produto específico ou por dizer "não" ao consumismo. As empresas não gostam do consumidor que não cobiça seus produtos nem vive insatisfeito. A função da publicidade é nos desestabilizar interiormente, com a promessa de que o produto ou programa anunciado vai nos devolver a harmonia e o equilíbrio.

Devemos cultivar a atenção plena em meio a toda essa investida sobre os nossos sentidos e sensibilidades. Nossa sociedade superconsumista segue exatamente o arco oposto do tipo de simplicidade voluntária adotado e recomendado pelo Buda, que observou:

> Aqueles de grandes riquezas e propriedades,
> Até mesmo khattiyas que governam o país,
> Olham uns para os outros com olhos ávidos,
> Insaciáveis em prazeres sensuais.
>
> Entre esses que se tornaram tão ávidos,
> Fluindo junto com o fluxo da existência,
> Quem aqui já abandonou o desejo?
> Quem no mundo não é mais ávido?[10]

De acordo com o cânone em páli, um brâmane chamado Esukari questionou o Buda sobre o ideal védico da riqueza, que é específico para cada uma das quatro classes sociais – brâmanes (sacerdotes), xátrias (guerreiros), vaishyas (comerciantes) e shudras (trabalhadores)[11]. O Buda respondeu calmamente declarando que o supramundano Dhamma [Dharma] era a verdadeira riqueza de uma pessoa, independentemente de seu *status* social e riqueza material. Além disso, o Buda enfatizou que qualquer pessoa é capaz de cultivar os estados sãos da mente – uma mente desprovida de cobiça, luxúria e raiva.

Como podemos nos livrar da ganância? Quando fazemos uma análise meticulosa dos nossos impulsos de avareza, descobrimos que eles encobrem uma profunda insatisfação com a vida mundana em si, que é instável e imprevisível: lá no fundo nós sabemos que a vida convencional nunca será capaz de nos satisfazer e que temos de escavar as camadas de nossa própria mente para saber o que vai saciar a nossa sede existencial.

No cânone em páli, encontramos um sábio discurso feito por Mahakaccana a pedido do Buda. No fim, Ananda elogiou o discurso de Mahakaccana para o Buda assim:

> Venerável senhor, suponha que um homem esgotado pela fome e pela fraqueza encontrasse uma bola de mel; onde quer que ele a provasse sentiria um sabor doce e delicioso; do mesmo modo, venerável senhor, qualquer bhikkhu [monge] de mente ágil, onde quer que ele analisasse com sabedoria o significado desse discurso sobre o Dhamma, iria encontrar satisfação e autoconfiança[12].

Com seu silêncio, o Buda concordou com o primo e discípulo Ananda. Na verdade, a satisfação que buscamos, mas não conseguimos encontrar em coisas mundanas, podemos encontrar na reflexão e compreensão do Dharma. Isso nos coloca em contato com a verdade, que é inerentemente satisfatória para a mente aberta que se libertou das garras do ego. Joseph Goldstein, que é professor de meditação desde 1974, fez a seguinte observação perspicaz sobre o estado mental da ganância doentia:

> O silêncio é outro grande apoio para enfraquecer a ganância. Com pouco contato visual e sem falar, as pessoas sentem menos necessidade de se apresentar para outras pessoas. Toda a máquina da autoimagem funciona em câmera lenta[13].

Começamos este livro destacando o poder de cura do silêncio. Os retiros de meditação formais, como os que Goldstein tinha em mente ao fazer o comentário anterior, proporcionam um ambiente estruturado, em que o silêncio da autoinspeção, da autotranscendência e da autotransformação são incentivados. Se feitos corretamente, esses retiros são sempre um confronto de alguém consigo mesmo, com hábitos e motivações não examinados – as coisas que não gostamos de admitir que existem em nós mesmos, mas que gostamos de apontar nos outros. Como a prática do silêncio acalma e preenche a nossa mente, tornamo-nos cada vez mais libertos das garras de ferro do ego e de seus múltiplos desejos e aversões.

Outro meio poderoso de minar a ganância é a prática consciente da generosidade, como é desenvolvida no caminho do Bodhisattva. Para citar Goldstein novamente:

> A generosidade decreta a qualidade da não ganância; é uma vontade de dar, de partilhar, de entregar. Pode ser doação do tempo, da energia, dos recursos, de amor e até mesmo, em casos raros, da própria vida para o benefício e bem-estar dos outros. A generosidade enfraquece a tendência ao apego e à avidez e está intimamente ligada ao sentimento de bondade e amor. As pessoas que vivenciam o poder e a alegria da generosidade também sentirão seus efeitos sobre o ato de consumir. O cultivo da generosidade oferece um antídoto muito forte à mente sequiosa, e seria um forte corretivo se tomado de uma forma generalizada em toda a nossa cultura[14].

Nossa natureza desejosa é transcendida no momento em que abandonamos o centro artificial de nós mesmos – o "eu" –, que, como o antigo muro de Berlim, faz uma divisão falsa e nociva entre "nós" e "eles", entre nós e tudo o mais. Como o muro de Berlim, que foi destruído em 1989, é preciso pôr abaixo a noção de eu, passando a entendê-lo como algo que *fazemos* a cada momento; algo que não é necessário nem produtivo para a nossa felicidade; pelo contrário, causa-nos grande sofrimento.

A busca pela felicidade, considerada um direito humano básico na Declaração da Independência dos Estados Unidos, foi extremamente aviltada ao ser equiparada à busca do prazer. Ela tem inquestionável valor quando entendida como o desejo de encontrar a felicidade duradoura, que não pode ser encontrada nos reinos da existência condicional. Se queremos ser eterna e profundamente felizes, precisamos encontrar o silêncio e a simplicidade dentro de nós. Temos de parar de explorar a natureza para produzir cada vez mais produtos considerados valiosos, convenientes, lucrativos ou prazerosos pela mentalidade convencional. Em vez disso, precisamos encontrar novamente dentro de nós a alegria do incondicional, que se contenta em deixar as coisas serem como são, com respeito a tudo e enxergando tudo com igual reverência. Essa é a fase sublime do desenvolvimento humano. Essa é a natureza humana no seu melhor. Concordamos com o ecofilósofo Henryk Skolimowski:

> Quem é o *anthropos*? Uma biomáquina? Um indivíduo egoísta, egocêntrico, ganancioso, parasita? Ou o Buda? O significado de *anthropos* pode ser sublime e pode ser desprezível. Se articularmos nossa consciência na imagem do Buda, poderemos ficar orgulhosos do *anthropos* em nós[15].

Quando assistimos à destruição global promovida pela mineração, parece lógico buscar uma maneira mais simples de vida, que proteja e preserve a natureza e todos os seus filhos e que eleve o ser humano ao nível de um Buda. Aqueles que perseguem o fogo-fátuo do progresso sem dúvida subestimarão essa ideia, julgando-a um ludismo ultrapassado – e eles estariam certos, se não fosse pela violência que houve quando aqueles trabalhadores da indústria têxtil britânica do início do século XIX destruíram furiosamente o equipamento que, na opinião deles, estava lhes roubando o sustento. Para sobreviver à calamidade ambiental que vem por aí, devemos aprender a simplificar nossa vida e a fazer isso muito rapidamente. Precisamos tornar a nossa civilização sustentável, ou ela estará perdida.

Notas do Capítulo 7

1. Lewis Mumford, *The City in History: Its Origins, Its Transformations, and Its Prospects* (San Diego, Calif.: Harvest Books, reimpresso em 1989), p. 450.

2. Ver Abraham Maslow, *The Farther Reaches of Human Nature* (Nova York: Viking Press, reimpresso em 1972).

3. Ver Michael Murphy, *The Future of the Body: Explorations Into the Further Evolution of Human Nature* (Los Angeles: J. P. Tarcher, 1992). Ver também Roger Walsh e Frances Vaughan, orgs., *Paths Beyond Ego* (Nova York: J. P. Tarcher/Putnam, 1993).

4. Ver William Marsden, *Stupid to the Last Drop: How Alberta is Bringing Environmental Armageddon to Canada (and Doesn't Seem to Care)* (Toronto: Alfred A. Knopf, Canada, 2007).

5. Lester R. Brown, *Plan B 2.0: Rescuing a Planet Under Stress and a Civilization in Trouble* (Nova York: W. W. Norton, 2006), p. 21.

6. Richard Heinberg, *Peak Everything* (Gabriola Island, British Columbia: New Society Publishers, 2007), p. 173.

7. Ibid., p. 176.

8. Essas estimativas podem ser encontradas em *State of the World 1992*, de Lester R. Brown (Nova York: W. W. Norton, 1992), p. 102.

9. Joseph Goldstein, "Desire, Delusion, and DVDs", em Stephanie Kaza, org., *Hooked!* (Boston, Mass.: Shambhala Publications, 2005), p. 17.

10. O *Devata-Samyutta-Sutta* de *Samyutta-Nikaya* (71-72). Bhikkhu Bodhi, trad., *The Connected Discourses of the Buddha: A Translation of the Samyutta-Nikaya* (Boston, Mass.: Wisdom Publications, 2000), p. 103.

11. Ver *Esukari-Sutta* de *Majjhima-Nikaya* (96). Bhikkhu Nānamoli e Bhikkhu Bodhi, trad. *The Middle Length Discourses of the Buddha: A Translation*

of the Majjhima Nikāya (Boston, Mass.: Wisdom Publications, 2ª ed., 2001), pp. 786-790.

12. Bhikkhu Nānamoli e Bhikkhu Bodhi, *op. cit.*, pp. 205-206.
13. Joseph Goldstein, *op. cit.*, p. 22.
14. Ibid., pp. 23-24.
15. Henryk Skolimowski, *The Participatory Mind: A New Theory of Knowledge and of the Universe* (Nova York: Arkana, 1994), p. 377.

OITO

Uma tempestade em formação

De acordo com o cânone em páli, o Buda dirigiu-se ao seu filho Rahula assim:

> Rahula, desenvolva a meditação que é como o ar; pois, quando você desenvolve a meditação que é como o ar, os contatos agradáveis e desagradáveis que surgirem não vão invadir sua mente e permanecer ali. Assim como o ar toca coisas limpas e coisas sujas, excrementos, urina, cuspe, pus e sangue, e o ar não é rechaçado, humilhado e odiado por causa disso, assim também, Rahula, desenvolva a meditação que é como o ar, pois, quando você desenvolve a meditação que é como o ar, os contatos agradáveis e desagradáveis que surgirem não vão invadir sua mente e permanecer[1].

O conselho do Buda é, como sempre, profundo. Ele reflete, no entanto, um momento da história em que o ar ainda era tão limpo que se prestava a ser usado como exemplo de pureza. Se o Buda estivesse vivo hoje, ele teria que encontrar outro símbolo de pureza, pois nossa atmosfera é altamente poluída. No entanto, ao mesmo tempo, o ar pode servir como símbolo para outro fato significativo: ele é um grande ambiente unificador. Graças à atmosfera, seja ela limpa ou poluída, todos os seres que respiram – plantas, animais e seres humanos – estão intimamente ligados. Pois as moléculas que compõem a atmosfera estão envolvidas em uma contínua dança, que as leva a dar a volta ao mundo várias vezes. Assim, todo ser humano vivo hoje já respirou pelo menos uma molécula do mesmo ar que o Buda respirou há mais de dois milênios e meio. Podemos ter certeza de que essa molécula de ar entrou e saiu do corpo do Buda através de sua respiração conscientemente.

Como tivemos de aprender mais recentemente, mas ainda não compreendemos totalmente, o ar também é o principal meio de aquecimento global, a maior ameaça hoje para a continuação da nossa biosfera de modo geral e para a sobrevivência da vida humana de maneira especial. O aquecimento global pode ser definido como um aumento gradual na temperatura *média* da atmosfera da Terra e do oceano.

A mecânica do aquecimento global de hoje é entendida da seguinte maneira: a poluição, sob a forma de partículas, vapores e os chamados gases de efeito estufa (o dióxido de carbono, o dióxido de enxofre, o dióxido de nitrogênio, o ozônio, o metano etc.) dificultam a dispersão do calor do Sol, que fica retido entre o solo e a camada poluída da atmosfera. Um fenômeno relacionado, que raramente é mencionado, é o escurecimento global, que foi descoberto por David Travis, um climatologista da University of Wisconsin. Ele observou que, após a tragédia do 11 de setembro de 2001, quando todo o tráfego aéreo sobre os Estados Unidos foi suspenso por três dias, a ausência de rastros de aviões a jato no céu permitiu que mais luz solar chegasse ao chão e elevasse a temperatura da Terra em um grau Celsius nesse curto espaço de tempo. Assim, somente a limpeza da atmosfera, sem que sejam tomadas medidas para reduzir drasticamente o consumo – portanto a poluição – em todo o mundo, teria um efeito indesejável e até mesmo desastroso. Equivaleria a acelerar o aquecimento global ainda mais.

A melhor evidência científica disponível indica que, durante o século XX, a temperatura média da superfície da Terra aumentou 0,6 grau Celsius. Isso não parece muito. É, no entanto, extremamente significativo do ponto de vista da biosfera da Terra e dos seus trilhões de habitantes. A importância do aquecimento global reside em que, por um lado, ele reduz a neve do nosso planeta e a cobertura de gelo e, por outro lado, ele provoca temperaturas extremamente baixas em algumas partes do mundo. O aquecimento global é acompanhado de fenômenos complexos e bastante imprevisíveis, tais como secas severas em uma área e inundações em outras. Isso significa que, quando a temperatura da Terra aumentar haverá mais megafuracões, incêndios florestais e inesperadas e maciças precipitações de chuva, neve ou gelo que vão matar pessoas e causar danos generalizados ao meio ambiente e prejuízos materiais.

O aquecimento global está fazendo com que as calotas polares e as geleiras derretam, surjam desertos, o nível do mar suba e engula ilhas e terras costeiras, montanhas mudem de forma e desmoronem, terras antes firmes desintegrem-se, alergias piorem, doenças crônicas que pareciam extintas retornem, o comportamento dos animais (tais como migrações) mudem e espécies inteiras desapareçam. O pior de tudo é que agimos como se ainda não tivéssemos uma compreensão razoável do aquecimento global a ponto de saber como isso irá afetar o nosso planeta nas próximas décadas e nos séculos vindouros, exceto pela certeza de que o tempo se tornará cada vez mais imprevisível e severo, tornando nossa vida cada vez mais difícil.

A gravidade do aquecimento global, mesmo no ritmo atual, foi demonstrada em 2007 por vários eventos: um enorme bloco de gelo marinho do tamanho de Ontário derreteu no Ártico (no montante de 552 bilhões de toneladas) e abriu a passagem noroeste (entre a Europa e a

Ásia); o gelo da Groenlândia está encolhendo mais rápido do que qualquer cientista tinha previsto e conferindo à Groenlândia sua própria série de Cataratas do Niágara, que impulsionam o derretimento das calotas polares no oceano tão rapidamente que o nível do mar pode subir até 2 metros não em séculos, como se pensava anteriormente, mas possivelmente em décadas ou até anos; o subsolo permanentemente congelado do Alasca está se aquecendo e corre o risco de descongelamento; janeiro de 2007 foi o janeiro mais quente já registrado (desde que a manutenção de registros foi inaugurada em 1880) em todo o mundo, com 0,85 grau Celsius acima do normal; a Federação Internacional da Cruz Vermelha anunciou que o aquecimento global causou um número 27% maior de desastres naturais, na sequência de um aumento de 70% entre 2004 e 2006.

Os desastres naturais geralmente causam dificuldades e sofrimento para os seres humanos, o que, por si só, já deveria bastar para nos fazer prestar atenção. Os praticantes do Dharma dedicam-se, por assim dizer, à tarefa de diminuir o sofrimento, tanto o seu próprio quanto o dos outros seres sencientes. Quantos desastres naturais ainda serão necessários para se concluir que devemos defender um estilo de vida ecológico e uma ação política ecológica para reequilibrar o meio ambiente da Terra? Quanto sofrimento ainda temos que testemunhar para que sejamos tocados em nossa compaixão? Se estamos adotando uma atitude do tipo "esperar para ver", sem dúvida a natureza vai nos proporcionar cada vez mais oportunidades para testemunharmos a sua agonia.

À medida que o gelo derrete, a capacidade da Terra de refletir luz solar (conhecida como albedo) diminui, e com a diminuição da reflexão do gelo no Ártico, o calor do sol é absorvido pelo oceano, que, por sua vez, acelera o aquecimento global – um ciclo fatal que vai prejudicar todos os seres deste planeta. Ele já está afetando inúmeras espécies, incluindo os membros da família humana que, como os inuítes, há milhares de anos habitam as latitudes inclementes do globo, ou aqueles que

– como os das ilhas do Pacífico – têm desfrutado de uma vida simples, mas geralmente sossegada nos trópicos. Ambos estão agora prestes a ser desalojados. Como outros seres humanos, eles ainda têm a chance de bater na porta do vizinho mais próximo para buscar abrigo. Espécies animais deslocadas não têm a mesma possibilidade.

O que torna as coisas piores, talvez até muito piores, é que já existem indícios de que o oceano, um dos dois maiores sumidouros de carbono do nosso planeta (o outro são as florestas, que estamos destruindo), não está conseguindo assimilar o CO_2 de modo tão eficiente quanto no passado. Isso significa que podemos esperar um teor muito mais elevado de CO_2 na atmosfera e, portanto, um aquecimento global mais rápido e maior, com mais possibilidade crescente de picos catastróficos.

Os cientistas geralmente afirmam que o Holoceno – o período que vai de cerca de 10 mil anos a.C. até os dias atuais – apresenta uma extraordinária estabilidade climática. Em geral, esse tem sido o caso, o que permitiu que a civilização humana criasse raízes na Terra e crescesse até atingir a magnitude absurda que tem hoje. Mas, como Eugene Linden revelou em seu livro *The Winds of Change*, baseado em pesquisas altamente especializadas desde os anos 1970, experimentos com núcleos de gelo da Groenlândia têm mostrado o contrário. Ocorreu, de fato, uma série de mudanças climáticas (nomeadamente a súbita "Pequena Idade do Gelo", que começou no século XIV e continuou esporadicamente até o século XIX d.C.) que afetou muito a humanidade na época. Também ocorreram mudanças bruscas nas temperaturas, que ficaram mais elevadas, o que também causou grandes problemas para a humanidade.

O atual fenômeno do aquecimento global tem sido relacionado claramente e de modo seguro com as atividades humanas da civilização e não com ciclos climáticos naturais. Espera-se agora que a temperatura global aumente 0,3 grau Celsius na década de 2004 a 2014. Ninguém tem ideia do que isso vai desencadear na Terra.

No entanto, os governos do mundo, ignorando os fatos e apostando que tudo vai ficar bem, concordaram, em novembro de 2007, em que a temperatura não deve ultrapassar 2-2,4 graus Celsius dos níveis pré-industriais. Isso levaria todos nós a um território climático que a Terra não conheceu em 1 milhão de anos – uma decisão totalmente imprudente e arriscada! Alguns responsáveis pelas diretrizes políticas até propuseram um aumento de 6 graus Celsius, o que, segundo a maioria dos meteorologistas, nos levaria direto para o colapso da biosfera. Como observou Mark Serreze, um glaciologista do Centro de Dados Nacional de Neve e Gelo dos Estados Unidos, no que diz respeito a derreter o gelo do Ártico, já estamos "100 anos à frente do previsto"[2].

Nossa atmosfera contém atualmente cerca de 383 partes por milhão de CO_2. Estamos rapidamente caminhando para 450 partes por milhão. Três milhões de anos atrás, nosso planeta era cerca de 2-3 graus mais quente – a temperatura prevista por muitos responsáveis pelas diretrizes políticas. Como será que era a Terra, então, durante o Plioceno, quando a atmosfera tinha cerca de 350 a 450 partes por milhão de CO_2? Ela certamente estava livre de gelo marinho ártico, os níveis do mar eram cerca de 15 a 45 metros mais altos, havia uma constante oscilação na temperatura e na aridez, com o clima em geral sendo muito mais úmido. Se a temperatura subir 6 graus Celsius, conforme alguns consideram concebível, o oceano e a terra vão aquecer ainda mais e o clima provavelmente será ainda menos previsível. Passado esse ponto, o aquecimento maior do oceano pode liberar os 10 bilhões de toneladas de metano que estão atualmente presos no fundo dos mares. Isso mergulhará a Terra no caldeirão fervente de 4,5 bilhões de anos atrás, com temperaturas na superfície de 230 graus Celsius – o período geológico conhecido como Hadeano, nome que vem justamente do Hades grego (ou inferno).

À luz do que os cientistas já sabem, não faz absolutamente nenhum sentido que os governos permitam um aumento de 60% nas emissões de gases de efeito estufa até 2030. Mesmo se a humanidade continuar no nível atual de emissões de CO_2, podemos esperar um aumento na temperatura de 1,7 grau Celsius, o que muitos cientistas consideram extremamente perigoso.

Em seu *best-seller The Weather Makers*, publicado em 2004, Tim Flannery admitiu que, durante anos, resistiu à ideia de dedicar seu tempo à pesquisa da mudança climática, adotando a atitude de "esperar para ver". Em 2001, as evidências científicas acerca do aquecimento global atingiram proporção suficiente para levar Flannery a entrar em ação. Ao fim de 2004, o seu interesse tinha "se tornado preocupação"[3]. Seu livro é um relato sóbrio e solene das mudanças climáticas que estão ocorrendo, e sua leitura cuidadosa dará ao leitor uma perspectiva correta, até assustadora, do que está acontecendo a uma velocidade alarmante.

Até o ex-presidente dos Estados Unidos George Bush, que também queria "esperar para ver", acabou aceitando com relutância o veredicto dos cientistas ao redor do mundo de que o aquecimento global é um fato a ser considerado. Possivelmente, a pressão pública desencadeada pela devastação de Nova Orleans em 2005, em decorrência do superfuracão Katrina, que custou 1.500 vidas humanas e danos da ordem de 135 bilhões de dólares, desempenhou um papel importante na mudança de opinião do presidente, embora até a presente data as medidas nacionais e internacionais para frear o aquecimento global ainda estejam longe de ser as ideais.

Reconhecendo a ameaça que o aquecimento global representa para a estabilidade social, econômica e política, a maioria dos governos do mundo tem, desde 1992, debatido estratégias para reduzir as emissões de gases de efeito estufa a fim de controlar a poluição. Infelizmente, os interesses nacionais têm até agora impedido totalmente uma ação coordenada em nível mundial. Assim, o decisivo Protocolo de Kyoto de 1997, um acordo legalmente vinculante, foi rejeitado em 2001 por seu cossignatário mais importante, os Estados Unidos, que praticamente neutralizou os esforços de correção dos 126 países que ratificaram o Protocolo em 2004. Infelizmente, a China, a Índia, o Brasil e a Austrália – todos megapoluidores – não estavam nem mesmo entre os signatários originais. Felizmente, a Austrália, que já está com problemas ambientais consideráveis, finalmente se juntou à liga das nações sensíveis em 2007, sob o governo do novo primeiro-ministro Kevin Rudd. Ele concordou em cumprir a taxa estipulada de redução das emissões de gases com efeito estufa para seu país. Mais recentemente, a China, a Índia e o Brasil também ratificaram o Protocolo, mas até agora limitaram a sua participação à monitorização da poluição nos respectivos países, o que realmente significa muito pouco neste momento.

Embora o Protocolo de Kyoto seja considerado falho, mesmo pelos países que o ratificaram, pelo menos foi um começo. Contudo, para responder ao desafio do aquecimento global de maneira significativa, devemos sem falta reduzir radicalmente as emissões de gases de efeito estufa da humanidade. Isso significa que nós também temos de fazer a nossa parte como indivíduos responsáveis. Primeiro, temos de reduzir pessoalmente nossa produção de CO_2 e de outros gases de efeito estufa. Em segundo lugar, temos de obrigar as autoridades governamentais municipais, estaduais e federais a representar a nossa vontade. Não há tempo para hesitar ou simplesmente esperar pelo melhor. Na prática, como podemos fazer a nossa contribuição para o espectro do aquecimento global? Especificamente, quais são as suas emissões pessoais de CO_2? Essa não é apenas uma pergunta retórica. Se você quiser descobrir qual é a sua contribuição pessoal ao desastre planetário, poderá calcular isso facilmente utilizando uma das várias calculadoras da internet[4]. Recomendamos que você reserve um tempo para fazer esse cálculo imprescindível e, então, com base nele, faça *grandes* mudanças em seu estilo de vida. Não há outra maneira de evitar uma catástrofe global.

A atmosfera total compreende cerca de 5 quatrilhões de toneladas de gases, especialmente oxigênio. Embora as emissões de gases de efeito estufa causadas pelo homem componham apenas 2% desse total, eles alteram decisivamente a qualidade da atmosfera. Essa situação é semelhante a adicionar apenas uma gota de tinta preta em um meio branco; o resultado é inevitavelmente cinza, não branco. De maneira mais dramática, até 150 bilionésimos de um grama de tétano são fatais para um ser humano. Visto que a humanidade, até agora, não conseguiu responder de maneira decisiva à atual crise planetária, só podemos concluir que nossa espécie está agindo num nível de profunda ignorância, o que é efetivamente uma atitude suicida.

No início de 2007, um painel internacional de cientistas, que representam 113 países, previu que o aquecimento global já tinha ganho impulso suficiente para continuar por séculos, independentemente de quaisquer medidas corretivas tomadas agora. Essa perspectiva sombria deveria ter assustado todos os cidadãos do mundo. Mas isso não aconteceu. Em vez disso, a poluição continua num ritmo acelerado. Embora os Estados Unidos, um grande poluidor, tenham conseguido reduzir suas emissões de gases causadores do efeito estufa, a China está agora assumindo o primeiro lugar entre os poluidores, com a Índia em terceiro, depois dos Estados Unidos. As compilações estatísticas oferecidas por diversas organizações internacionais deixam bem claro que estamos enfrentando esse desafio global coletivamente. A mudança climática não é uma questão local. A poluição não é apenas um problema nacional. Como dissemos no início deste capítulo, todos ligados pela atmosfera estamos e seguindo rumo a um único destino. Lembremos estes versos de Shabkar:

Como um leque que se agita para a frente e para trás,
A brisa fresca tempera o ardor do sol;
Os ventos frescos também trazem muitas fragrâncias,
"Você, eremita, não tem incenso"[5].

Infelizmente, hoje a brisa está ficando cada vez mais quente e vai trazer um alívio cada vez menor às criaturas da Terra. O Tibete, terra natal de Shabkar e o local mais alto do mundo, escapou às consequências da industrialização durante os séculos XIX e XX. Hoje em dia, mesmo essa região remota está mostrando sinais de stress ambiental. O inverno de 2007 apresentou temperaturas 1,4 grau Celsius mais altas em relação à média regional de -4,4 graus Celsius – o terceiro inverno num período de sete anos. Lhasa, a capital do Tibete, teve uma temperatura 6 graus acima do normal. Os climatologistas estão observando ansiosamente o Himalaia, como os mineiros vigiam seus canários.

Tornou-se inegavelmente evidente que todos nós compartilhamos a mesma atmosfera quando os pesquisadores descobriram que uma vasta nuvem de poluição se afastou da China e da Índia e, atravessando o Oceano Pacífico, chegou aos Estados Unidos. Descobriu-se que 25% dos poluentes do ar extremamente poluído de Los Angeles provêm do Oriente. Em grande parte por causa do consumismo exagerado das nações da Europa e da América do Norte, tanto a China quanto a Índia entraram em um frenesi de industrialização na década de 1980, o que levou essas grandes nações a uma espiral descendente de poluição ambiental. Para dizer de maneira nua e crua, a nossa própria ganância provocou uma cadeia de reações, que agora traz uma série de consequências altamente indesejáveis e imprevistas.

Do mesmo modo, qualquer atitude positiva que estivermos tomando, tanto individual quando nacionalmente, vai influenciar de modo positivo o restante do mundo. Se, entretanto, individualmente e em nível nacional, permitirmos que a poluição e o aquecimento global prossigam sem controle, podemos ter a certeza que o nosso descaso infligirá cada vez mais sofrimento a todo o planeta, não apenas à nossa espécie humana, mas a todos os seres vivos na Terra. Para um praticante do Dharma, especialmente comprometido com o ideal do Bodhisattva, essa não é uma opção.

Temos de nos tornar mais plenamente conscientes do contexto ambiental e social em que vivemos. A atenção plena – eu estou inspirando, eu estou expirando – é excelente. A atenção plena compassiva é ainda melhor. Quando a atenção plena é transformada em uma técnica de meditação mecânica, ou um hábito automático, ela omite o poder de empatia e, portanto, sai do âmbito do *bodhicitta*, o impulso dármico para a libertação de todos os seres.

Esse impulso dármico inclui uma preocupação sincera com o bem-estar de outros seres humanos. Enquanto os seres sencientes estiverem presos nas imediações do sofrimento, eles não terão a atenção livre para buscar o ideal de libertação. Assim, um Bodhisattva está atento ao bem-estar físico, emocional, mental e social das outras pessoas. Ele ou ela vai cuidar diligentemente das necessidades físicas e mentais de um ser humano ou não humano em sofrimento, para que um dia – nesta vida ou numa vida futura – esse ser possa vir a desfrutar de melhores condições, que então permitam a contemplação de uma existência dármica e mais elevada.

Em termos práticos e imediatos, como praticantes do Dharma devemos estar conscientes do impacto da poluição do ar, especialmente em crianças, doentes e idosos, e nos preocupar com ela. Em 2006, a David Suzuki Foundation, na província canadense da Colúmbia Britânica, publicou um relatório compilado por David R. Boyd e intitulado "O Ar que Respiramos", que mostrou os terríveis efeitos da má qualidade do ar sobre a saúde dos cidadãos canadenses[6]. No seu prefácio, Suzuki menciona que, segundo o Canadian Institute of Child Health, a exposição a toxinas presentes no meio ambiente tem provavelmente aumentado o câncer infantil em 25%, no último quarto de século. O próprio relatório refere-se à triste realidade de que, de acordo com a Ontario Medical Association, havia uma estimativa de 5.800 mortes prematuras, 16 mil internações e 60 mil atendimentos de emergência, em Ontário, devido à poluição do ar, independentemente dos mais de 7 bilhões de dólares gastos em saúde e da perda da produtividade e prejuízos da previdência social devidos à morte prematura.

A situação é semelhante ou pior em outras partes do mundo. Em 2005, a Agência Europeia do Meio Ambiente estimou os custos anuais com cuidados médicos devidos à poluição do ar na faixa entre 300 e 800 bilhões de dólares na União Europeia. A estimativa para os Estados Unidos é de 55 bilhões, embora esse número provavelmente fique abaixo do esperado. Uma pergunta ingênua: será que esse tipo de dinheiro não seria mais bem investido em prevenção?

Obviamente, não queremos seguir o mau exemplo da cidade chinesa de Linfen, onde a qualidade do ar é tão ruim que a maioria de seus 3,5 milhões de habitantes sofre de problemas respiratórios crônicos. O ar é tão poluído que muitas pessoas têm sido obrigadas a usar máscaras. Elas só conseguem ver o Sol muito raramente, porque a cidade está envolta em uma névoa permanente e perigosa. De acordo com um conhecido levantamento realizado em 2001 pelo Banco Mundial, 16 das 20 cidades mais poluídas do mundo ficam na China. Uma pesquisa posterior feita pelo instituto nova-iorquino Blacksmith publicou uma lista diferente de competidores nem um pouco orgulhosos, mas que também incluiu a cidade de Linfen.

Estudos realizados na Cidade do México mostraram que, em bairros onde a poluição do ar é particularmente ruim, as células que revestem o nariz e a garganta das crianças são permanentemente alteradas para, eventualmente, dar origem a câncer na vida adulta. No entanto, com a poluição mundial, o conceito de poluição dos países vizinhos está se tornando cada vez menos significativo. A poluição polui todos na Terra.

Com certeza, todos nós valorizamos a saúde. Norte-americanos e europeus estão gastando bilhões de dólares em produtos de venda livre para a saúde e em alimentos saudáveis. No entanto, relativamente poucas pessoas buscam ativamente, por si mesmas e pela comunidade, estratégias pessoais e comunitárias para melhorar a qualidade do ar que respiram, minimizando o uso de automóveis e andando mais de bicicleta e a pé, favorecendo alimentos cultivados ou produtos manufaturados localmente em vez de alimentos e produtos que necessitam de transporte de longa distância, evitando viagens de avião e, sobretudo, reduzindo o consumo.

Se nem sequer cuidarmos de nossa própria espécie, será pouco provável que nos importemos com a situação difícil em que se encontram outras espécies, que também estão sofrendo com os efeitos nocivos de uma atmosfera poluída e com as adversidades relacionadas ao aquecimento global.

Enquanto muitas nações consideram a poluição do ar como um problema de alta prioridade – provavelmente porque ela afeta negativamente a saúde física e mental das pessoas –, o aquecimento global é geralmente visto como uma situação a longo prazo. Em suas consequências negativas, no entanto, o aquecimento global é tão urgente quanto e ainda mais terrível do que a poluição do ar. A saúde de toda a biosfera está em jogo. A legislação de diversos países relacionada à despoluição certamente ajudou a desacelerar a poluição do ar localmente, mas temos de aprender a pensar em uma escala maior – principalmente diminuindo o nosso nível habitual de consumo –, reduzir as fontes de poluição em toda parte e parar de dar incentivos às nações que têm a intenção de seguir o caminho destrutivo do mundo industrializado.

O argumento que às vezes ouvimos de que, ao reduzir a nossa demanda por um número cada vez maior de produtos, vamos privar os países em desenvolvimento da oportunidade de conquistar um padrão de vida melhor é falho. Como podemos ver na Índia, por exemplo, apenas a classe média se beneficia do crescimento econômico do país; o resto da população vive na mais abjeta pobreza. Num prazo um pouco mais longo, ninguém vai se beneficiar, pois a industrialização terá poluído a terra, a água e o ar. Assim, poderíamos afirmar, com base em uma perspectiva racional e dármica, que promover a rápida industrialização dos países em desenvolvimento é um desserviço para a população desses países, assim como não conter a nossa ganância e excesso de consumo é prejudicial para nós.

A humanidade está enfrentando uma situação inteiramente nova. Pela primeira vez na sua história, ela precisa, de modo consciente e coletivo, escolher um caminho de desenvolvimento ou que garanta a sua sobrevivência ou que a impulsione rumo à extinção. Nos tempos de guerra, os indivíduos e até nações inteiras podem demonstrar uma vontade e desenvoltura extraordinárias. A Segunda Guerra Mundial é um bom exemplo, quando muitas nações se mobilizaram para se opor ao regime de Hitler. A humanidade como um todo está num momento de crise ainda mais crucial.

Nós, pessoalmente, vemos isso como uma oportunidade para a humanidade dar um salto espiritual e moral. O aquecimento global pode ainda ser o tipo de evento transformador e integrativo que propiciará o que a chamada globalização tem feito apenas no nível econômico. Como indivíduos, enquanto nos esforçarmos para reduzir nossas emissões de carbono, inevitavelmente teremos que examinar a maneira como vivemos. Isso nos colocará em contato com nossos desejos, especialmente os nossos impulsos aquisitivos. Pode-se dizer que a natureza está nos obrigando a ser mais introspectivos, mais conscientes. Se de fato temos uma consciência, vamos querer tornar o nosso estilo de vida sustentável.

Pelo menos indireta, se não deliberadamente, os nossos esforços para atingir a sustentabilidade irão ajudar outros seres a viver e prosperar em vez de se extinguir. Assim, se pretendemos isso ou não, vamos favorecer toda a vida. Isso aproximaria os seres humanos, budistas ou não, dos ensinamentos éticos de grandes mestres espirituais como o Buda.

Diante da tempestade que está se formando, não podemos deixar de perguntar: como é que o Buda enfrentaria essa situação perigosa?

Embora não possamos adivinhar o que faria um ser iluminado, no cânone em páli temos a seguinte declaração pertinente do Buda:

> Eu não digo que todas as tarefas devem ser realizadas, nem digo que nenhuma tarefa deve ser realizada [...] Mas, se ao realizar tarefas [...] estados prejudiciais desvanecerem e estados benéficos aumentarem, então, eu declaro, todas essas práticas devem ser realizadas[7].

Parafraseando o comentário acima, poderíamos dizer que o Buda simplesmente aconselhava todos os praticantes do Dharma a empreender ações *saudáveis* realizadas depois da devida consideração. Agora, evidentemente, as ações saudáveis no que diz respeito ao meio ambiente são as que beneficiam todos os seres, as que estão ancoradas na compaixão sábia ou na sabedoria compassiva.

Em termos da nossa atmosfera poluída e do aquecimento global, ação *saudável* é toda e qualquer iniciativa que diminua as emissões de gases de efeito estufa e evite que o nosso planeta se torne um caldeirão impróprio para a vida humana e não humana. Para os praticantes do Dharma, a ação saudável começa em casa, no uso da energia elétrica, na escolha do meio de transporte, nas preferências alimentares e na aquisição de bens de consumo. Na medida em que podemos simplificar nosso estilo de vida e torná-lo mais sustentável, podemos causar um impacto direto na condição do meio ambiente e na taxa de sobrevivência de nossa espécie e de todas as outras espécies na Terra.

Quando, dia após dia, nós nos preocupamos com as questões práticas ligadas a um estilo de vida sustentável, então a prática budista de irradiar simpatia, compaixão, alegria e equanimidade para todos os seres ganha verdadeiro significado. Para que a compaixão ou o amor façam sentido, é preciso que eles se manifestem numa ação benfazeja. A biofilia – o amor por todas as formas de vida – não é uma virtude abstrata. Ela representa um chamado para o tipo de ação abnegada e heroica que marca a sublimidade de um grande Bodhisattva.

Notas do Capítulo 8

1. O *Maharahula-Sutta de Majjhima-Nikaya* (62.16). Bhikkhu Nānamoli e Bhikkhu Bodhi, trad. *The Middle Length Discourses of the Buddha* (Boston, Mass.: Wisdom Publications, 2ª ed., 2001), p. 530.
2. David Spratt e Philip Sutton, *Climate "Code Red"* (Fitzroy, Austrália: Friends of the Earth, 2008), introdução.
3. Tim Flannery, *The Weather Makers: How We Are Changing the Climate and What It Means for Life on Earth* (Nova York: HarperCollins, 2005), p. 6.
4. Ver, por exemplo, a calculadora *online* que calcula as emissões pessoais de gases de efeito estufa em www.epa.gov/climatechange/emissions/ind_calculator.html.
5. Shabkar, *Food of the Bodhisattvas: Buddhist Teachings on Abstaining from Meat*. Trad. pelo Padmakara Translation Group (Boston, Mass.: Shambhala Publications, 2004), p. 366.
6. Ver David R. Boyd, org. *The Air We Breathe* (Vancouver, British Columbia: David Suzuki Foundation, 2006). Este relatório foi publicado em www.davidsuzuki.org/_pvw370829/files/SWAG/DSF+HEHC-Air-summ-web1.pdf. [É preciso usar as letras maiúsculas para acessar esse *site*.]
7. O *Anguttara-Nikaya* (200). Nyanaponika Thera e Bhikkhu Bodhi, *The Numerical Discourses of the Buddha: An Anthology of Suttas from the Anguttara-Nikaya* (Walnut Creek: Altamira Press, 1999), p. 261.

NOVE

Além da grande negação

Quando temos um vício grave, o processo de recuperação parece se compor de várias etapas. Começamos com a falta de consciência, que geralmente representa a negação maciça – que envolve tanto a negação para si mesmo quanto a negação para os outros – de que existe algo errado conosco. Então nos tornamos conscientes do nosso "problema" e reconhecemos a sua existência, o que num contexto monástico corresponde ao ato da confissão diante dos membros do Sangha. Esse reconhecimento inclui a percepção de que um determinado comportamento tem nos dominado, é prejudicial para nós e também nocivo e doloroso para as pessoas ao nosso redor. Em seguida, nós nos comprometemos com um processo de reabilitação pelo qual o comportamento indesejável em questão é mantido sob controle. Depois disso, comprometemo-nos com a manutenção do comportamento corretivo, se necessário pela vida toda.

Como mencionamos anteriormente, da perspectiva do Dharma, a vida convencional parece um vício pelas três formas básicas de desejo – a ganância/luxúria, a raiva/ódio e a ilusão. Os mundanos comuns são compreensivelmente lentos e relutantes em aceitar essa avaliação crítica, pois isso os obriga a alterar toda a sua abordagem autocentrada da vida. As três formas de desejo não são chamadas de "venenos" por acaso. Elas permeiam nosso ser e são sistêmicas, como uma toxina na corrente sanguínea. Elas anuviam nosso bom-senso e nos levam até mesmo a pensar que são aceitáveis porque "todo mundo" se comporta da mesma maneira. Por isso os três venenos exigem uma drástica desintoxicação, que começa com a percepção de que eles estão ativos dentro de nós e que não podem nos beneficiar ou beneficiar as outras pessoas.

Para nós, a condição atual da humanidade industrializada é semelhante ao vício. Somos viciados nas vantagens da industrialização, que podem ser resumidas sob o rótulo de consumo excessivo. Consumo excessivo, tal como o vemos, não é apenas o consumo fundamental à sobrevivência, mas o consumo por mero prazer. Consumimos muito mais do que o necessário para o nosso bem-estar físico e muito mais do que é bom para o nosso bem-estar emocional e intelectual. Na verdade, consumimos tanto que nosso corpo está sofrendo, nossa mente está sofrendo e nossa sociedade como um todo está sofrendo. Além disso, nosso consumo excessivo afeta todas as outras pessoas deste planeta negativamente. Ele causa sofrimento para aqueles que mal conseguem se alimentar, que não têm acesso à água potável, e cujo abrigo dos elementos é precário (para dizer o mínimo). Estamos pensando nos seres humanos famintos e na mais completa miséria em muitas partes da África, da Índia e do Extremo Oriente. Também estamos pensando nos inúmeros homens, mulheres e crianças carentes dos países ricos – que estão na extremidade oposta do espectro social dos quase mil bilionários que existem no mundo todo[1]. Esses bilionários detêm 20% de todas as riquezas do mundo, e milhões de pessoas abastadas possuem 50% da riqueza global.

A dependência em relação ao consumo excessivo, aos nossos olhos, compara-se com uma doença. Não seria exagerado vê-la como um tipo de doença mental. Com certeza, a maioria dos milhões de pessoas que sofrem dessa doença não reconhece ou admite que é assim. Elas negam veementemente que algo está errado com elas ou errado com o consumo excessivo, já que todo o mundo "faz a mesma coisa". Em vez disso, é provável que o consumo excessivo seja visto como um direito de qualquer trabalhador dos países chamados desenvolvidos. Essa atitude pode até implicar o julgamento de que muitos, senão todos, pobres e desfavorecidos são preguiçosos e, portanto, não merecem ter dinheiro. Os carentes podem, pelo contrário, trabalhar arduamente, mas ser terrivelmente mal pagos ou preferir um trabalho bom e honesto apesar da fome e da falta de oportunidades. Viver em um país rico, ter a oportunidade de viver uma vida decente graças ao próprio trabalho, mesmo que seja um trabalho duro, é um grande privilégio. No entanto, o consumo excessivo não é um privilégio, mas sim, uma responsabilidade enorme, um beco kármico sem saída, e uma afronta *vis-à-vis* à pobreza e à fome generalizadas.

Do ponto de vista dármico, o consumo excessivo é, definitivamente, um vício – a ganância – que provocará um débito kármico desagradável em nossa próxima encarnação ou encarnações futuras. O Buda deixou isso muito claro:

A ganância é um produtor de encadeamento kármico[2].

No cânon em páli, podemos ler que, mesmo os membros abastados do estado guerreiro, a elite dominante da antiga sociedade indiana, "olhavam uns para os outros com olhos ávidos, insaciáveis em prazeres sensuais"[3]. No mesmo discurso, o Buda nos tira qualquer dúvida acerca do poder da cobiça:

O mundo gira em torno do desejo;
Pelo desejo é arrastado para cá e para lá.

O desejo é a única coisa que tem
Tudo sob o seu controle[4].

O Buda também ensinou:

Existem, ó monges, três causas para a origem da ação. Quais são as três? A ganância, o ódio e a ilusão.
Uma ação empreendida na ganância, nascida da ganância, causada pela ganância, surgida na ganância vai se desenvolver onde quer que o indivíduo renasça, e onde quer que a ação se desenvolva, ali o indivíduo experimenta os frutos dessa ação, seja nesta vida ou na próxima vida, ou nas vidas futuras subsequentes[5].

Sendo a ganância considerada insalubre, é lógico que também devemos esperar dela uma repercussão kármica negativa. Isso o Buda confirmou em seu diálogo instrutivo com o clã Kalama de Kesaputta:

Kalamas, uma pessoa que é gananciosa, que odeia e se ilude, dominada pela ganância, pelo ódio e pela ilusão, com pensamentos por eles controlados, vai destruir a vida, tomar o que não é oferecido, se envolver em comportamento sexual impróprio e contar mentiras; ela também instiga os outros a fazer o mesmo[6].

Nós sabemos de um outro diálogo do Buda com os Kalamas no qual ele diz que, inversamente, a liberdade da ganância, da raiva e da ilusão tem um efeito kármico salutar – um efeito que tende para o que é bom e auspicioso e, finalmente, libertador. O termo "ganância" – *lobha* em páli e sânscrito – abrange todos os graus de ávida atração kármica por alguma coisa. A gama é vasta, estendendo-se desde um mero desejo vago até um impulso irresistível de possuir algo. Um praticante do Dharma estará atento a um mero indício da presença de ganância em sua mente a fim de evitar e abandonar essa atividade mental desfavorável.

Segundo esse diálogo, abandonando a cobiça junto com a raiva e a ilusão, podemos abandonar totalmente a fatídica sequência de nascimento, velhice e morte ao atingir o nirvana[7]. Contudo, enquanto os fatores básicos da cobiça, do ódio e da ilusão estão em ação dentro de nós, estamos acorrentados ao mundo da mudança pela força inescapável do karma. Essa percepção básica sobre a natureza da existência mundana está ausente da filosofia e ética da nossa civilização secular, que gira em torno da aquisição e do acúmulo de dinheiro, de poder ou influência, de bens materiais e de *status* social.

O consumo excessivo é antiético. Ponto final. Ele acontece à custa do bem-estar dos outros. O psiquiatra americano Roger Walsh, que participa regularmente de longos retiros, lembra-se de como aprendeu sua primeira lição sobre os "custos" de não se viver com a ética e a sensibilidade exigidas pela vida ética:

> Meu primeiro retiro de meditação [...] tornou esses custos dolorosamente evidentes. Eu tinha esperança de paz e introspecção, e na verdade isso acabou acontecendo. Mas, quando se estabeleceu a rotina de contínuo silêncio e meditação, senti tudo menos paz [...]. Descobri que as duchas podem ser uma ótima maneira de evitar a autoconsciência. Sob o fluxo de água morna eu podia divagar alegremente em devaneios e esquecer o autoexame e a reflexão que me tinham feito viajar 500 milhas até o Oregon para aprender.
>
> Mas havia um problema com a minha solução: os chuveiros estavam bem debaixo da sala de meditação. Naturalmente, eles eram uma distração barulhenta para as pessoas que estavam realmente fazendo o que eu deveria estar fazendo: meditando. Consequentemente, fomos solicitados a usar o chuveiro apenas entre as sessões de meditação.

Este pedido justificado não foi páreo para a minha ambição. Eu continuei tomando longos banhos, sempre que tinha vontade, mesmo entre as sessões.

No entanto, ao longo dos dias seguintes, o prazer das duchas mornas diminuiu porque, à medida que o retiro prosseguia, minha mente tornava-se cada vez mais sensível e eu não conseguia mais bloquear a consciência do desconforto que estava causando aos outros[8].

Às vezes é preciso o tipo de radical autoinspeção e sensibilização propiciado por um retiro para entrarmos em contato com as repercussões duradouras – os custos – de nossas ações aparentemente inofensivas, como ter um luxuoso chuveiro. Mas não devemos esperar adquirir os conhecimentos propiciados por um retiro de meditação antes de investigar o nosso comportamento e seus possíveis aspectos antiéticos e não dármicos. Se começarmos a questionar moderadamente tudo o que fazemos ou não fazemos no curso de nossa vida cotidiana, a nos tornar mais conscientes, a criar mais espaço de silêncio e a realmente nos preocupar com os outros, vamos detectar o braço longo da nossa sombra psicológica e desejar mudar por causa *deles*. Então, quando um retiro acontece, nós estaremos prontos para ir ainda mais fundo na nossa autoinspeção e vontade de transformar a nossa personalidade e motivação.

Refletindo sobre as confissões de Walsh do ponto de vista ambiental, podemos dizer que os banhos longos podem não só atrapalhar os outros mas também são uma maneira extremamente eficiente de desperdiçar um recurso natural valioso e cada vez mais escasso e também energia elétrica, produzida a um alto custo ambiental. Para dar outro exemplo comum: se o aquecedor estiver ligado no máximo no inverno, o ambiente poderá ficar agradável e aconchegante, mas também estaremos desperdiçando energia elétrica, que, por sua vez, aumenta o nosso impacto negativo sobre o meio ambiente por meio das usinas termelétricas, que têm de queimar urânio ou carvão, ambos poluentes, para gerar eletricidade. Faria mais sentido para nós, em vez disso, usar roupas mais quentes. Ou deixamos as luzes acesas em salas sem uso, usamos lâmpadas incandescentes em vez de lâmpadas fluorescentes compactas, que poupam energia, ou largamos equipamentos (como a televisão ou computador) ligados quando ninguém está usando. Essas são áreas simples de responsabilidade de um indivíduo ecologicamente consciente, as quais requerem só um pouco de conhecimento correto e atenção plena. Existem dezenas de outras áreas que podem nos distanciar gradualmente do habitual consumo excessivo, inconsciente, rumo a um estilo de vida simples e consciente. No Capítulo 11, apresentaremos uma série de sugestões para tornar nossa vida pessoal mais sustentável.

Vivemos em uma época extraordinária – tanto de um perigo sem paralelo quanto de oportunidades inigualáveis. Se percebemos o colapso e o fracasso em torno de nós, dificilmente vamos querer fazer algum esforço para corrigir todos os nossos erros culturais. Gostaríamos de cruzar os braços e não fazer nada. Mas essa atitude seria uma reação unilateral, derrotista e irresponsável, que traria mais consequências kármicas negativas. Em vez de enterrar a cabeça na areia, como praticantes do Dharma é imperioso que nos tornemos cada vez mais conscientes do grande sofrimento provocado pelas falhas do nosso excesso de consumismo e da nossa civilização em grande parte indiferente. Não podemos permitir que o atual estado de coisas continue, mas devemos fazer um esforço sincero, de todo o coração, para reduzir o sofrimento, não só de nossos companheiros humanos mas de todos os seres sencientes. O fato de que, a cada ano, cerca de 50.000 espécies de plantas e animais estão se tornando extintas, deve por si só ser suficiente para mobilizarmo-nos e nos fazer tomar medidas corretivas.

Se o nosso coração ainda não é suficientemente aberto ou empático, devemos pelo menos considerar a lei de ferro do karma e o modo como o nosso descuido, indiferença e letargia atuais nos levarão a um mundo de pesadelo, em que nós mesmos acabaremos renascendo. Somos *nós* que seremos filhos de nossos filhos ou os filhos deles no futuro! Somos *nós* que teremos de viver em situações de sofrimento insuportável. Essa consideração direta por si só deveria nos dar um forte impulso para tomarmos a atitude apropriada agora, para ajudar a impedir o desastre global cujos primórdios estamos testemunhando hoje.

Se temos a sorte de ter um coração mais aberto, com a capacidade de sentir empatia por todos os seres vivos – desde o mais humilde dos insetos até a nossa família –, devemos cultivar com fervor e ampliar essa capacidade maravilhosa no espírito do caminho do Bodhisattva do Budismo Mahayana. O Bodhisattva, como dissemos, dedica-se incondicionalmente à tarefa de eliminar todo o sofrimento no cosmos – uma tarefa sem dúvida impossível, mas que o Bodhisattva, no entanto, sente-se chamado a realizar com gravidade e intensidade extraordinárias.

A história do Budismo está repleta de mestres que, seguindo o caminho do Bodhisattva, demonstraram bondade notável para com os outros seres sencientes. Gostaríamos de lembrar aqui vários contos tradicionais conhecidos, começando com a história memorável de Asanga, o fundador da escola Yogacara do Budismo Mahayana.

Asanga, que é geralmente atribuído ao século IV d.C., era filho de um guerreiro e uma mãe yoguine. Ela educou-o nas dezoito disciplinas tradicionais do conhecimento e preparou-o para uma vida monástica. Depois de entrar num mosteiro, ele rapidamente dominou o cânon em páli e também as escrituras Mahayanas, e depois estudou e praticou o Tantra, concentrando seus esforços em Bodhisattva Maitreya, o Buda do Futuro. Embora tenha praticado vigorosamente numa caverna numa montanha por um total de três anos, ele não percebia o menor sinal de sucesso. Desanimado, quis deixar o seu refúgio, mas, ao sair da caverna, notou que a rocha perto de um ninho de pássaro tinha sido gasta pelas asas da ave. Ele tomou isso como um sinal para perseverar, e assim renovou seus esforços. Ele quis deixar o seu retiro várias vezes, mas cada vez que isso acontecia a própria natureza ensinava à sua mente perspicaz uma lição de persistência. Após doze anos na caverna, sem sucesso aparente, Asanga finalmente desistiu para sempre e, desanimado, desceu a montanha.

No caminho de volta, ele se deparou com um cachorro ferido, meio morto, que chorava de dor. A compaixão pela criatura em sofrimento apertou seu coração. Ele adquiriu uma espada em uma vila próxima e cortou um pedaço de carne do seu próprio corpo. Então tentou atrair os vermes que tinham infestado a parte inferior do corpo do cão para o corte em carne viva. Depois de falhar nessa tentativa, colocou a língua para fora para atrair os bichos para o seu próprio corpo, para não prejudicá-los. Ele fechou os olhos para executar esse ato desagradável, que também foi infrutífero. Quando abriu os olhos novamente, o cão havia desaparecido e diante dele estava o radiante Bodhisattva Maitreya em pessoa.

Asanga prostrou-se aos pés de Maitreya e, chorando, perguntou por que Maitreya não o tinha ajudado durante todos aqueles anos de meditação solitária, nem mesmo quando ele estava sofrendo de grande sede. Maitreya respondeu que tinha estado com Asanga o tempo todo, mas que Asanga tinha sido incapaz de vê-lo por causa de impedimentos kármicos. Agora que os obstáculos tinham sido removidos por meio da prática diligente, e a verdadeira compaixão tinha sido desperta, Maitreya tornara-se visível a Asanga.

O voto de Bodhisattva se aplica a todos os seres sencientes, mesmo aos vermes. Eles também merecem viver e prosperar. Por outro lado, como os amantes de animais ao redor do mundo sabem muito bem, também existem animais compassivos que estenderam a sua bondade aos seres humanos.

Em seu livro *The Pig Who Sang to the Moon*, Jeffrey Masson conta a história de uma porca que salvou com bravura o seu "dono", que tinha sofrido um ataque cardíaco. A porca chamada Lulu

[...] passou por uma porta de cachorro feita para um cão pequeno, raspando as laterais do corpo a ponto de tirar sangue. Correndo para a rua, Lulu tentou chamar atenção, deitando-se no meio da estrada, até que um carro parou. Então ela levou o motorista até a casa de seu dono[9].

A ideia de Bodhisattvas em forma animal, naturalmente, não é nova. Os *Jatakas*, que contam em forma de lendas algumas das vidas anteriores do Buda, estão cheios de Bodhisattvas animais. Mesmo que confiemos no ensino tradicional sobre karma e renascimento, podemos ainda ter dificuldade para acreditar que os seres humanos podem renascer como animais e vice-versa. A menos que cultivemos a crença absurda de que muitos professores espirituais altamente respeitados são psicopatas que mentem e estão iludidos, não deveríamos confiar em sua palavra?

Não foram poucos os lamas que conseguiram imprimir nos céticos e indecisos alunos ocidentais a ideia de que o karma e o renascimento não são uma pálida questão teórica, mas uma realidade que deve ser cuidadosamente levada em conta; caso contrário, eles põem em risco o seu próprio crescimento interior, rejeitando, ignorando ou descartando os ensinamentos a eles relacionados. Numa entrevista conduzida por Georg com H. E. Garchen Triptül Rinpoche em 2001, esse grande mestre do Karma Kagyu comentou:

> O mais importante é realmente estudar a lei do karma. Com isso, se a pessoa tem uma boa compreensão das complexidades da lei do karma, o Budismo se torna muito fácil. O Budismo tem iniciações, rituais, orações muito elaborados – nenhum deles é necessário. Se você quer entender o karma, torne-se então como um advogado bem treinado, que sabe as consequências de se violar a lei. Mantendo a lei do karma em mente, deve-se cultivar a bondade amorosa e a compaixão a fim de desenvolver a *bodhicitta* relativa e suprema. Isso é tudo o que é necessário[10].

Ao estudar cuidadosamente a tradição budista à qual nos afiliamos e examinando com a mesma diligência todas as provas científicas (parapsicológicas) sobre o karma e o renascimento, podemos dissipar nossa dúvida sobre esse aspecto importante do Dharma[11]. Podemos então aceitar também que os nossos pensamentos e comportamentos são fatores decisivos para determinar o nosso futuro kármico, e que devemos nos esforçar para evitar um destino pernicioso e preparar diligentemente o terreno para um destino proveitoso no futuro.

Na era atual, nosso trabalho dármico precisa incluir uma atenção especial às consequências ambientais das nossas ações. Do ponto de vista kármico, não podemos nos dar ao luxo de ser ignorantes ou indiferentes ao fardo ambiental de nossas ações. Nosso efeitos sobre o meio ambiente afetam diretamente o bem-estar de incontáveis seres sencientes, agora e no futuro previsível. Como praticantes do Dharma, é evidente que não devemos comprometer o bem-estar dos outros. Pelo contrário, devemos fazer o melhor possível para ajudar a promovê-lo.

Para sermos capazes disso, precisamos começar por sensibilizar-nos com a situação real. Este livro é uma tentativa nesse sentido, assim como a nossa publicação anterior, *Yoga Verde*. Um olhar superficial nas prateleiras das livrarias e das bibliotecas importantes rapidamente revela que há uma crescente montanha de livros bem informados e monografias técnicas que fornecem todas as provas necessárias sobre o aquecimento global, sobre a extinção em massa, sobre o colapso sociocultural e sobre todos os outros detalhes sórdidos da vida contemporânea. Já nos referimos a algumas dessas publicações anteriormente, nas notas. Mesmo a mídia de massa, que não se pode dizer que tenha uma consciência própria, tem trazido por décadas, embora de modo indiscriminado, sangrentas histórias de desastres ambientais e tragédias socioculturais. Portanto, na realidade, ninguém pode alegar ignorância total das falhas da nossa era.

Essa mídia serve, no entanto, para propiciar uma visão integrada do que de outro modo pareceria uma série interminável de fatos aparentemente separados, até mesmo isolados. Para ver o mundo de hoje de uma maneira significativa, é preciso considerar a situação total. Mais ainda: por mais dolorosa que pareça a imagem formada, devemos nos manter sempre informados e em contato com os acontecimentos ambientais, sociais e políticos do mundo.

Em seguida, devemos analisar detidamente cada aspecto da nossa participação pessoal na sociedade superconsumista e identificar práticas que sejam ambientalmente insalubres, tais como as que descrevemos resumidamente no Capítulo 11. Essa é uma questão de vigilância contínua, pois com as condições cada vez piores do nosso mundo temos de reavaliar continuamente o nosso impacto no meio ambiente. Talvez décadas atrás a reciclagem de papel e de plástico fosse suficiente (apesar de duvidarmos disso), mas agora temos de mudar drasticamente nosso estilo de vida, o que será difícil para nós psicologicamente e ainda mais difícil socialmente. Os governos em geral não apresentam medidas apropriadas, aprovando leis pertinentes e adequando os recursos disponíveis à "ecologização" do nosso planeta. Quando eles finalmente resolverem fazer isso, por pura e imediata necessidade, receamos, serão obrigados a instituir medidas draconianas.

Inspirados pelo belo ensaio de Stephanie Kaza, "Penetrating the Tangle", queremos propor um método formal de autoanálise, por meio do qual podemos desenraizar as nossas várias amarras inconscientes ou semiconscientes à nossa civilização superconsumista[12]. Esse exercício de analisar o nosso comportamento ambicioso pode seguir as orientações tradicionais budistas, como Kaza sugeriu:

> Com base no meu próprio questionamento interior, eu encontrei três críticas que claramente derivam de uma orientação budista. A primeira crítica se concentra no papel do consumismo no processo de formação da

identidade pessoal. A ideia comum de eu é vista como uma ilusão significativa no pensamento budista. Os consumidores do mercado de hoje são levados a construir um senso de eu em torno do que eles compram [...] "Eu sou o que eu tenho" tornou-se o lema em vigor, que utiliza as compras para definir a identidade [...]

Uma segunda crítica budista é a de que o consumismo promove, racionaliza e justifica a atitude de prejudicar [...] Embora os fabricantes de bens de consumo possam não optar intencionalmente por causar danos, suas ações, no entanto, muitas vezes deixam morte e destruição em seu rastro [...] Talvez a maior crítica budista seja a de que o consumismo fomenta o desejo e a insatisfação, a própria fonte de sofrimento para si mesmo e para os outros [...][13]

Kaza dá prosseguimento às suas observações teóricas com exercícios práticos baseados nos três tipos de crítica budista ao consumismo, o que torna essa questão muito pessoal. Ela toma como exemplo a preferência para se beber um chá de qualidade:

Eu posso observar minhas preferências por uma determinada marca ou loja de chá. Posso analisar o meu prazer de tomar chá: o que me encanta no ato de tomar chá? É o sabor, o estímulo, a companhia social? (Todas as alternativas acima.) Posso analisar as minhas lembranças de ocasiões em que tomei chá e ver como elas se somam a uma identidade específica e subjetiva de apreciadora de chá, condicionada ao longo do tempo.
Olhando de perto qualquer um desses aspectos do meu "eu" como consumidora de chá, vejo o quanto a minha ideia de eu depende de condições fora do meu "eu" [...] Não existe essa coisa de meu eu separado apreciando chá. Está tudo acontecendo ao mesmo tempo [...]. A ilusão cai por terra[14].

O exemplo de Kaza, tirado de sua própria vida, é simples, mas sugestivo. Ele nos permite proceder da mesma maneira honesta com relação a nossas outras preferências – todos aqueles numerosos casos em que nos identificamos com um eu consumidor.

Sobre a segunda crítica budista, que enfoca o ato de prejudicar, Kaza comenta:

> Essa crítica traz à baila questões sobre certo e errado – como você decide o que é prejudicial no reino do consumismo? Os textos budistas sobre o comportamento ético oferecem orientações específicas na forma dos Cinco Preceitos: não matar, não roubar, não abusar da sexualidade, não mentir e não usar ou vender bebidas alcoólicas [...]
> O preceito de não violência também pode ser considerado um compromisso positivo para a prática de *metta*, ou "amor bondade"[15].

Kaza salienta que a regra da não violência pode assumir muitas formas diante do consumismo. Por exemplo, muitos praticantes do Dharma são vegetarianos porque querem evitar o sofrimento animal. Outros optam por comer alimentos orgânicos para reduzir os danos ao solo e às plantas, bem como às pequenas criaturas sobre eles, causados pelos fertilizantes químicos e pesticidas. Outros se recusam a consumir *fast food*, por causa da exploração de mão de obra, que geralmente ocorre nesse setor da indústria alimentícia, e por causa também do impacto negativo sobre a saúde dos consumidores. Idealmente, gostaríamos de dizer, nós adotamos o vegetarianismo por todas as razões anteriormente citadas, bem como pelo nosso próprio bem-estar. Kaza argumenta que "não é necessário que tenhamos uma prática moral perfeita antes de pedir aos outros que considerem suas próprias ações"[16]. Isso é verdade, mas seria bom que aqueles que defendem reformas sociais praticassem o que pregam. Seria pouco convincente, por exemplo, se alguém "parcialmente" vegetariano cantasse os louvores de uma dieta vegetariana ou que um soldado ativo promovesse a não violência.

A terceira crítica budista, que vê o consumismo como um estímulo à insatisfação, ao desejo e, portanto, ao sofrimento, fica mais clara à luz dos doze elos da origem dependente. Como observa Kaza, podemos começar a nossa autoanálise com qualquer um dos doze elos representados na Roda da Vida, mencionada no Capítulo 7.

Nós podemos fazer essa crítica e os tipos anteriormente explicados de crítica budista ao consumismo tão pessoais quanto quisermos. Na verdade, é recomendável que os praticantes do Dharma façam exatamente isso, a fim de "se desemaranhar" de toda a miríade de "emaranhados" de consumo e começar a viver de maneira simples, sustentável e autêntica. As ações corretivas mencionadas no Capítulo 11 podem ser usadas como ponto de partida para essa autoanálise, sem contar o valor que elas têm como ações ambiental e socialmente responsáveis. Quanto mais investigamos exaustivamente nosso comportamento e as motivações por trás dele, mais provável é que sejamos capazes de crescer moral e espiritualmente.

No início de sua "carreira" espiritual, os Bodhisattvas juram solenemente adiar a sua própria iluminação final, ou libertação final, até que todos os seres sencientes tenham sido salvos, levando-os rumo à plena iluminação. A formulação clássica dessa aspiração pode ser encontrada em *O Caminho da Iluminação* (*Bodhicaryavatara*), de Shantideva:

Quem queira passar das centenas de dores da existência, queira eliminar o sofrimento das outras pessoas e queira desfrutar as muitas centenas de alegrias, que jamais abandone o espírito da Iluminação. (1.8)

Capturando essa forma impura, é possível transformá-la numa joia de valor inestimável de um Conquistador. Por isso, guarde com fervor esse elixir eficaz conhecido como a mente da iluminação. (1.10)

Eu sou o remédio para os doentes. Que eu possa ser o seu médico e enfermeiro, até sua doença desaparecer. (3.7)

Que eu possa ser o protetor daqueles sem proteção, um guia para os viajantes, um barco, uma ponte, uma passagem para aqueles que desejam chegar à outra margem. (3.17)

Para todos os seres encarnados, que eu seja uma candeia para aqueles que necessitam de uma luz, que eu possa ser um leito para quem precisa de um leito, que eu possa ser um servo para aqueles que precisam de um servo. (3.18)

Para todos os seres encarnados, que eu seja a pedra do milagre, o cântaro do tesouro inesgotável, a fórmula mágica, a panaceia, a planta que cura, a árvore dos desejos, a vaca da abundância. (3.19)

Essa Mente da Iluminação em mim surgiu de alguma forma, como um cego que encontra uma joia em um monte de esterco (3.27)[17].

Shantideva, que viveu no século VIII d.C., renunciou ao mundo na noite anterior à sua coroação como regente. Após um período de andanças, entrou para a famosa universidade budista de Nalanda, onde foi ridicularizado pelos seus colegas monges por causa de sua aparente preguiça e falta de compreensão. Numa ocasião, os monges prepararam uma cadeira muito alta para ele, a fim de que pudesse ministrar-lhes ensinamentos, esperando que ele falhasse e fosse humilhado publicamente. Para surpresa de todos, Shantideva milagrosamente demoliu o trono e surpreendeu ainda mais, oferecendo um ensinamento brilhante de improviso, em forma de versos – o *Bodhicaryavatara*. Enquanto ele falava, alguns monges podiam ver Manjushri, o Buda da Sabedoria, flutuando no espaço próximo de Shantideva. Não tinha sido outro senão Manjushri quem havia instruído Shantideva diretamente. Posteriormente, Shantideva deixou Nalanda e foi para o sul da península indiana. A bondade despretensiosa desse fazedor de milagres com relação às pessoas e animais, no entanto, trouxe-lhe repetidamente a atenção não desejada do público, que lhe deu, então, uma oportunidade para ensinar o Dharma e aliviar o sofrimento das pessoas.

Na obra de Asanga em sânscrito intitulada *Ornament of the Discourses on the Great Vehicle*, podemos ler:

> Com efeito, para o compassivo [Bodhisattva] não há alegria sem a alegria dos outros. Como a sua felicidade não é isolada, o Bodhisattva não deseja para si a alegria como resultado da [sua prática de] caridade [ou qualquer outra virtude], sem a alegria [dos outros][18].

Em outra parte desse texto[19], Asanga destaca o fato de que, mesmo quando um Bodhisattva atinge a compreensão completa do mundo da mudança, ele ainda assim não abandona o seu impulso de compaixão e também não se preocupa com eventuais falhas decorrentes de seus atos compassivos em benefício dos outros seres. Assim, ele não fica preso nem no nirvana nem no samsara (o mundo da mudança). Compreendendo a verdadeira natureza do mundo da mudança, que está repleto de sofrimento, ele não fica infeliz enquanto faz seu trabalho de compaixão no mundo.

Assim como os mundanos comuns – nós e você – são motivados pelo interesse próprio, os Bodhisattvas são impelidos a agir por compaixão. O seu compromisso irrevogável de ajudar os outros a alcançar a liberdade espiritual é *bodhicitta*, a mente voltada para a iluminação de todos os seres. Em termos contemporâneos, um Bodhisattva é o proverbial anticonsumista – não necessariamente se opondo de modo direto ao consumismo, mas seguindo o seu próprio curso, que valoriza o antigo ideal ético da simplicidade voluntária e da reverência por toda a vida. A "simplicidade voluntária" – um termo popularizado por Duane Elgin – consiste, segundo ele, no seguinte:

A simplicidade na vida, se escolhida deliberadamente, implica uma abordagem compassiva da vida. Isso significa que estamos escolhendo viver a nossa vida diária com uma certa dose de avaliação consciente da condição do resto do mundo[20].

Na prática, a simplicidade voluntária consiste em comportamentos salutares como:

- a *redução* intencional do consumo pessoal de itens de consumo – desde automóveis até refeições em restaurantes e desde roupas até produtos dermatológicos –, aprendendo a dar preferência ao que é essencial, funcional e durável;
- a *seleção* consciente de produtos que não sejam poluentes na etapa de fabricação e posteriormente;
- a atitude de favorecer os artigos que sejam *reutilizáveis, recicláveis* e/ou *reparáveis* e a *prática* constante de reutilização, reciclagem e/ou reparação;
- o hábito de comprar, sempre que possível, alimentos de cultivo ou produção *local*, o que irá evitar os custos ambientais envolvidos no transporte de longa distância;
- a *disposição* para suportar inconvenientes e até algumas dificuldades aparentes que, no entanto, tornam a vida em geral mais significativa e/ou agradável, tais como a mudança para um modo de transporte mais simples (por exemplo, o rodízio de caronas, transporte público ou bicicleta, ou ir a pé para o trabalho);
- a preferência por levar uma vida autossuficiente, por exemplo, cultivando hortaliças e/ou ervas no jardim, no telhado, em floreiras ou dentro de casa, em caixas;
- a motivação para examinar atentamente o próprio modo de subsistência, tendo em conta a energia e o tempo gastos para ganhar

a vida (o conhecido não é necessariamente o melhor para nós) e também em termos da própria satisfação pessoal (em vez de ideias ou objetivos aceitos socialmente);
- a vontade de *eliminar a desordem* em seu ambiente pessoal, doando itens desnecessários para quem precisa ou fazendo melhor uso deles;
- o *investimento consciente* em empresas verdadeiramente favoráveis ao meio ambiente, que exige uma verificação cuidadosa porque os canais de investimento regular muitas vezes usam o rótulo "ecológico" injustificadamente;
- a *disponibilidade* para participar de iniciativas comunitárias da sua região que beneficiem a todos, como ajudar periodicamente cooperativas de alimentos locais ou servir no conselho escolar ou conselho da cidade, o que poderia permitir mudanças públicas favoráveis do interesse de todos.

No que diz respeito à "reverência por toda vida", esse é um conceito bem conhecido que remonta a Albert Schweitzer, que escreveu:

Os princípios éticos da reverência pela vida preserva-nos de deixar o outro acreditar, devido ao nosso silêncio, que não vivemos mais o que, como seres pensantes, precisamos vivenciar. Eles nos levam a nos manter mutuamente sensíveis ao que nos aflige e a falar e agir em conjunto, assim como a responsabilidade que sentimos nos leva a agir, e sem nenhum sentimento de timidez. [...]
Na questão dos bens, os princípios éticos da reverência pela vida são francamente individualistas, no sentido de que a riqueza herdada ou adquirida deve ser colocada a serviço da comunidade, não por meio de quaisquer medidas tomadas pela sociedade, mas pela decisão absolutamente livre do indivíduo[21].

Tornar a nossa riqueza disponível aos outros implica não desperdiçá-la para nossos próprios fins, muito menos para nosso próprio prazer sensorial ou conforto. Assim, a reverência pela vida inclui o ideal da simplicidade voluntária. Os indivíduos que desprezam todas as outras formas de vida além das próprias, que não mostram reverência à vida, darão total vazão ao seu desejo e descartarão a mera ideia de limitar os seus desejos para o benefício de todos. Eles irão consumir indefinidamente até que eles próprios sejam consumidos por sua ganância, pela sociedade de consumo e pela natureza revidando.

Evidentemente, todos nós somos agora convocados a reorientar a nossa motivação para longe do consumismo herdado e para longe também do egocentrismo habitual, inflamando o espírito de *bodhicitta* dentro de nós e, na falta deste, pelo menos começando a praticar a bondade e generosidade para com os outros. Então, um dia, podemos vir a compreender que todos os seres merecem e precisam de libertação do sofrimento.

Vamos concluir com uma citação das palavras do Buda:

> Aqueles que são inspirados pelas coisas que são realmente inspiradoras são poucos, enquanto aqueles que não são tão inspirados são muitos. Aqueles que se esforçam corretamente são poucos, enquanto aqueles que não se esforçam adequadamente são muitos[22].

Que os nossos leitores estejam entre aqueles que são inspirados e que se esforçam corretamente.

Notas do Capítulo 9

1. Esse número é citado em *Forbes 2007*.
2. O *Anguttara-Nikaya* 10.174. Nyanaponika Thera & Bhikkhu Bodhi, trad. e org. *Numerical Discourses of the Buddha: An Anthology of Suttas from the Anguttara Nikaya* (Walnut Creek, Calif.: Altamira Press, 1999), p. 264.

3. O *Devatasamyutta* de *Samyutta-Nikāya* (1.-71ff.). Bhikkhu Bodhi, traduzido e organizado, *The Connected Discourses of the Buddha: A Translation of the Saṁyutta Nikāya* (Boston, Mass.: wisdom Publications, 2000), p. 103.

4. O *Devasamyutta* de *Samyutta-Nikāya* (1.208). Bhikkhu Bodhi, *op. cit.*, p. 131.

5. O *Anguttara-Nikāya* (3.33). Nyanaponika Thera e Bhikkhu Bodhi, *op. cit.*, p. 49.

6. O *Anguttara-Nikāya* (3.65). Nyanaponika Thera e Bhikkhu Bodhi, *op. cit.*, p. 65.

7. Roger Walsh, *Essential Spirituality* (Nova York: John Wiley, 1999), pp. 118ff.

8. Ver Jeffrey Masson, *The Pig Who Sang to the Moon: The Emotional World of Farm Animals* (Londres: Vintage, 2005), p. 27.

9. A entrevista completa com H. E. Garchen Triptül Rinpoche pode ser lida *online* em www. tradicionalyogastudies.com/garchen_interviw.html.

10. Ver principalmente as obras publicadas do Prof. Ian Stevenson, que estudou os assim chamados casos de reencarnação por mais de 30 anos – por exemplo, *Twenty Cases Suggestive of Reincarnation* (Charlottesville: University of Virginia, 2ª rev. e atual. ed., 1980).

11. Ver Stephanie Kaza, "Penetrating the Tangle", in Stephanie Kaza, org. *Hooked! Buddhist Writings on Greed, Desire, and the Urge to Consume* (Boston, Mass.: Shambhala Publications, 2005), pp. 139-151.

12. Stephanie Kaza, *op. cit.*, pp. 142-143.

13. Ibid., p. 145.

14. Ibid., p. 146-147.

15. Ibid., p. 148.

16. Este e os versos anteriores em sânscrito de *Bodhicaryavatara* foram traduzidos por Georg Feuerstein.

17. *Mahayanasutralankara* (17.53). Tradução de Georg Feuerstein.

18. *Mahayanasutralankara* (17.32f.). Tradução de Georg Feuerstein.

19. Duane Elgin, *Voluntary Simplicity: An Ecological Lifestyle that Promotes Personal and Social Renewal* (Nova York: Bantam Books, 1982), p. 3. [*Simplicidade Voluntária*, publicado pela Editora Cultrix, São Paulo, 1999.]

20. Albert Schweitzer, *Civilization and Ethics* (Londres: Unwin Books, 1961), pp. 222-223.
21. O *Anguttara-Nikaya* (10.). Nyanaponika Thera e Bhikkhu Bodhi, *op. cit.*, p. 38.

DEZ

A jangada dármica

Nas páginas anteriores, falamos sobre a terra, a água e o ar, e também sobre a sua atual condição crítica e o impacto que isso tem sobre todas as formas de vida, incluindo a espécie humana. No presente capítulo, gostaríamos de considerar a terra, a água e o ar sob o título tradicional de "elementos", que estão igualmente presentes dentro e fora de nós. Em particular, gostaríamos de responder à pergunta-chave: como devemos nos relacionar com os elementos materiais e, em termos do nosso ambiente material, de maneira adequada do ponto de vista do Dharma?

Parece melhor começar por nos referirmos ao diálogo notável entre o Buda e seu filho Rahula[1], ao qual nos referimos no Capítulo 8. Logo depois de tomar refúgio no Buda, no Dharma e no Sangha, Rahula pediu ao Buda que lhe explicasse como a atenção plena na respiração poderia ser desenvolvida com o maior benefício espiritual possível. Ele ouviu um discurso bastante detalhado sobre os grandes elementos materiais – terra, água, fogo, ar e espaço – que existem, tanto interna como externamente.

Desde o mais grosseiro até o mais sutil dos elementos, o Buda primeiro explicou que o elemento terra interno manifesta-se no cabelo, nas unhas, nos dentes, na pele, nos tendões, nos ossos e assim por diante, bem como nos produtos corporais, como o conteúdo do estômago e dos intestinos. O elemento água interno, explicou ele, manifesta-se nos líquidos corporais, tais como a bile, o catarro, o pus, o sangue, o suor, a urina e assim por diante. O elemento fogo interno manifesta-se no calor corporal, no "fogo" digestivo e no processo de envelhecimento (metabolismo?). O elemento ar interno se manifesta nos vários "ventos" ou correntes de energia que circulam no interior do corpo, notável mas não exclusivamente os pulmões. O elemento espaço interno manifesta-se nas cavidades corporais. Da mesma maneira, os cinco elementos são encontrados externamente em todas as coisas que são sólidas, líquidas, arejadas, ígneas ou espaçosas.

O Buda a seguir aconselhou Rahula dizendo que a pessoa deve aprender a considerar os aspectos internos e externos dos vários elementos não como sendo ela própria ou pertencendo a si própria, e a desenvolver uma atitude de desapego em relação a eles.

Em seguida, o Buda instruiu Rahula a fazer sua meditação como terra, água, fogo, ar e espaço. Quando a meditação é como os cinco elementos, todas as experiências agradáveis ou desagradáveis dela decorrentes são incapazes de afetar a mente de maneira negativa; assim como a Terra acolhe igualmente todas as coisas limpas e sujas que são descartadas sobre ela, a água purifica também toda a matéria maculada e imaculada, o fogo queima igualmente todas as coisas puras e impuras, o ar sopra igualmente nas coisas sem mácula e contaminadas e o espaço contém também toda a matéria pura e impura.

O Buda, além disso, recomenda a Rahula o cultivo da meditação sobre o amor-bondade, a compaixão, a alegria e a serenidade, porque essas qualidades, respectivamente, vão eliminar da mente toda má vontade, crueldade, descontentamento e aversão[2].

Do mesmo modo, o Buda esclareceu a meditação sobre a impureza, que ajuda o praticante a abandonar a luxúria, e a meditação sobre a impermanência, que ajuda o praticante a abandonar o senso de eu. Ele forneceu informações mais detalhadas sobre a meditação atenta à inspiração e à expiração, que prepara o praticante para permanecer consciente e atento durante a respiração.

Obviamente, não podemos equiparar os elementos que o Buda tinha em mente com os elementos conhecidos pela física. Os primeiros elementos são "tipos fenomenais", que, uma vez compreendidos corretamente, podem nos dar toda uma nova perspectiva sobre como o mundo funciona de uma maneira que seja relevante para as nossas preocupações humanas. Entre outras coisas, o ensino dármico dos cinco elementos pode nos mostrar como é possível viver em harmonia no mundo.

Além disso, ocorreu-nos que uma mente pervertida pode interpretar mal as observações do Buda sobre a não identificação com os elementos, interpretando-as como um argumento para reforçar uma postura antiecológica. Devemos, no entanto, compreender a observação do Buda no contexto mais amplo de seu ensino. Certamente, o Buda nunca ensinou ninguém a ser desrespeitoso para com os elementos ou a considerá-los completamente isolados de nós. Seus ensinamentos de origem dependente, na verdade, mostram que nada está completamente isolado de qualquer outra coisa.

A prática do desapego em relação aos elementos, como recomendado pelo Buda, é exatamente o oposto do tipo de atitude indiferente vista naqueles que exploram o meio ambiente, que objetivam a natureza e sua multidão de seres sencientes e inconsciente ou cinicamente os tratam como coisas exploráveis. O desapego, ao contrário, consiste em permitir respeitosamente que a natureza e seus filhos exerçam livremente seu direito à vida, sem projetar nosso senso artificial de eu e nossos incontáveis projetos, ou desejos, sobre eles. Esse desapego, com certeza, deve ser acompanhado de um compassivo cuidado.

No Budismo Mahayana, essas duas atitudes – de desapego, por um lado, e de cuidado, pelo outro – tornaram-se doutrinas cristalizadas como a sabedoria do vazio (shunyata) e a prática da compaixão (karuna), respectivamente. A sabedoria sem compaixão seria como um vento gelado, enquanto a compaixão sem sabedoria seria como um vento quente do deserto. Quando cultivadas e aplicadas em conjunto, proporcionam o clima adequado para que os nossos esforços espirituais deem bons frutos. Esse parece ser um aspecto particularmente significativo do Dharma em nosso tempo de crise, quando tantos seres – humanos e não humanos – vivem em sofrimento.

Se a biofilia, ou empatia pela vida, está pulsando dentro de nós, naturalmente queremos nos prontificar a ajudar. E assim deveríamos agir. Na falta de sabedoria, porém, podemos sucumbir ao desespero com a quantidade de sofrimento que nos rodeia. Por onde começar? Quem ajudar? Será que nossos semelhantes neste planeta um dia estarão livres do sofrimento? Será que os nossos esforços insignificantes farão diferença? As observações a seguir, feitas pela Sua Santidade o Dalai-Lama, são pertinentes aqui:

> Existem dois tipos de cuidado. Se você só pensa em sua família, exclusivamente, e não se preocupa com os outros seres sencientes, isso é apego. Mas, se você costuma cuidar de todos os seres sencientes, a sua família também passa a englobar esses seres sencientes [...] às vezes, quando rezamos, queremos beneficiar todos os seres sencientes, exceto nosso vizinho! Então nós temos de lutar! Orar apenas pelos seres sencientes que estão muito longe é um erro. Quando oramos por todos os seres sencientes, nossa ação atinge primeiro os membros da nossa família ou vizinhos. Então, reze para o seu vizinho; você pode então dizer com razão que está realmente procedendo em benefício de todos os seres sencientes[3].

O conselho para que voltemos os nossos pensamentos, sentimentos e ações de compaixão para um vizinho próximo parece-nos muito prático. Podemos estender nossa compaixão a partir daí para incluir cada vez mais seres, na realidade, todos os seres.

O Buda comparou o Dharma a uma jangada que pode nos carregar com segurança através do oceano da existência condicionada[4]. Essa jangada dármica não só pode nos salvar mas também salvar os outros, se nós – no espírito do *bodhicitta* – remarmos vigorosamente em benefício deles também. Se tivéssemos de cuidar só da nossa própria libertação e ignorar o sofrimento dos outros, é improvável que conseguíssemos superar o senso de eu inteiramente, e, portanto, a verdadeira libertação estaria fora do nosso alcance. No caminho do Bodhisattva, no entanto, quando nossa compaixão por todos os seres sencientes aumenta, ela se torna uma força poderosa que nos impulsiona em direção à libertação. Então, quando estendemos nossa reverência, compaixão e amor aos outros e desejamos o seu bem supremo (que é a liberdade do sofrimento graças à libertação espiritual), nós também nos beneficiamos diretamente. Assim, todo mundo é alvo de compaixão.

O que, pelo contrário, motiva o indivíduo mundano médio? Podemos ser razoavelmente precisos ao responder a essa pergunta, graças a Steven Reiss, professor de psicologia e psiquiatria da Ohio State University, em Columbus[5]. Ele investigou o perfil psicológico de mais de 6 mil pessoas e descobriu que a pessoa "normal" é motivada por um ou mais dos seguintes dezesseis desejos: poder, independência, curiosidade, aceitação, ordem, economia, honra, idealismo, contato social, família, *status*, vingança, romance, comida, exercício físico e tranquilidade. Vemos aqui várias motivações que poderiam servir de base para uma prática dármica, espiritual. Assim, o impulso para a independência poderia ser transformado no desejo de libertação, o impulso para a ordem poderia ser transformado no desejo por uma vida disciplinada; o impulso para a honra e o idealismo poderia ser transformado no desejo de uma vida digna e nobre, e o impulso para a tranquilidade poderia ser transformado no desejo de serenidade espiritual e paz interior. Tudo de que precisamos para que essas motivações convencionais se transmutem em atitudes dármicas saudáveis é uma mudança de perspectiva – a visão correta –, que um estudo imparcial do Dharma pode proporcionar.

Voltando à nossa consideração inicial sobre os elementos materiais, todos nós compartilhamos o mesmo ambiente elemental, e os mesmos elementos básicos constituem, simultaneamente, o nosso cenário externo e o nosso ambiente interno, ou mental. Essa equivalência fundamental – como é dentro, assim é fora – tem grande importância especialmente nos ensinamentos do Budismo Vajrayana e na tradição Bön tibetana.

No Yoga Anutara, o mais alto nível de prática do yoga no Vajrayana, os cinco elementos – terra, água, fogo, ar e espaço – têm um papel especial no processo sutil que leva à iluminação[6]. Nesse processo yogue avançado, os elementos interiores são conscientemente dissipados num ensaio do processo real no momento da morte. No nível de um iniciante, que é mais simbólico do que real, deparamo-nos com esse processo na prática da purificação dos elementos do chamado Yoga da Divindade – o nível de Yoga em que o praticante visualiza a si mesmo como a "divindade" escolhida, como Vajrasattva, Avalokiteshvara, o Buda da Medicina (Menla) ou a divindade feminina Tara[7]. Essa identificação meditativa é um exercício de imaginação criativa, que é continuado na chamada fase de geração do Yoga Anutara. Na fase de conclusão desse Yoga altamente esotérico, no entanto, o praticante bem-sucedido *torna-se* idêntico à divindade (ou Buda ou Bodhisattva) e prossegue com as práticas adicionais como essa divindade.

Assim, como a divindade, o adepto se esforça para construir um novo corpo para si mesmo. Isso requer que ele trabalhe intensamente com os "ventos" internos, ou pranas, que também são conhecidos no Yoga hindu. A ideia básica é primeiro harmonizar os cinco "ventos" interiores fundamentais, ou correntes, juntamente com seus elementos associados, e, em seguida, dissolvê-los no canal central, que se estende desde o centro psicoenergético ou chakra mais inferior (localizado em um lugar que corresponde à base da coluna vertebral no corpo físico) até o maior centro psicoenergético (localizado no alto da cabeça).

A maioria das escolas Vajrayana (ou budista tântrica) menciona um total de cinco chakras – situados, na forma sutil ou energética, subjacentes ao corpo físico, na base da coluna, no órgão sexual, no umbigo, no coração e no topo da cabeça. Algumas escolas, entre elas as baseadas na medieval Guhya-Samaja-Tantra, reconhecem os mesmos sete chakras, que também são conhecidos no Yoga hindu e no Tantra hindu.

Mencionamos essas questões um tanto profundas e complexas aqui apenas porque o Budismo reconhece não apenas a presença e eficácia dos cinco elementos em nosso ambiente interno (o corpo sutil e a mente) mas também o fato de que podemos influenciá-los conscientemente, a fim de harmonizar o corpo físico e até influenciar, por meios esotéricos, os elementos do mundo exterior. O praticante avançado do Yoga Anutara interessado em transmutar o corpo físico em um corpo iluminado tem todo tipo de faculdades extraordinárias ao seu dispor e as aplica sempre que lhe parece apropriado, para ajudar os outros.

Num nível mais modesto de realização dármica, ainda podemos usar alguns desses conhecimentos de modo muito eficaz para o nosso próprio benefício e também para o benefício dos outros. Por exemplo, podemos assegurar que a ação dos elementos em nosso corpo, em nossas emoções e em nossos pensamentos seja equilibrada e não desenvolva extremos, o que resultaria em doenças físicas, negatividade emocional ou distorção mental, ou todos eles. Mesmo com pouco *know-how*, podemos pacificar os elementos quando percebemos que eles estão entrando em desequilíbrio.

Assim, quando o elemento terra está hiperativo, podemos conter essa hiperatividade prevenindo ou corrigindo a lentidão física, a inércia emocional ou a preguiça mental. Quando o elemento água está mais pronunciado, podemos restabelecer o equilíbrio encontrando maneiras de superar a falta de aterramento físico, a instabilidade emocional ou a inconsistência mental. Quando o elemento fogo está hiperativo, podemos fazer o que for necessário para impedi-lo de desequilibrar o nosso sistema nervoso, exacerbar as nossas emoções ou agitar a nossa mente. Quando o elemento ar está muito ativo, podemos tomar medidas para regular a inquietação física, a impaciência emocional ou a desarticulação mental. Por fim, quando o elemento espaço está predominando, podemos tentar conscientemente superar a nossa sensação de desintegração física, desconexão emocional ou distração mental[8].

Além disso, como parte da nossa prática de meditação regular, podemos visualizar de forma criativa o mundo inteiro como se ele fosse um círculo sagrado, ou mandala – a morada e o corpo dos Budas e Bodhisattvas. Como tal, visualizamos os cinco elementos materiais do mundo completamente radiantes de pureza. Então, procuramos levar essa sensação de pureza para a nossa vida diária. Esse exercício de "fingir" tende a causar um efeito muito positivo sobre o nosso comportamento e, portanto, também sobre as nossas experiências no mundo. Para sermos objetivos, se passarmos a considerar o mundo como um templo ou uma mandala, ficamos menos propensos a tratá-lo como um depósito de lixo. E ficamos menos propensos a virar as costas para a atual crise ambiental.

É menos provável também que tratemos o nosso próprio corpo – uma réplica do universo – como um depósito de lixo. Em vez disso, vamos vê-lo, como as escrituras recomendam, como uma plataforma para a realização da budidade. Em vez de encher nosso estômago com comida rápida ou pouco saudável, nós o alimentamos com cuidado e consciência com alimentos saudáveis e nutritivos, para que ele possa servir ao propósito maior de libertação. Em vez de abusar do nosso corpo, nós o tratamos com respeito e gentileza, enquanto, ao mesmo tempo, evitamos o risco de mimá-lo (e ao ego). Isso também é praticar o Dharma verde.

À medida que nos tornamos mais conscientes do jogo dos elementos dentro de nós e no ambiente externo, também nos tornamos mais equilibrados na nossa vida e na prática dármica. A equanimidade não parece um objetivo distante, e o silêncio que cresce dentro da nossa mente nos permite ouvir melhor os gritos e suspiros ao nosso redor, incitando-nos a participar da ação compassiva sem perder o nosso centro de serenidade.

Gostaríamos de concluir este capítulo breve, que aponta o caminho para uma prática do Dharma verde, com a admoestação de Shabkar:

Agora você está na encruzilhada, que leva tanto para cima quanto para baixo – Não tome o caminho errado![9]

Notas do capítulo 10

1. O *Maharahulavada-Sutta* de *Majjhima-Nikaya* (62.8ff.). Bhikkhu Ñāṇamoli e Bhikkhu Bodhi, trad., *The Middle Length Discourses of the Buddha: A Translation of the Majjhima Nikāya* (Boston, Mass.: Wisdom Publications, 2000), p. 529.

2. Esses quatro tipos de meditação são conhecidos como as Quatro Imensuráveis ou *brahma-viharas* ("Moradas de Brahma"), que também são conhecidos no Hinduísmo e mencionados, por exemplo, no *Yoga-Sutra* (1.33). Para esse texto, ver Georg Feuerstein, *The Yoga-Sutra of Patanjali: A New Translation and Commentary* (Rochester, Vt.: Inner Traditions, reimpresso em 1990).

3. Dalai-Lama, *Many Ways to Nirvana: Reflections and Advice on Right Living*. Organizado por Renuka Singh (Toronto: Penguin Canada, 2004), p. 39.

4. Sobre a metáfora do Dharma – mais particularmente o Nobre Caminho Óctuplo – como uma jangada, ver *Salayatanasamyutta* de *Samyutta-Nikaya* (35.238). Bhikkhu Bodhi, trad. *The Connected Discourses of the Bud-*

dha: *A Translation of the Samyutta Nikāya* (Boston, Mass.: Wisdom Publications, 2000), p. 1237.

5. Ver Steven Reiss, *Who am I? The 16 Basic Desires That Motivate Our Actions and Define Our Personalities* (Nova York: J. P. Tarcher/Putnam, 2000).

6. Para uma boa explicação do Yoga Anutara, ver Daniel Cozort, *Highest Yoga Tantra: An Introduction to the Esoteric Buddhism of Tibet* (Ithaca, Nova York: Snow Lion Publications, 1986).

7. Para a teoria e prática do Yoga da Divindade, ver Gyatrul Rinpoche, *Generating the Deity*. Trad. por Sangye Khandro (Ithaca, Nova York: Snow Lion Publications, 2ª ed., 1996).

8. Para uma excelente explicação do papel dos cinco elementos, ver Tenzin Wangyal Rinpoche, *Healing with Form, Energy and Light: The Five Elements in Tibetan Shamanism, Tantra, and Dzogchen*. Organizado por Mark Dahlby (Ithaca, Nova York: Snow Lion Publications, 2002).

9. Shabkar, *The Life of Shabkar: The Autobiography of a Tibetan Yogin*. Trad. por Matthieu Ricard (Ithaca, Nova York: Snow Lion Publications, 2001), p. 352.

ONZE

Torne sua vida mais ecológica

Todos os dias somos bombardeados com notícias ruins sobre o estado do nosso planeta, e raramente ouvimos falar sobre as ações positivas que inúmeras pessoas estão empreendendo. Será que a mídia não reconhece uma boa notícia ou será que passamos coletivamente a pensar que nossas ações individuais simplesmente não têm muita importância? Este é um momento muito bom para pararmos de pensar que nossas ações pessoais não contam e, em vez disso, começarmos a considerar a mudança pessoal como uma parte positiva e essencial de nossa prática diária, além do perímetro da nossa sala de meditação.

Não há dúvida de que criamos a enorme bagunça em que estamos, mas também temos a capacidade de mudar as coisas ao redor. Entendemos que a mudança global não é fácil, nem algo que pode acontecer da noite para o dia. Mas a mudança *pessoal* pode ser relativamente fácil e pode de fato acontecer instantaneamente.

Nós o estamos desafiando? Pode apostar que estamos, mas o mais importante é que estamos esperando que você assuma a responsabilidade por suas próprias ações e comece a fazer o máximo que puder *agora*. Nada nos empolga mais do que ouvir que todos os que leem este livro decidem continuar educando-se a si mesmos e aos outros e se tornam ativistas ambientais de orientação espiritual ou ativistas do *Dharma Verde*.

Nós fazemos a suposição otimista de que os nossos leitores já estão ecologicamente ativos ou prontos para começar. Para tornar as coisas um pouco mais fáceis para você, relacionamos vários *sites*, documentários, documentos *online*, livros e uma série de coisas práticas para fazer. Ao compilar essa lista, percebemos que as condições financeiras podem limitar algumas pessoas, impedindo-as de empreender uma ação imediata e por isso incluímos várias ideias práticas que não custam absolutamente nada, assim como aquelas que significam mais do que um compromisso financeiro.

A internet está cheia de recursos e de listas de empresas, para ajudá-lo a encontrar maneiras de proteger e restaurar o nosso planeta de modo mais ativo. Nossa sugestão é que você verifique a página de *links* nos *sites*, porque eles vão levá-lo para outros *sites* notáveis.

Coisas práticas que você pode fazer para deixar o mundo um pouco melhor

<u>Simplifique sua vida tanto quanto possível</u>. Hoje em dia quase todos os livros que lemos, revistas que folheamos, *sites* que visitamos ou conversas que ouvimos estão de algum modo relacionados com uma vida mais sustentável. O Verde é um grande negócio! Não somente os consumidores abraçaram o movimento verde mas também gastam muito dinheiro com isso. Assim, em vez de ver este momento crítico como uma oportunidade incrível para simplificar sua vida, eles o transformam em um espetáculo comercial, no qual todas as facetas da sua vida devem ser mais ecológicas a qualquer custo, mesmo que isso implique um custo maior para o meio ambiente. Como os depósitos de lixo da nossa cidade podem mostrar, muitas vezes as pessoas simplesmente descartam itens perfeitamente utilizáveis apenas para ter um mais novo ou mais "ecológico" conforme a moda.

Um dos aspectos mais importantes de um estilo de vida verde não pode ser comprado, e esse aspecto é a ideia da simplificação. Se dermos uma olhada na nossa casa, provavelmente teremos que admitir que consumimos exageradamente. De quanta coisa precisamos e como sabemos quando estamos consumindo demais? Uma das maneiras mais eficientes de produzir um impacto positivo sobre o meio ambiente é simplesmente usar – e comprar – menos. Conscientize-se de como seu estilo de vida causa impacto sobre o meio ambiente. Faça uma lista do tipo de "coisas" que você usa diariamente, semanalmente e ocasionalmente, bem como a maneira como você vive sua vida em geral. Essa prática pode ser complicada num primeiro momento, mas vai certamente ajudá-lo a ver onde você pode fazer mudanças positivas com mais facilidade. Por favor, reserve um tempo para assistir a *A História das Coisas* [*The Story of Stuff*] na internet, um documentário de vinte minutos que mostra como os nossos padrões de consumo afetam o meio ambiente e as comunidades em vários países.

Pense duas vezes antes de comprar algo. Você realmente precisa desse objeto? Será que você não consegue encontrar um de segunda mão? Onde ele é feito e em que condições? (Se ele é feito no exterior, pense não só duas vezes se deve comprá-lo ou não, mas três ou quatro vezes.) Se ele quebrar, pode ser consertado? Pode ser reciclado ou reutilizado por outra pessoa? Informe-se sobre os recursos que a sua comunidade pode oferecer e faça uma lista de todas as lojas de segunda mão, oficinas de consertos ou reformas e das pessoas da sua região que sabem consertar as coisas que você já tem.

Seja um consumidor consciente do ponto de vista ambiental e social. Se você está pensando em comprar algo, procure primeiro em brechós, lojas de antiguidades e bazares beneficentes e veja a possibilidade de alugar ou emprestar esse artigo antes de comprá-lo. Se você ainda assim decidir que quer comprá-lo, faça uma pesquisa para encontrar o produto que terá o menor impacto possível sobre o meio ambiente e que seja produzido de modo socialmente responsável (ou seja, o comércio justo, que não explora a população local).

Reduzir, reutilizar e reciclar! Tente reduzir o desperdício escolhendo produtos reutilizáveis e recicláveis. Lembre-se de que um produto pode ser passível de reciclagem, mas não no local onde você mora. Saiba mais sobre o que e onde a sua comunidade recicla. Os Estados Unidos produzem cerca de 230 milhões de toneladas de "lixo" por ano, dos quais 70% são de materiais recicláveis ou reutilizáveis, MAS apenas cerca de um quarto disso é realmente reutilizado ou reciclado. Um exercício maravilhoso é visitar o depósito de lixo da sua região e dar uma olhada em tudo o que existe nele. Você pode ficar muito surpreso ao ver os artigos que são reutilizáveis e só terminaram lá porque alguém queria algo mais recente, mais conveniente ou simplesmente que estivesse mais na moda. Já houve quem encontrasse caixas cheias de pregos e telhas novas de projetos habitacionais, folhas de madeira compensada, guitarras, móveis, assim como numerosos outros itens novos ou pouco usados. Por favor, certifique-se de que tudo o que deixa sua casa para ser jogado num depósito de lixo não possa ser reutilizado em outro lugar.

Procure comprar produtos com menos embalagens. Um exemplo perfeito é a caixa de chá que tem folhas de chá envoltas em saquinhos de papel ou plástico, acondicionados na caixa também embrulhada em plástico. Isso não é excesso de embalagem? Compre produtos a granel, quando possível, e procure produtos que tenham pouca ou nenhuma embalagem. Incentive as lojas onde você compra a adquirir produtos que possam ser reciclados, em vez de descartados. Lembre-se de que você é um consumidor e o que você faz conta. Quando se trata do mundo do comércio, você é supostamente um "rei".

Compre apenas artigos produzidos com 100% de papel reciclado e sem cloro ou experimente um outro papel, como cânhamo ou kenaf, uma planta africana da família do algodão. Isso inclui o papel de imprimir e escrever, papel toalha, papel higiênico e papel de seda. O *site* da ONG ambientalista The National Resources Defense Council afirma que, se cada família dos Estados Unidos substituísse apenas um rolo de toalha de papel de fibra virgem (70 folhas) por outro 100% reciclado, poderíamos salvar 544 mil árvores por ano. Não há absolutamente nenhuma razão para não comprarmos apenas papel reciclado. Novos produtos estão sendo lançados a cada dia e, com mais pressão dos consumidores, todas as lojas serão obrigadas a armazenar uma grande variedade de produtos ecologicamente corretos e para todos os gostos.

Suprima o uso de papel. De acordo com a ONG Wood Consumption. org, os Estados Unidos consomem anualmente 350 milhões de revistas e 25 bilhões de jornais. Ler *online* os jornais ou revistas que você assina e efetuar o pagamento com cartão de débito ou crédito sempre que possível é uma maneira eficiente de conservar as florestas.

Peça sua exclusão das listas de propaganda não solicitadas. Cem milhões de árvores são usadas a cada ano para encher nossas caixas de correio com lixo!

Incentive os editores de livros, revistas e jornais a usar papel reciclado em todas as suas publicações e felicite aqueles que o fazem. Analise o conteúdo de cada livro, revista e jornal, antes de pensar em comprá-los ou assiná-los. Procure pelo Selo Verde, um rótulo colocado em produtos comerciais, que indica que sua produção foi feita atendendo a um conjunto de normas preestabelecidas pela instituição que emitiu o selo.

Tome uma ducha rápida em vez de um banho de banheira. A água do chuveiro representa dois terços de todos os custos com aquecimento de água. Se você estiver fora de casa, lembre-se de que água é água, não importa onde você vai usá-la e quem está pagando por ela. E a água está ficando escassa no mundo inteiro! Incentive seus amigos e familiares a fazer parte da comunidade cada vez maior de pessoas do mundo inteiro que têm consciência de que não podemos mais desperdiçar água.

Instale chuveiros e torneiras de fluxo reduzido, que diminuem o consumo de água. Os chuveiros de baixo fluxo utilizam cerca de 7 litros de água por minuto em comparação com os chuveiros convencionais, que usam de 11 a 15 litros por minuto. Considere a possibilidade de instalar um chuveiro de baixo fluxo com um botão para selecionar de antemão a temperatura e mantê-la estável e com botão limitador de temperatura. Você pode desligar o chuveiro enquanto se ensaboa ou passa xampu, o que permite reduzir o consumo de água. Essa ideia de baixo custo gera uma economia significativa de água, energia e dinheiro.

Programe a sua máquina de lavar roupa para lavar somente com água fria. Se todas as máquinas dos Estados Unidos passassem a lavar a roupa apenas com água fria, isso poderia significar uma economia de cerca de 30 milhões de toneladas de CO_2 por ano. Estima-se que de 80% a 90% da energia utilizada para lavar roupa é usada para aquecer a água. Suas roupas ficam tão limpas quando lavadas com água fria quanto ficam quando são lavadas com água morna, e um bônus adicional é que a água fria aumenta a vida útil de todas as suas roupas.

Reciclagem e reutilização de água. Nunca desperdice água deixando-a escorrer para o ralo quando ela pode ser utilizada de outra maneira, como para regar uma planta ou jardim, ou na limpeza. Lembre-se de que será necessário o uso de produtos biodegradáveis na água para não causar danos adicionais ao meio ambiente.

Conheça os rios e represas da sua cidade e aprenda a protegê-los. Se não houver grupos ativos de proteção às represas e rios da sua cidade, considere a possibilidade de iniciar o seu próprio.

Sempre que possível, use o varal para secar as roupas em vez da secadora. Aproveite a energia gratuita do vento e do sol. Nem todos os condomínios permitem que se seque roupa ao ar livre. Se esse for o seu caso, lute para mudar essa regra.

Diminua o aquecedor de água para 49º C. A maioria dos aquecedores é ajustada para proporcionar água escaldante, mas não há necessidade disso. Se você pretende ficar fora de casa por um período prolongado, programe o termostato do seu aquecedor de água para a temperatura mínima; e, se você estiver comprando um novo, escolha um produto de alta eficiência.

Conserte prontamente qualquer vazamento em suas torneiras e canos de água. Uma torneira pingando pode desperdiçar mais de 2.000 litros por mês ou 24.000 litros por ano! Com a crescente preocupação com a escassez global de água, o conserto de torneiras e canos com vazamento é uma obrigação. É também uma maneira muito simples de reduzir o consumo de água pessoal.

Prefira vasos sanitários com descarga ecológica. A família média de quatro pessoas dá descarga cerca de 20 mil vezes por ano. Mesmo se você estiver usando um vaso sanitário com descarga dupla, ele ainda gasta 3 litros para dejetos líquidos e 6 litros para dejetos sólidos, uma quantidade incrível de água que escoa pelo cano o ano todo.

Opte por um jardim ecológico. Escolha grama, forrações, arbustos e árvores nativas e/ou que tolerem períodos de estiagem, para reduzir a necessidade de fertilizantes, e não use pesticidas perigosos. Considere a possibilidade de comprar um cortador de grama elétrico ou que não use gasolina convencional, e, também, informe-se sobre "*xeriscaping*" (paisagismo a seco), permacultura e jardinagem orgânica.

Gire o termostato do ar-condicionado pelo menos 2 graus para cima no inverno e dois graus para baixo no verão. Considere a instalação de um termostato programável e programe-o para atender às suas necessidades de acordo com a temperatura ambiente. Outra forma eficaz de reduzir seu consumo de energia é utilizar persianas e cortinas, pois elas diminuem o calor no verão e o conservam durante as noites frias de inverno.

Desligue tudo o que você não está usando e desligue os aparelhos quando você não tem certeza de que vai usá-los novamente em breve. Um número surpreendente de eletrodomésticos de pequeno porte usa energia o tempo todo, mesmo quando desligado. De acordo com uma ONG norte-americana, só os aparelhos de TV e videocassetes gastam 1 bilhão de dólares de energia elétrica nos Estados Unidos anualmente. Dê uma volta pela sua casa para ver o que você tem ligado na tomada e se isso é ou não necessário. Ligue todos os equipamentos em um filtro de linha ou simplesmente adquira o hábito de desligar as coisas quando acabar de usá-las.

Compre alimentos orgânicos cultivados e produzidos localmente ou, melhor ainda, cultive-os em casa, se tiver espaço. A refeição média americana viaja 2 mil quilômetros para chegar da fazenda para o prato.

Você não tem que ser um gênio da matemática para descobrir que seus hábitos alimentares podem contribuir com uma enorme quantidade de emissões de CO_2. Além disso, quando você compra os alimentos dos produtores da sua cidade, está fazendo uma contribuição positiva para a sua comunidade. Encontre feiras de produtores, sítios que praticam a agricultura familiar, hortas comunitárias e outras fontes de cultivo sustentável perto de você e, se possível, cultive você mesmo deliciosas frutas e hortaliças livres de pesticidas.

Elimine o *fast food* da sua alimentação. A indústria de *fast food* cria uma enorme quantidade de resíduos e não apoia os produtores locais. Nos Estados Unidos, os consumidores gastaram cerca de 110 bilhões de dólares em *fast food*, no ano 2000. Essa quantia poderia ser investida no cultivo de aproximadamente 1,2 trilhão de árvores anualmente, por meio da ONG Trees for the Future, que ajuda comunidades do mundo todo a plantar árvores.

Leve seus próprios recipientes. Se você optar por comer em um restaurante, leve seus próprios recipientes reutilizáveis com você. De acordo com a ONG Bring Your Own Bags, uma auditoria do Starbucks constatou que 13,5 milhões de clientes que trouxeram seus próprios copos evitaram que um número estimado de 266.200 quilogramas de papel fosse para os aterros em 2003.

Torne-se vegetariano ou vegan. A criação de animais polui o solo, a água e o ar e é um dos principais fatores que contribuem para o aquecimento global. É também a causa de grande sofrimento para os seres não humanos. A prática da não violência não se refere apenas ao ambiente, mas a todos os seres vivos do nosso planeta azul. De acordo com a ONG Viva.com, só no Reino Unido cerca de 850 milhões de animais e centenas de milhões de peixes são mortos a cada ano para servir de alimento. Antes de serem abatidos, centenas de milhões levam vidas desoladas, infestadas de doenças, em fazendas industriais. As florestas tropicais são desmatadas para pastagens, o metano do gado provoca o aquecimento global, o solo é erodido pelo gado e seus dejetos envenenam os cursos d'água. Enquanto cerca de 750 milhões de pessoas estão morrendo de fome, um terço dos cereais do mundo serve de alimento para animais de criação.

Pratique a compostagem. Se você não puder fazê-la ao ar livre, tente a vermicompostagem (usando minhocas). Consulte livros que ensinam como fazer a compostagem corretamente ou procure artigos *online*, sobre o assunto.

Diga não a cada saco plástico que lhe oferecerem. De acordo com o *site* Morsbags.com mais de 1 milhão de sacos plásticos são consumidos por minuto no mundo todo – uma prática insana, visto que o plástico demora um tempo muito longo para se decompor e tende a acabar no oceano. Passe a usar sacolas de pano sempre que for fazer compras, não só no supermercado. Muitas comunidades estão se mobilizando para criar um ambiente livre de sacolas plásticas. Por favor, encoraje a sua a fazer o mesmo.

Plante árvores. Plante árvores ao redor de sua casa para economizar uma média de 20% a 25% de energia elétrica, em comparação com uma casa sem a sombra das árvores. Entre em contato com líderes de sua comunidade e pergunte-lhes se eles têm um programa de plantio de árvores; se tiverem, ofereça-se como voluntário; e, se não tiverem, considere a possibilidade de começar um você mesmo. Fique a par das ações da ONG Trees for the Future.

Repense o hábito de presentear. Em vez de presentear familiares e amigos com mais objetos (e embalagens), selecione uma organização social ou ambiental que sobreviva de doações, e faça uma em nome de sua família e amigos.

Passe a usar energia verde. Saiba como utilizar a energia solar e eólica. Há muitas maneiras econômicas de aproveitar a energia do Sol para usos cotidianos, tais como cozinhar e aquecer água.

Mude os seus hábitos de transporte. Opte pela caminhada, bicicleta, carona, *skate*, patins (quando permitido), e use o transporte público como ônibus e trens, sempre que possível.

Voe com menos frequência ou deixe definitivamente de voar. Pense em passar férias perto de casa (ou em casa). Se você precisa participar de conferências e reuniões em seu trabalho, faça fone ou videoconferências. Se precisar voar, voe durante o dia, pois estudos mostraram que os voos tomados à noite têm maior impacto sobre o clima. Voe na classe econômica, leve pouca bagagem e, por favor, compense a sua pegada ecológica consumindo menos.

Seja um verdadeiro ecoturista. O ecoturismo é uma indústria em ascensão, mas não é necessariamente amiga do meio ambiente. Considere a possibilidade de explorar a região mais próxima da sua casa, e lembre-se de que o transporte aéreo é um dos principais fatores que contribuem para o aquecimento global, mesmo que sua aventura tenha o prefixo "eco" anexado a ela. Se você precisa realmente fazer ecoturismo, por favor, releia o parágrafo anterior.

Não use garrafas plásticas de água. Beba água filtrada em vez de água mineral engarrafada. Se precisar transportar água com você, escolha uma garrafa de aço inoxidável ou de vidro. A água engarrafada não é apenas muito mais cara, mas sua embalagem de plástico também contamina a água com substâncias que podem ser nocivas à saúde, além de contribuir para a poluição da terra, do ar e da água.

Passe a investir em empresas social e ambientalmente responsáveis e certifique-se de que todos os seus futuros investimentos sejam feitos por seu corretor ou banco da mesma maneira. Procure saber como seu dinheiro está sendo investido e garanta que as empresas que você apoia tratem de questões relativas à ação social e ambiental. Muitos dos chamados pacotes de investimento "éticos" estão longe de ser favoráveis ao meio ambiente.

Substitua as lâmpadas incandescentes por lâmpadas fluorescentes compactas. Elas não apenas duram cerca de 10 vezes mais mas também usam 75% menos energia que as lâmpadas incandescentes.

Utilize apenas produtos de limpeza ecológicos. Muitos dos produtos de limpeza comumente utilizados estão cheios de produtos químicos tóxicos, que não só poluem nosso corpo como também o meio ambiente. Existem vários produtos de limpeza ecológicos no mercado, ou você pode fazer seus próprios com base em receitas fáceis, que pode encontrar na internet.

Use produtos naturais para a pele. As pessoas utilizam, em média, cerca de dez produtos diferentes em seu corpo em um único dia! Tente reduzir o número de produtos e só use produtos orgânicos. Confira *sites* na internet que vendem produtos naturais. Uma alternativa é fazer os seus próprios cremes, o que não é difícil.

Se você for comprar ou alugar um veículo, procure o modelo com consumo de combustível mais baixo que gere a menor poluição possível. Considere a possibilidade de ter um carro elétrico algum dia.

Seja um motorista ecologicamente consciente. Evite acelerar demais desnecessariamente, mantenha a pressão correta dos pneus, dirija numa velocidade moderada, acelere suavemente, remova o excesso de peso do seu veículo. Além disso, faça manutenção regularmente para manter o seu veículo funcionando com eficiência.

Reduza sua pegada ecológica. Reduzir sua pegada ecológica é uma forma relativamente fácil de assumir a responsabilidade pelo impacto ambiental negativo que você cria em nossa vida diária. Procure maneiras de compensar sua pegada, produzindo menos lixo ou usando fontes de energia renováveis, por exemplo, e, por favor, não use compensação como um substituto para simplificar a forma como você vive.

Tome uma atitude, por escrito, por *e-mail* ou telefonando para os seus líderes políticos ou candidatos. Os líderes políticos são influenciados pelo público, e você pode fazer uma grande diferença simplesmente expressando sua opinião. A internet fez com que isso ficasse muito mais fácil. Por favor, dedique alguns minutos a cada semana para assinar petições *online*. O Greenpeace é um dos *sites* que oferecem essas petições.

Incentive a sua biblioteca pública. Não existem muitas coisas gratuitas hoje em dia, mas as bibliotecas ainda são, e elas são ótimos recursos para se emprestar livros, DVDs, CDs, revistas e jornais, que do contrário você precisaria comprar. Se não encontrar determinada publicação na prateleira, pergunte aos funcionários se eles podem providenciá-la.

Incentive o seu negócio, organização, escola, família e amigos a reduzir suas emissões de carbono, e compartilhe essa lista com todos os que você conhece!

Sites internacionais relacionados com a proteção ao meio ambiente

Adbusters. Organização anticonsumista com sede no Canadá: www.adbusters.org

Avaaz.org. Um movimento da *web* que promove a ação em questões como mudança climática, o conflito religioso e direitos humanos por meio de petições online globais: http://www.avaaz.org/en/

Bicycle City. Esta é uma comunidade planejada, de *design* urbano, onde as pessoas vivem, trabalham e se divertem. Seu *design* amigável ao meio ambiente, sem carros, é saudável, sustentável e benéfico aos animais: http://www.bicyclecity.com/

Bountiful Gardens. Organização americana sem fins lucrativos e um projeto de Ação em Ecologia que faz pesquisas sobre hortas e publica livros. Uma grande fonte de sementes de hortaliças, ervas, flores, grãos de polinização aberta, ou seja, capazes de reproduzir sementes que gerarão plantas idênticas às plantas das quais se originaram, e de ensino de agricultura sustentável: http://www.bountifulgardens.org/

Build It Solar. Um *site* de energias renováveis do tipo faça você mesmo: http://www.builditsolar.com/

Care2 Make a Difference. A maior comunidade *online* para pessoas que querem fazer a diferença, oferecendo notícias, seção de vida ecológica, boletins informativos e petições: www.care2.com

Climate Wire. Este é um serviço de notícias internacional, enfocando especificamente a questão das alterações climáticas: www.climatewire.org

Co-op América. Promove a sustentabilidade ambiental e justiça social e econômica por meio da educação dos consumidores: www.coopamerica.org

David Suzuki Foundation. Uma organização ambientalista canadense baseada na ciência, com um *site* que é fonte de informações precisas e bem pesquisadas: www.davidsuzuki.org

Earth Day Network. Um *site* que oferece um teste da pegada ecológica para todas as diferentes áreas do mundo: http://earthday.net/Footprint/index.asp

Earth Island Institute. Desenvolve e apoia projetos que combatem as ameaças à diversidade biológica e cultural que sustentam o meio ambiente. Por meio da educação e do ativismo, esses projetos promovem a conservação, preservação e restauração da Terra: http://www.earthisland.org

Ecological Buddhism. Um *site* dedicado a educar a comunidade budista sobre o aquecimento global: http://www.ecobuddhism.org/

Ecowaters Projects. Desenvolve, promove e demonstra melhores sistemas de gestão e práticas de águas residuais, com ênfase na separação das fontes e abordagens de utilização: http://www.ecowaters.org/

Environmental Health News. Fornece *links* para artigos sobre questões de saúde ambiental: www.environmentalhealthnews.org

Environmental Working Group. *Site* educacional que trata de várias questões ambientais: http://www.ewg.org/

E/The Environmental Magazine. Fornece informações, notícias e recursos para pessoas preocupadas com o meio ambiente: www.emagazine.com

Forest Ethics. Um *site* dos Estados Unidos que o ajuda a resolver seus problemas com lixo eletrônico: http://www.forestethics.org/

Friends of the Earth Canadá or U.S.A. Serve como um porta-voz para o meio ambiente e para a renovação das comunidades e da Terra por meio do ensino, de pesquisas e do direito: www.foecanada.org ou www.foe.org

Global Giving. Organização que conecta as pessoas que têm ideias de mudar o mundo com as pessoas que podem apoiá-los: http://www.globalgiving.com/

Greenpeace Canadá / Greenpeace EUA. Organização global que se preocupa com várias questões, desde o aquecimento global até a engenharia genética: www.greenpeace.org ou www.greenpeaceusa.org

Green Press Initiative. Auxilia os profissionais do setor de livros e jornais a entenderem melhor o seu impacto sobre florestas ameaçadas, comunidades indígenas e o clima da Terra. Considere a possibilidade de informar os editores sobre essa organização: http://www.greenpressinitiative.org/

Grist. Um *site* de notícias confiável sobre o meio ambiente. http://www.grist.org

Kiva. Conecta as pessoas por meio de empréstimos em prol da redução da pobreza. Kiva é o primeiro *site* de microcrédito de pessoa a pessoa do mundo, capacitando os indivíduos a emprestar dinheiro diretamente a empresários de países em desenvolvimento: http://www.kiva.org/app.php?page=home

Liberation of Brother and Sister Animals (LobsA). Organização com base na Austrália, cujo foco é o ativismo internacional pelos direitos animais e para a promoção do veganismo: http://www.lobsa.org/About_LOBSA.htm

Markets Initiative. Organização que oferece informações valiosas sobre como mudar os padrões de consumo dos consumidores de papel industrial, de modo que suas compras não destruam as florestas antigas e ameaçadas de extinção, como a Boreal do Canadá, as florestas temperadas e florestas tropicais: http://www.marketsinitiative.org/

Mercy Corp. Auxilia na redução da pobreza, do sofrimento e da opressão, ajudando pessoas a construir comunidades seguras, produtivas e justas: http://www.mercycorps.org/mercykits

National Resources Defense Council. Esta é uma das mais eficientes organizações de ação ambiental: www.nrdc.org

Nature Conservatory. Uma das principais organizações de conservação em atividade em todo o mundo, cujo objetivo é proteger ecologicamente terras e águas importantes para a natureza e as pessoas. http://www.nature.org/?src=t1

Northwest Coalition for Alternatives to Pesticides. Oferece notícias atualizadas, alertas de ação, programas e publicações diversas sobre alternativas aos agrotóxicos: www.pesticide.org

One Planet, One Life. Seu objetivo é educar o público sobre a crise ambiental global, mais especificamente sobre a Sexta Extinção em Massa (ou seja, a perda de biodiversidade): http://oneplanetonelife.com

Planet Air. Fornecedor sem fins lucrativos que vende créditos de compensação de carbono de alta qualidade. Esse é um dos poucos fornecedores que incentivam as pessoas a reduzir as suas emissões de gases de efeito estufa, não só a compensá-los: http://planetair.ca/

Post Carbon Institute. Organização que oferece pesquisa e educação para ajudar na implementação de estratégias proativas para o nosso mundo carente de energia: http://www.postcarbon.org/

Red Dot Campaign. Um *site* canadense para ajudá-lo a resolver seus problemas com o lixo eletrônico: http://www.reddotcampaign.ca/

Rede ReUseIt. A missão desta organização é reduzir a pegada humana sobre a Terra, promovendo a conservação dos recursos e proporcionando uma oportunidade para os indivíduos e as comunidades agirem. Reduzir, reutilizar e reciclar: http://reuseitnetwork.org/

Salt Spring Seeds. Uma empresa veterana que fornece sementes convencionais de polinização aberta para os canadenses: http://www.saltspringseeds.com/

Seeds of Diversity. Organização beneficente canadense dedicada à conservação, documentação e utilização de plantas não híbridas de domínio público: www.seeds.ca

Seed Sanctuary for Canada. Organização beneficente dedicada à saúde e vitalidade da Terra por meio da preservação e promoção de sementes orgânicas que são "relíquias de família": http://www.seedsanctuary.com

Shabkar.Org. Um *site* sem fins lucrativos dedicado ao vegetarianismo como um estilo de vida budista. Esse *site* tem uma grande riqueza de informações, incluindo artigos, vídeos e áudios, escrituras e professores dedicados ao vegetarianismo: http://www.shabkar.org/vegetarianism/index.htm

The Green Guide. Fornece informações sobre diversas questões ambientais e conselhos práticos: www.thegreenguide.com

The Simple Living Network oferece recursos, ferramentas, exemplos e contatos para a vida consciente, simples, saudável e revitalizante: http://www.simpleliving.net/main/

The Union of Concerned Scientists. Grupo de cientistas que combinam a investigação científica independente e a ação cidadã para ajudar a implementar soluções relativas a questões ambientais e de segurança global: www.ucsusa.org

Transition Network. Organização que apoia e capacita comunidades interessadas em adotar, adaptar e aplicar o modelo de transição a fim de estabelecer a Iniciativa da Transição em sua localidade. O modelo de transição estimula as comunidades a voltar sua atenção para o pico do petróleo e a mudança climática e a atuar em comunidade para sustentar-se e prosperar: http://www.transitiontowns.org/

Trees for the Future. Organização sem fins lucrativos que inicia e apoia projetos agroflorestais de autoajuda em cooperação com grupos e indivíduos dos países em desenvolvimento: www.plant-trees.org

Veggie123.com. Oferece um *e-book* bem fundamentado e gratuito intitulado *How to sucessfully Become a Vegetarian* [Como Ter Êxito em se

Tornar um Vegetariano], de Rudy Hadisentosa: http://www.veggie123.com/

WorldChanging. *Weblog* que discute e analisa ferramentas, ideias, modelos e tecnologias para a construção de um futuro melhor: www.worldchanging.com

World Resources Institute. Publicações do WRI, *podcasts* e artigos que tratam de maneira profunda os temas presentes no *Dharma Verde*: www.wri.org

Worldwatch Institute. Organização de pesquisa independente, conhecida por sua análise baseada em fatos sobre questões globais críticas: http://www.worldwatch.org/

World Wildlife Fund. Organização internacional que opera em mais de cem países e trabalha para um futuro em que os seres humanos vivam em harmonia com a natureza: www.panda.org

Recursos Online

Transitions Iniciative Primer – Um documento de cinquenta páginas que fornece uma visão geral para as comunidades fazerem uma transição para um futuro com menos energia e maiores níveis de resiliência: http://transitionnetwork.org/Primer/TransitionInitiativesPrimer.pdf

Consumer's Guide to Retail Carbon Offset Providers – Um guia bem pesquisado que todos devem ler antes de encontrar um fornecedor de compensação de carbono: http://www.cleanair-coolplanet.org/ConsumersGuidetoCarbonOffsets.pdf

Climate Code Red: The Case for a Sustainability Emergency, de David Spratt e Philip Sutton. Uma bem fundamentada convocação à ação, que revela amplas evidências científicas de que a crise do aquecimento global é muito pior do que os governos esperavam, levam em conta em suas políticas ou gostariam que o público soubesse: http://www.climatecodered.net/

Cry from the Forest – Um manual valioso que serve como ferramenta de aprendizagem comunitária segundo a perspectiva do Budismo e da Ecologia no Camboja: http://www.camdev.org/Publications/Cry-English-Revised-for-printing.pdf

How to Save the Climate, do Greenpeace Internacional – Um texto fácil de entender sobre a mudança climática, que agrada a todas as faixas etárias: http://www.greenpeace.org/raw/content/international/press/reports/how-to-salve-the-climate-pers.pdf

Driven to Action: A Citizen's Toolkit. Produzido pela David Suzuki Foundation

Part 3: Shaping Decisions – Este documento descreve como ser um lobista eficiente: http://www.davidsuzuki.org/files/Climate/Ontario/shapingdecisions.pdf

Part 4: Working with the Media – Este documento descreve como obter a atenção da mídia para projetos ambientais: http://www.davidsuzuki.org/files/Climate/Ontario/sprawl-media-tips.pdf

Save Trees by Making Your Own Recycled Paper – Um artigo didático que descreve como fazer o seu próprio papel reciclado a partir dos papéis que você usa. É um projeto divertido e fácil de fazer por si só ou para compartilhar com as crianças: http://erc.openschool.bc.ca/ERC/features/paper_making.pdf

The Carbon Cost of Christmas, por Gary Haq, Anne Owen, Elena Dawkins e John Barrett e The Stockholm Environment Institute – Um documento bem pesquisado, mostrando o impacto ambiental da época do Natal: http://www.climatetalk.org.uk/downloads/CarbonCostofChristmas2007.pdf

Letter for Thây. Mosteiro Blue Cliff. 12 de outubro de 2007 Bela carta de Thich Nhat Hanh aos praticantes espiritualistas sobre o tema da importância da adoção de um estilo de vida vegetariano: http://www.deerparkmonastery.org/news/TNH_Letter_October_2007.pdf

Guia de produtos menos tóxicos, da Environmental Health Association of Nova Scotia: http://www.lesstoxicguide.ca/index.asp

The David Suzuki Foundation. Você vai encontrar um incrível número de publicações gratuitas, passíveis de *download*, sobre diversas questões ambientais: http://www.davidsuzuki.org/Publications/

Documentários

The Story of Stuff [A História das Coisas] mostra de modo bem-humorado os bastidores da nossa produção e consumo. A História das Coisas expõe as conexões entre um enorme número de questões ambientais e sociais: http://www.storyofstuff.com/

Altered Oceans. Uma série de cinco reportagens sobre a crise nos mares, realizadas por Kenneth R. Weiss e Usha Lee McFarling: http://www.latimes.com/news/local/oceans/la-oceans-series,0,7842752special

Bullfrog Films. Um dos melhores *sites* para encontrar documentários sobre o meio ambiente, ecologia, ética, consumismo, assim como direitos dos animais e direitos humanos: http://www.bullfrogfilms.com/

Earthlings. O mais completo documentário de longa-metragem já produzido sobre a correlação entre a natureza, os animais e os interesses econômicos. Recomendamos com veemência este filme e esperamos que todos os que lerem este livro vejam esse filme poderoso e provocativo, e o recomendem à família e aos amigos. Advertimos que este filme contém imagens bastante explícitas e perturbadoras: http://veg-tv.info/Earthlings

Frontline. Ótimos documentários *online*: Hot Politics, Harvest of Fear (GM foods), Kim's Nuclear Gamble, Merchants of Cool, News War, The Persuaders e What's Up with the Weather, Is Wal-Mart Good for America?: http://www.pbs.org/wgbh/pages/frontline/view/

Global Dimming. Um documentário contundente e alarmante sobre como a poluição está afetando o mundo em que vivemos e por que não podemos compreender plenamente o aquecimento global sem também levar em conta o fenômeno do escurecimento global: http://www.documentary-film.net/search/sample.php

Leituras recomendadas

Akuppa. *Touching the Earth: A Buddhist Guide to Saving the Planet*. Birmingham: Windhorse Publications, 2002.

Amann, Thorne, Jennifer *et al. Consumer Guide to Home Energy Savings: Save Money, Save the Earth*. Gabriola Island, British Columbia: New Society Publishers, 2007.

Anderson, Bruce. *The Fuel Savers: A Kit of Solar Ideas for Your Home*. La Fayette, Calif.: Morning Sun Press, 2001.

Anderson, Lorraine e Rick Palkovic. *Cooking with Sunshine*. Nova York: Da Capo Press, 2006.

Appelhof, Mary. *Worms Eat My Garbage*. Kalamazoo: Flower Press, 1997.

Ashworth, Suzanne e Kent Whealy. *Seed to Seed*. Decorah, Iowa: Seed Savers Exchange, 2002.

Bates, Albert. *The Post-Petroleum Survival Guide and Cookbook*. Gabriola Island, British Columbia: New Society Publishers, 2006.

Bekoff, Marc e Jane Goodall. *Animals Matter*. Boulder, Colo.: Shambhala, 2007.

Berthold-Bond, Annie. *Clean and Green*. Woodstock, N.Y.: Ceres Press, 1994.

Bodhipaksa, Bodhipaksa. *Vegetarianism*. Birmingham: Windhorse Publications, 2004.

Bongiorno, Lori. *Green, Greener, Greenest*. Nova York: Perigee Book, 2008.

Bradley, Fern e Barbara Ellis. *Rodale's All-New Encyclopedia of Organic Gardening*. Emmaus, Pa.: Rodale Press, 1992.

Brower, Michael e Warren Leon. *The Consumer's Guide to Effective Environmental Choices*. Nova York: Three Rivers Press, 1999.

Clift, Jon e Amanda Cuthbert. *Water: Use Less-Save More: 100 Water-Saving Tips for the Home*. White River Junction, Vt.: Chelsea Green Publishing, 2007.

_____. *Energy: Use Less-Save More: 100 Energy-Saving Tips for the Home*. White River Junction, Vt.: Chelsea Green Publishing, 2007.

Dauncey, Guy e Patrick Mazza. *Stormy Weather*. Gabriola Island, British Columbia: New Society Publishers, 2001.

Dobson, Charles. *The Troublemaker's Teaparty*. Gabriola Island, British Columbia: New Society Publishers, 2003.

E Magazine, By. *Green Living*. Nova York: Plume, 2005.

Falconi, Dina. *Earthly Bodies & Heavenly Hair*. Woodstock, N.Y.: Ceres Press, 1997.

Flores, Heather. *Food Not Lawns*. White River Junction, Vt.: Chelsea Green, 2006.

Garrett, Leslie e Peter Greenberg. *The Virtuous Consumer*. Novato, Calif.: New World Library, 2007.

Gershon, David. *Low Carbon Diet: A 30 Day Program to Lose 5,000 Pounds*. Woodstock, N.Y.: Empowerment Institute, 2006.

Goldbeck, Nikki e David Goldbeck. *Choose to Reuse*. Woodstock, N.Y.: Ceres Press, 1995.

_____. *American Wholefoods Cuisine*. Woodstock, N.Y.: Ceres Press, 2006.

Grant, Tim e Gail Littlejohn. *Teaching Green - The Elementary Years*. Gabriola Island, British Columbia: New Society Publishers, 2005.

_____. *Teaching Green – The Middle Years*. Gabriola Island, British Columbia: New Society Publishers, 2004.

Grist, Davis. *Wake Up and Smell the Planet: The Non-Pompous, Non-Preachy Grist Guide to Greening Your Day,* organizado por Brangien Davis e Katherine Wroth. Seattle, Wash.: Mountaineers Books, 2007.

Hemenway, Toby e John Todd. *Gaia's Garden: a Guide to Home-Scale Permaculture*. White River Junction, Vt.: Chelsea Green Publishing Company, 2001.

Henderson, Elizabeth e Robyn Van En. *Sharing the Harvest*. White River Junction, Vt.: Chelsea Green Publishing, 2007.

Hill, Julia e Jessica Hurley. *One Makes the Difference*. San Francisco, Calif.: HarperSanFrancisco, 2002.

Hollender, Jeffrey *et al. Naturally Clean*. Gabriola Island, British Columbia: New Society Publishers, 2006.

Hopkins, Rob. *The Transition Handbook*. Devon: Green Books, 2008.

Horn, Greg. *Living Green*. Londres: Freedom Press, 2006.

Howell, Jack. *Solar Stovetop Cooker*. Lafayette, Calif.: Morning Sun Pr, 1998.

Jones, Ellis *et. al. Better World Handbook*. Gabriola Island, British Columbia: New Society Publishers, 2007.

Katz, Amy. *The GreenPeace Green Living Guide*. Toronto, Ontario: Greenpeace Canada, 2007.

Kinkade-Levario, Heather. *Design for Water*. Gabriola Island, British Columbia: New Society Publishers, 2007.

Kolberg, Judith. *Organize for Disaster*. Decatur, Ga.: Squall Press, 2005.

Lancaster, Brad. *Rainwater Harvesting for Drylands and Beyond Vol. 1*. Tucson, Ariz.: Rainsource Press, 2007.

_____. *Rainwater Harvesting for Drylands and Beyond Vol. 2*. Tucson, Ariz. Rainsource Press, 2007

Landrigan, Phillip *et al. Raising Healthy Children in a Toxic World: 101 Smart Solutions for Every Family*. Emmaus, Pa: Rodale Press, 2002.

Lotter, Donald. *Earthscore*. Lafayette, Calif.: Morning Sun Press, 1993.

Malkan, Stacy. *Not Just a Pretty Face*. Gabriola Island, British Columbia: New Society Publishers, 2007.

Marrow, Rosemary. *Earth User's Guide to Permaculture*. 2ª Edição. East Roseville: Simon & Schuster Australia, 2007.

Mars, Ross e Jenny Mars. *Getting Started in Permaculture*. Hampshire, Inglaterra: Permanent Publications, 2007.

Merkel, Jim. Radical Simplicity. Gabriola Island, British Columbia: New Society Publishers, 2003.

Morris, Stephen. *New Village Green*. Gabriola Island, British Columbia: New Society Publishers, 2007.

Ryan, John e Alan Durning. *Stuff: the Secret Lives of Everyday Things*. Seattle, Wash.: Northwest Environment Watch, 1997.

Sandbeck, Ellen. *Organic Housekeeping*. Nova York: Scribner, 2006.

Schaeffer, John. *Real Goods Solar Living Source Book–Special 30th Anniversary Edition: Your Complete Guide to Renewable Energy Technologies and Sustainable Living*. Ukiah: Gaiam Real Goods, 2007.

Schapiro, Mark. *Exposed: the Toxic Chemistry of Everyday Products and What's at Stake for American Power*. White River Junction, Vt.: Chelsea Green Publishing, 2007.

Scheckel, Paul. *The Home Energy Diet*. Gabriola Island, British Columbia: New Society Publishers, 2005.

Scott, Nicky. *Composting: an Easy Household Guide*. White River Junction, Vt.: Chelsea Green Publishing, 2007.

_____. *Reduce, Reuse, Recycle: an Easy Household Guide*. White River Junction, Vt.: Chelsea Green Publishing, 2007.

Smith, Ethan e Guy Dauncey. *Building an Ark: 101 Solutions to Animal Suffering*. Gabriola Island, British Columbia: New Society Publishers, 2007.

Smith, Alisa e J. B. MacKinnon. *The 100-Mile Diet*. Toronto, Ontario: Vintage Canada, 2007.

Solomon, Steve. *Gardening When It Counts: Growing Food in Hard Times*. Gabriola Island, British Columbia: New Society Publishers, 2006.

Steffen, Alex *et al. Worldchanging*. Nova York, N.Y.: Harry N. Abrams, Inc., 2008.

Steinfeld, Carol. *Reusing the Resource*. White River Junction, Vt.: Chelsea Green Publishing, 2003.

Stein, Matthew. *When Technology Fails*. White River Junction, Vt.: Chelsea Green Publishing, 2007.

Stoyke, Godo. *The Carbon Buster's Home Energy Handbook*. Gabriola Island, British Columbia: New Society Publishers, 2006.

Thompson, Athena. *Homes That Heal*. Gabriola Island, British Columbia: New Society Publishers, 2004.

Tourles, Stephanie. *Organic Body Care Recipes*. North Adams, Mass.: Storey Publishing, LLC, 2007.

Tozer, Frank. *The Uses of Wild Plants*. White River Junction, Vt.: Chelsea Green Publishing, 2007.

Trask, Crissy. *It's Easy Being Green: A Handbook for Earth-Friendly Living*. Layton, Utah: Gibbs Smith, 2006.

Vasil, Adria. *Ecoholic: Your Guide to the Most Environmentally Friendly Information, Products and Services in Canada*. Toronto, Ontario: Vintage Canada, 2007.

Yudelson, Jerry. *Choosing Green*. Gabriola Island, British Columbia: New Society Publishers, 2008.

Posfácio

Começamos a escrever este livro poucos meses depois de concluir *Yoga Verde*. Durante um intervalo de apenas três meses, os cientistas chegaram a uma imagem muito mais clara e muito mais assustadora do ritmo em que o aquecimento global está ocorrendo e prejudicando o delicado equilíbrio da natureza. O derretimento das calotas polares, que está ocorrendo dez vezes mais rápido do que se pensava até alguns anos atrás, tem deixado os pesquisadores alarmados. Esse é um mau presságio para o futuro próximo. Os alarmes mentais da humanidade deveriam estar todos soando sem parar e em 100 decibéis, mas eles ainda estão sinistramente silenciosos.

Ao examinar as medonhas provas da maneira mais desapaixonada possível, sentimos uma sensação de profundo pesar pela nossa própria responsabilidade pelo desastre que se desenrola. Sentimos também o dever de partilhar com colegas praticantes do Dharma nosso conhecimento e entendimento da situação. Sabemos que alguns leitores vão simplesmente dar de ombros diante dos nossos avisos e considerá-los alarmistas. Esperamos que a opinião deles não os impeça de examinar por si as evidências disponíveis, que existem em abundância, e de ver o mundo como ele realmente é. Você não consideraria alarmista um bombeiro que responde a uma chamada de emergência. Ele age com base nas informações que recebe e precisa supor que a chamada de emergência é autêntica e não uma farsa. Da mesma maneira, a perspectiva do nosso livro sobre a crise ambiental se baseia em relatos – fatos e dados fornecidos por cientistas responsáveis de diversas áreas de especialização. A probabilidade de milhares de cientistas desvirtuarem as provas é praticamente nula, principalmente porque o conservadorismo inato da ciência não favorece afirmações exageradas, e por isso os cientistas são cuidadosos de fazê-las. Se bem que até agora os cientistas têm sido relutantes em aceitar seus próprios resultados: nosso planeta está em sérios apuros.

A imaginação científico-tecnológica da nossa civilização nos levou e a toda a biosfera do nosso planeta à beira do abismo, onde a extinção se tornou uma possibilidade, para não dizer um cenário provável. Com a nossa mente imaginativa, precisamos agora abraçar um futuro viável para a humanidade e todos os outros seres. Esse é o desafio filosófico e emocional que temos diante de nós atualmente. Se não conseguirmos exercer nossa imaginação de uma maneira saudável, que nos obrigue a ver a imagem maior, os caminhos anteriores da nossa imaginação serão um beco sem saída fatal. Como afirmou o ecofilósofo Henryk Skolimowski em seu livro *The Participatory Mind*:

> Se articulamos nossa consciência na imagem do Buda, podemos ficar orgulhosos do *anthropos* em nós[1].

Isto é, se nos empenhássemos para alcançar o estado do Buda, não nos esforçaríamos, inconscientemente ou não, para o desaparecimento da espécie humana ou o colapso de toda a biosfera. Não seríamos suicidas. Nossa imaginação seria saudável.

Quando fazemos piruetas no gelo fino, nossos patins não apenas fazem sulcos, mas cavam um buraco que pode desestabilizar o gelo sobre o qual estamos e nos levar a afundar na água gelada. Estamos atualmente fazendo piruetas de maneira enlouquecida.

A menos que estejamos totalmente equivocados, não podemos imaginar o Buda sentado, sem fazer nada sobre o meio ambiente, se estivesse vivo nos dias de hoje. Pelo contrário, nós gostamos de pensar que ele iria investir todos os seus poderes espirituais para ajudar a Terra, a partir de um plano superior de consciência, e, ao mesmo tempo, exortaria a todos a aplicar o Dharma para o seu bem-estar pessoal e o bem-estar de todos os seres deste planeta.

Nós todos precisamos fazer uma drástica mudança, e precisamos fazê-la AGORA. Não há tempo a perder. Esperamos e oramos para que os praticantes do Dharma em todos os lugares tenham sabedoria para reconhecer a importância deste momento no tempo, tenham vontade e coragem para mudar radicalmente e sejam poupados do sofrimento que será desencadeado neste planeta, se a humanidade não conseguir melhorar a sua conduta. É também nossa esperança que os praticantes do Dharma em todo o mundo saiam da sua zona de conforto pessoal e, motivados pela compaixão, demonstrem o verdadeiro eco-heroísmo de maneira enérgica e tornem rapidamente seu próprio estilo de vida sustentável, incentivando outros a fazerem o mesmo.

A vida é preciosa demais para a prejudicarmos ou, pior, destruirmos.

Nota do Posfácio

1. Henryk Skolimowski, *The Participatory Mind: A New Theory of Knowledge and of the Universe* (Londres: Arkana/Penguin Books, 1994), p. 377.

Bibliografia

Aronson, Harvey B. *Love and Sympathy in Theravāda Buddhism*. Délhi: Motilal Banarsidass, reimpresso em 1996.

Bachelor, Martine e Kerry Brown, orgs. *Buddhism and Ecology*. Londres: Cassell, 1992.

Bekoff, Marc. *The Emotional Lives of Animals*. Prefácio de Jane Goodall. Novato, Calif.: New World Library, 2007 [*A Vida Emocional dos Animais*, publicado pela Editora Cultrix, São Paulo, 2010].

Berry, Thomas. *The Dream of the Earth*. San Francisco: Sierra Club Books, 1988.

Bodhi, Bhikkhu, trad. *The Connected Discourses of the Buddha: A Translation of the Samyutta Nikāya*. Boston, Mass.: Wisdom Publications, 2000.

Bose, Jagadish Chandra. *Life Movements in Plants*. Nova Délhi: Anmol Publications, reeditado em 1993. 2 vols.

Brower, David, com Steve Chapple. *Let the Mountains Talk, Let the Rivers Run*. Gabriola Island, British Columbia: New Society Publishers, 2000.

Brower, Michael e Warren Leon. *The Consumer's Guide to Effective Environmental Choices — Practical Advice from the Union of Concerned Scientists*. Nova York: Three Rivers Press, 1999.

Brown, Lester R. *Plan B 2.0: Rescuing a Planet under Stress and a Civilization in Trouble*. Nova York: W. W. Norton, 2006.

Buhner, Stephen Harrod. *The Lost Language of Plants: The Ecological Importance of Plant Medicines to Life on Earth*. White River Junction, Vt.: Chelsea Green, 2002.

Carson, Rachel. *Silent Spring: The Classic That Launched the Environmental Movement*. Nova York: Houghton Mifflin Company, reimpresso em 2002; prim. publ. 1962.

Chang, Garma C. C. *The Hundred Thousand Songs of Milarepa*. Boulder, Colo. e Londres: Shambhala Publications, 1977.

Chatral Rinpoche. *Compassionate Action*. Organizado, introduzido e comentado por Zach Larson. Ithaca, N.Y.: Snow Lion, 2007.

Cozort, Daniel. *Highest Yoga Tantra: An Introduction to the Esoteric Buddhism of Tibet*. Ithaca, Nova York: Snow Lion Publications, 1986.

Dalai-Lama. *A Flash of Lightning in the Dark of Night: A Guide to the Bodhisattva Way of Life*. Boston, Mass.: Shambhala Publications, 1994.

_____. *Many Ways to Nirvana: Reflections and Advice on Right Living*. Organizado por Renuka Singh. Toronto: Penguin Canada, 2004.

Dalai-Lama, Sétimo. *Gems of Wisdom*. Trad. por Glenn H. Mullin. Ithaca, N.Y.: Snow Lion, 1999.

Dombrowski, Danial A. *The Philosophy of Vegetarianism*. Amherst, Mass.: University of Massachusetts Press, 1984.

Doucet, Clive. *Urban Meltdown: Cities, Climate Change and Politics as Usual*. Gabriola Island: New Society Publishers, 2007.

Drengson, Alan Rike e Duncan MacDonald Taylor, orgs. *Ecoforestry: The Art and Science of Sustainable Forest Use*. Gabriola Island, British Columbia: New Society Publishers, 1997.

Elgin, Duane. *Voluntary Simplicity: An Ecological Lifestyle that Promotes Personal and Social Renewal*. Nova York: Bantam, 1982. [*Simplicidade Voluntária*, publicado pela Editora Cultrix, São Paulo, 1999.]

_____. *Awakening Earth: Exploring the Evolution of Human Culture and Consciousness*. Nova York: William Morrow, 1993.

Ehrlich, Paul. *The Population Bomb.* Nova York: Ballantine Books, nova ed. 1986.

_____. *The Population Explosion.* Nova York: Touchstone Books, reimpresso em 1991.

Evans-Wentz, W. Y. *Tibet's Great Yogi Milarepa: A Biography from the Tibetan.* Oxford: Oxford University Press, 2ª ed., 1951.

Feuerstein, Georg e Brenda Feuerstein. *Green Yoga.* Eastend, Sask.: Traditional Yoga Studies, 2007. [*Yoga Verde*, publicado pela Editora Pensamento, São Paulo, 2010.]

Feuerstein, Georg. *The Yoga Tradition: Its History, Literature, Philosophy and Practice.* Prefácio de Ken Wilber. Prescott, Ariz.: Hohm Press, 2ª ed., 2001. [*A Tradição do Yoga*, Editora Pensamento, São Paulo, 2001.]

_____. *Yoga Morality.* Prescott, Ariz.: Hohm Press, 2007. [*As Virtudes do Yoga*, Editora Pensamento, São Paulo, 2009.]

_____. *The Shambhala Encyclopedia of Yoga.* Boston, Mass.: Shambhala Publications, 1997. [*Enciclopédia de Yoga da Pensamento*, publicada pela Editora Pensamento, São Paulo, 2006.]

Flannery, Tim. *The Weather Makers: How We are Changing the Climate and What It Means for Life on Earth.* Nova York: HarperCollins, 2005.

Freud, Sigmund. *Civilization and Its Discontents: The Standard Edition translated by James Strachey.* Nova York: W. W. Norton, 1961.

Fujita, Rod. *Heal the Ocean: Solutions for Saving Our Seas.* Prefácio de Peter Benchley. Gabriola Island, British Columbia: New Society Publishers, 2003.

Gangchen, Lama T. Y. S. *Making Peace with the Environment,* vol. 1. Milão, Itália, e Nova Délhi, Lama Gangchen Peace Publications em associação com The Global Open University Press & Indian Institute of Ecology & Environment, 1996.

Gershon, David. *Low Carbon Diet: A 30-Day Program to Lose 5,000 Pounds.* Woodstock, N.Y.: Empowerment Institute, 2006.

Gladstar, Rosemary e Pamela Hirsch, orgs. *Planting the Future: Saving Our Medicinal Herbs.* Rochester, Vt.: Healing Arts Press, 2000.

Goldbeck, Nikki e David. *Choose to Reuse: An Encyclopedia of Services, Products, Programs and Charitable Organizations that Foster Reuse.* Woodstock, N.Y.: Ceres Press, 1995.

Guenther, H. V. *The Royal Song of Saraha: A Study in the History of Buddhist Thought*. Berkeley, Calif.: Shambhala Publications, 1973.

Gyatrul Rinpoche. *Generating the Deity*. Trad. por Sangye Khandro. Ithaca, Nova York: Snow Lion Publications, 2ª ed., 1996.

Hammarskjöld, Dag. *Markings*. Trad. por Leif Sjöberg e W. H. Auden. Prefácio de W. H. Auden. Londres: Faber and Faber, 1964.

Hanh, Thich Nhat. *For a Future to Be Possible: Buddhist Ethics for Everyday Life*. Berkeley, Calif.: Parallax Press, 2007.

_____. *Peace Is Every Step: The Path of Mindfulness in Everyday Life*. Organizado por Arnold Kotler. Prefácio de S. S. o Dalai-Lama. Nova York: Bantam, 1991.

_____ e organizado por Robert Ellsberg. *Thich Nhat Hanh: Essential Writings*. Maryknoll, N.Y.: Orbis Books, 2001.

Harrison, Paul e Fred Pearce. *AAAS Atlas of Population & Environment*. Prefácio de Peter H. Raven. Berkeley: University of California Press, 2000.

Heinberg, Richard. *Peak Everything: Waking Up to the Century of Declines*. Gabriola Island, British Columbia: New Society Publishers, 2007.

_____. *The Party's Over: Oil, War and the Fate of Industrial Societies*. Gabriola Island, British Columbia: New Society Publishers, 2005.

_____. *A New Covenant with Nature: Notes on the End of Civilization and the Renewal of Culture*. Wheaton, Ill.: Quest Books, 1996.

Hoffer, Eric. *The Ordeal of Change*. Nova York: Perennial Library, 1967.

Jamgön Kongtrul Lodrö Tayé. *Buddhist Ethics*. Trad. e organizado pelo The International Translation Committee fundado por V. V. Kalu Rinpoché. Ithaca, N.Y.: Snow Lion, 1998.

Jamspal, Lozang *et al.*, trad. *Nagarjuna's Letter to King Gautamiputra*. Nova Délhi: Motilal Banarsidass, 1978.

Jensen, Derrick e George Draffan. *Strangely Like War: The Global Assault on Forests*. Prefácio de Vandana Shiva. White River Junction, Vt.: Chelsea Green, 2003.

John Dunne e Sara McClintock, trad. *The Precious Garland: An Epistle to a King*. Boston, Mass.: Wisdom Publications, 1997.

Jones, Ellis *et al*. *The Better World Handbook: From Good Inventions to Everyday Actions*. Gabriola Island, British Columbia: New Society Publishers, 2001.

Kapleau, Philip. *To Cherish All Life: A Buddhist Case for Becoming Vegetarian*. Rochester, N.Y.: Zen Center, 1981.

Karlenzig, Warren, com Frank Marquardt *et al*. *How Green Is Your City?* Gabriola Island, British Columbia: New Society Publishers, 2007.

Kawamura, Leslie. *Golden Zephyr: Instructions from a Spiritual Friend — Nagarjuna and Lama Mipham*. Emeryville, Calif.: Dharma Publishing, 1975.

Kaza, Stephanie. *The Attentive Heart: Conversations with Trees*. Nova York: Fawcett Columbine Books/Ballantine Books, 1993.

Klein, Ross A. *Cruise Ship Squeeze: The New Pirates of the Seven Seas*. Gabriola Island, British Columbia: New Society Publishers, 2005.

_____. *Cruise Ship Blues: The Underside of the Cruise Industry*. Gabriola Island, British Columbia: New Society Publishers, 2002.

Linden, Eugene. *The Winds of Change: Climate, Weather, and the Destruction of Civilization*. Nova York: Simon & Schuster, 2006.

Loori, John Daido. *Teachings of the Earth: Zen and the Environment*. Boston, Mass.: Shambhala Publications, reimpresso 2007.

Lopez, Donald S. Jr., org. *Buddhist Scriptures*. Londres: Penguin Books, 2004.

Lotter, Donald W. *EarthScore: Your Personal Environmental Audit and Guide*. Lafayette, Calif.: Morning Sun Press, 1993.

Marsden, William. *Stupid to the Last Drop: How Alberta is Bringing Environmental Armageddon to Canada (and Doesn't Seem to Care)*. Toronto: Alfred A. Knopf, 2007.

Maslow, Abraham H. *The Farther Reaches of Human Nature*. Nova York: Viking Press, 1972.

Mason, Jim e Peter Singer. *Animal Factories*. Nova York: Harmony Books, 1990.

Masson, Jeffrey. *The Pig Who Sang to the Moon: The Emotional World of Farm Animals*. Londres: Vintage/Random House, 2005.

McLeod, Melvin, org. *Mindful Politics: A Buddhist Guide to Making the World a Better Place*. Boston, Mass.: Wisdom Publications, 2006.

Merkel, Jim. *Radical Simplicity: Small Footprints on a Finite Earth*. Gabriola Island, British Columbia: New Society Publishers, 2003.

Morris, Douglas E. *It's a Sprawl World After All*. Gabriola Island, British Columbia: New Society Publishers, 2005.

Mumford, Lewis. *The City in History*. San Diego, Calif.: Harvest Books, reimpresso em 1989.

_____. *Technics and Human Development*. Nova York: Harcourt, Brace, Jovanovich, 1966.

Munasinghe, Mohan e Rob Swart. *Primer on Climate Change and Sustainable Development: Facts, Policy Analysis and Applications*. Nova York: Cambridge University Press, 2005.

Murphy, Michael. *The Future of the Body: Explorations into the Further Evolution of Human Nature*. Los Angeles: J. P. Tarcher, 1992.

Naess, Arne *et al*. *The Selected Works of Arne Naess*. Organizado por Harold Glasser com assistência de Alan Drengson. Berlim: Springer, 2005. 10 vols.

Ñāṇamoli, Bhikkhu e Bhikkhu Bodhi, trad. *The Middle Length Discourses of the Buddha: A Translation of the Majjhima Nikāya*. Boston, Mass.: Wisdom Publications, 2ª ed., 1995.

Needleman, Jacob. *Money and the Meaning of Life*. Nova York: Doubleday, 1991.

Nhat Hanh, Thich. *For a Future to Be Possible: Buddhist Ethics for Everyday Life*. Berkeley, Calif.: Parallax Press, 2007.

_____. *Interbeing: Fourteen Guidelines for Engaged Buddhism*. Berkeley, Calif.: Parallax Press, 3ª ed., 1987.

Norman, K. R., trad. *The Elders' Verses I: Theragāthā*. Pali Text Society Translation Series nº 38. Londres: Luzac & Company Ltd., 1969.

Nyanaponika Thera. *The Heart of Meditation*. Nova York: Samuel Weiser, 1973.

Nyanaponika Thera e Bhikkhu Bodhi, trad. *Numerical Discourses of the Buddha: An Anthology of Suttas from the Aṅguttara Nikāya*. Walnut Creek, Calif.: Altamira Press, 1999.

Oldfield, Frank. *Environmental Change: Key Issues and Alternative Approaches*. Nova York: Cambridge University Press, 2005.

Patrul Rinpoche. *The Words of My Perfect Teacher.* Prefácio de S. S. o Dalai-Lama. Trad. pelo Padmakara Translation Group. Nova York: HarperCollins, 1994.

_____. *Kunzang Lama'i Shelung: The Words of My Perfect Teacher.* Trad. pelo Padmakara Translation Group. San Francisco: HarperCollins, 1994.

Phelps, Norm. *The Great Compassion: Buddhism and Animal Rights.* Nova York: Lantern Books, 2004.

Ray, Reginald. *Secret of the Vajra World: The Tantric Buddhism of Tibet.* Boston, Mass.: Shambhala Publications, 2001.

Rees, William e Mathis Wackernagel. *Our Ecological Footprint: Reducing Human Impact on the Earth.* Gabriola Island, British Columbia, New Society Publishers, 1996.

Regan, Tom e Peter Singer, org. *Animal Rights and Human Obligations.* Englewood Cliffs, N.J.: Prentice-Hall, 1976.

Reiss, Steven. *Who am I? The 16 Basic Desires That Motivate Our Actions and Define Our Personalities.* Nova York: J. P. Tarcher/Putnam, 2000.

Rensch, Bernhard. *Homo Sapiens: From Man to Demigod.* Nova York: Columbia University, 1972.

Robbins, John. *A New Diet for America.* Tiburon, Calif.: H. J. Kramer, reimpresso em 1998.

Roszak, Theodore. *Person/Planet: The Creative Disintegration of Industrial Society.* Garden City, N.Y.: Anchor Press/Doubleday, 1978.

_____. *Where the Wasteland Ends.* Berkeley, Calif.: Celestial Arts, 1989.

Russell, Bertrand. *The Conquest of Happiness.* Nova York: Bantam Books, reimpresso em 1968.

Schweitzer, Albert. *Civilization and Ethics.* Londres: Unwin Books, 1961. Primeira publ. em 1923 [Alemanha].

Scully, Matthew. *Dominion: The Power of Man, the Suffering of Animals, and the Call to Mercy.* Nova York: St. Martin's Griffin, 2002.

Sessions, George, org. *Deep Ecology for the 21st Century: Readings on the Philosophy and Practice of the New Environmentalism.* Boston, Mass.: Shambhala Publication, 1995.

Shabkar. *The Life of Shabkar: The Autobiography of a Tibetan Yogin.* Trad. por Matthieu Ricard. Prefácio de S. S. o Dalai-Lama. Ithaca, N.Y.: Snow Lion, 2001.

_____. *Food of the Bodhisattvas: Buddhist Teachings on Abstaining from Meat.* Trad. pelo Padmakara Translation Group. Boston, Mass.: Shambhala Publications, 2004.

Singer, Peter e Jim Mason. *The Ethics of What We Eat: Why Our Food Choices Matter.* Emmaus, Pa.: Rodale Press, 2006.

_____. *Animal Liberation: A New Ethics for Our Treatment of Animals.* Nova York: Avon Books, 1975.

_____. *Practical Ethics.* Cambridge: Cambridge University Press, 1979.

Singh, Arvind Kumar. *Animals in Early Buddhism.* Jawahar Nagar: Eastern Book Linkers, 2006.

Sivaraksa, Sulak. *Seeds of Peace: A Buddhist Vision for Renewing Society.* Introdução de S. S. o Dalai-Lama. Prefácio de Thich Nhat Hanh. Berkeley, Calif.: Parallax Press, 1992.

Skolimowski, Henryk. *The Participatory Mind: A New Theory of Knowledge and of the Universe.* Londres: Arkana/Penguin Books, 1994.

_____. *Eco-Philosophy and Eco-Dharma.* Organizado por Priya Ranjan Trivedi. Nova Délhi: Dr. Henryk Skolimowski International Centre for Eco-Philosophy and the Indian Institute of Ecology and Environment, 1996.

_____. *Dancing Shiva in the Ecological Age: Heralding the Dawn of the Ecological Reconstruction in the 21st Century.* Nova Délhi: Dr. Henryk Skolimowski International Centre for Eco-Philosophy and the Indian Institute of Ecology and Environment, 1995.

_____. *Eco-Philosophy: Designing New Tactics for Living.* Londres: Marion Boyars, 1981.

Smith, Alisa e J. B. Mackinnon. *The 100-Mile Diet: A Year of Local Eating.* Toronto: Vintage Canada, 2007.

Smith, Ethan, com Guy Dauncey. *Building an Ark: 101 Solutions to Animal Suffering.* Prefácio de Jane Goodall. Gabriola Island, British Columbia: New Society Publishers, 2007.

Sonam Rinchen. *Lamp for the Path to Enlightenment*. Traduzido e organizado por Ruth Sonam. Ithaca, N.Y.: Snow Lion, 1997.

_____. *The Three Principal Aspects of the Path*. Organizado por Ruth Sonam. Ithaca, N.Y.: Snow Lion, 1999.

Spratt, David e Philip Sutton. *Climate "Code Red": The Case for a Sustainability Emergency*. Fitzroy, Austrália: Friends of the Earth, 2008.

Stein, Kathy. *Beyond Recycling: A Re-user's Guide — 336 Practical Tips to Save Money and Protect the Environment*. Santa Fe, Novo Mexico: Clear Light Books, 1997.

Stevenson, Ian. *Twenty Cases Suggestive of Reincarnation*. Charlottesville: University of Virginia, 2ª ed. rev. e ampl., 1980.

Stone, Christopher D. *Should Trees Have Standing? Toward Legal Rights for Natural Objects*. Prefácio de Garrett Hardin. Palo Alto, Calif.: Tioga Publishing Co., nova ed., 1988.

Suzuki, David e Wayne Grady. *Tree: A Life Story*. Arte de Robert Bateman. Vancouver: Greystone Books, 2004.

Thompson, Athena. *Homes That Heal (and Those That Don't): How Your Home Could be Harming Your Family's Health*. Gabriola Island, British Columbia: New Society Publishers, 2004.

Thubten Loden. *Path to Enlightenment in Tibetan Buddhism*. Melbourne, Austrália: Tushita Publications, 1993.

Tillich, Paul. *Systematic Theology*. Londres: SCM Press, 1978. 3 vols.

Titmuss, Christopher. *The Green Buddha*. Organizado por Gill Farrer-Halls. Denbury, Inglaterra: Insight Books (Totnes), 1995.

Tobias, Michael. *World War III: Population and the Biosphere at the End of the Millennium*. Santa Fe, Novo Mexico: Bear & Co., 1994.

Tsong-kha-pa, Je. *The Great Treatise on the Stages of the Path to Enlightenment — Lam Rim Chen Mo*. The Lamrim Chenmo Translation Committee. Ithaca, N.Y.: Snow Lion Publications, 2004.

Vasil, Adria. *Ecoholic: Your Guide to the Most Environmentally Friendly Information, Products and Services in Canada*. Toronto: Vintage Canada, 2007.

Walsh, Roger. *Essential Spirituality*. Prefácio de S. S. o Dalai-Lama. Nova York: John Wiley, 1999.

_____. *Staying Alive: The Psychology of Human Survival*. Boulder, Colo.: New Science Library, 1984.

_____ e Frances Vaughan, orgs. *Paths Beyond Ego*. Nova York: J. P. Tarcher/Putnam, 1993.

Walshe, Maurice, trad. *The Long Discourses of the Buddha: A Translation of the Dīgha Nikāya*. Boston, Mass.: Wisdom Publications, 2ª ed., 1995.

Wangyal, Tenzin. *Healing with Form, Energy and Light: The Five Elements in Tibetan Shamanism, Tantra, and Dzogchen*. Organizado por Mark Dahlby. Ithaca, Nova York: Snow Lion Publications, 2002.

Ward, Peter D. *Under a Green Sky: Global Warming, the Mass Extinctions of the Past, and What They Can Tell Us About Our Future*. Nova York: Collins and Smithsonian Books, 2007.

Wilson, Edward O. *Biophilia: The Human Bond with Other Species*. Cambridge, Mass.: Harvard University Press, 1984.